解密

马可·波罗到过中国吗？

申友良 编著

沈阳出版发行集团
沈阳出版社

图书在版编目（CIP）数据

解密：马可·波罗到过中国吗？/ 申友良编著. -- 沈阳：沈阳出版社，2020.9
ISBN 978-7-5716-0605-3

Ⅰ.①解… Ⅱ.①申… Ⅲ.①马可·波罗（Marco Polo 1254-1324）– 人物研究 Ⅳ.① K835.465.89

中国版本图书馆CIP数据核字(2020)第274383号

出版发行：	沈阳出版发行集团｜沈阳出版社
	（地址：沈阳市沈河区南翰林路10号 邮编：110011）
网　　址：	http://www.sycbs.com
印　　刷：	武汉市卓源印务有限公司
幅面尺寸：	170mm×240mm
印　　张：	17
字　　数：	280千字
出版时间：	2020年10月第1版
印刷时间：	2020年10月第1次印刷
责任编辑：	战婷婷
封面设计：	树上微出版
版式设计：	树上微出版
责任校对：	张　娜
责任监印：	杨　旭
书　　号：	ISBN 978-7-5716-0605-3
定　　价：	68.00元

联系电话：024-24112447　　024-62564951
E – mail：sy24112447@163.com

本书若有印装质量问题，影响阅读，请与出版社联系调换。

岭南师范学院"中国史"重点学科专业建设经费资助项目

目 录

前 言 1

第一章　对"前言"的释读和评价

第一节　对"前言"的释读 1
第二节　对"前言"的评价 7

第二章　对"第一章　《寰宇记》序言梗概"的释读和评价

第一节　对"第一章　《寰宇记》序言梗概"的释读 14
第二节　对"第一章　《寰宇记》序言梗概"的评价 20

第三章　对"第二章　他们为什么去中国？"的释读和评价

第一节　对"第二章　他们为什么去中国？"的释读 25
第二节　对"第二章　他们为什么去中国？"的评价 32

第四章　对"第三章　传教士多如牛毛"的释读和评价

第一节　对"第三章　传教士多如牛毛"的释读 43
第二节　对"第三章　传教士多如牛毛"内容的评价 49

第五章　对"第四章　祭司王约翰和东方三博士"的释读和评价

第一节　对"第四章　祭司王约翰和东方三博士"的释读 58
第二节　对"第四章　祭司王约翰和东方三博士"的评价 66

1

第六章　对"第五章　《寰宇记》不是旅行日记"的释读和评价

第一节　对"第五章　《寰宇记》不是旅行日记"的释读 74
第二节　对"第五章　《寰宇记》不是旅行日记"的评价 83

第七章　对"第六章　代笔人和第一个马可·波罗迷"的释读和评价

第一节　对"第六章　代笔人和第一个马可·波罗迷"的释读 91
第二节　对"第六章　代笔人和第一个马可·波罗迷"的评价 99

第八章　对"第七章　书稿的语言"的释读和评价

第一节　对"第七章　书稿的语言"的释读 106
第二节　对"第七章　书稿的语言"内容的评价 115

第九章　对"第八章　挂一漏万"的释读和评价

第一节　对"第八章　挂一漏万"的释读 123
第二节　对"第八章　挂一漏万"的评价 133

第十章　对"第九章　冰淇淋和意大利式实心面条"的释读和评价

第一节　对"第九章　冰淇淋和意大利式实心面条"的释读 140
第二节　对"第九章　冰淇淋和意大利式实心面条"的评价 148

第十一章　对"第十章　城郭探胜"的释读和评价

第一节　对"第十章　城郭探胜"的释读 153
第二节　对"第十章　城郭探胜"的评价 162

第十二章　对"第十一章　漏掉万里长城"的释读和评价

第一节　对"第十一章　漏掉万里长城"的释读 168
第二节　对"第十一章　漏掉万里长城"的评价 176

第十三章　对"第十二章　自我标榜岂止一人，攻城谋士与他无缘"的释读和评价

第一节　对"第十二章　自我标榜岂止一人，攻城谋士与他无缘"的释读 .. 183
第二节　对"第十二章　自我标榜岂止一人，攻城谋士与他无缘"的评价 .. 190

第十四章　对"第十三章　波罗氏一行何许人?"的释读和评价

第一节　对"第十三章　波罗氏一行何许人?"的释读..............196

第二节　对"第十三章　波罗氏一行何许人?"的评价..............205

第十五章　对"第十四章　这是中国吗?"的释读和评价

第一节　对"第十四章　这是中国吗?"的释读..............212

第二节　对"第十四章　这是中国吗?"的评价..............224

第十六章　对"第十五章　不见经传,耐人寻味"的释读和评价

第一节　对"第十五章　不见经传,耐人寻味"的释读..............227

第二节　对"第十五章　不见经传,耐人寻味"的评价..............235

第十七章　对"结束语"的释读和评价

第一节　对"结束语"的释读..............241

第二节　对"结束语"的评价..............248

后　　记..............256

前　言

　　弗朗西丝·伍德（汉名吴芳思）的《马可·波罗到过中国吗？》一书，二十年前随着英文版与中文版的同时出版发行，震惊了中国的学术界。纵观全书，作者在书中并没有明确地否定马可·波罗到过中国，加之书中结构散漫、观点模糊，该书让许多研究者感到迷惑。本人研究马可·波罗多年，在看了该书三遍之后，还是摸不着头脑。因此，如果要解开该书的密码，就非常有必要对该书每个章节的内容进行释读和评价，让更多的人更好地了解弗朗西丝·伍德和她的著作《马可·波罗到过中国吗？》。

　　吴芳思的原著《马可·波罗到过中国吗？》一书中正文有十五个章节，还有前言和后记，共计有十七个章节。本节将对原著中的每个章节都从两个方面进行释读。一是释读每个章节里吴芳思主要论述了哪几个方面的问题，每个问题又是从哪几个方面来展开论述的，每个章节中使用了哪些证据（史料）材料，这些材料可信吗？二是对每个章节的内容进行评价，吴芳思达到了自己选题的目的了吗？每个章节有哪些不足的地方。

　　在前言中吴芳思主要论述了两个方面的内容：一是世人对马可·波罗的认识，二是吴芳思自身对马可·波罗的认识及她撰写此书的原因。吴芳思认为：马可·波罗是家喻户晓的名字，多数人知道他有过一次中国之旅，还有不少人可能知道这位衣衫褴褛的旅行家还乡的故事，在大众的头脑里，他的地位有点儿接近哥伦布、达伽马、麦哲伦等起着先驱作用的伟大航海家。在这个方面，吴芳思通过大众的角度、儿童读物及蒙元史学家的角度这三个方面来展开论述。吴芳思在剑桥大学攻修汉语时曾在一些论文中引用马可·波罗描写北京城的几段文字，由此开始关注他。后来吴芳思在写一篇关于北京的住宅建筑的博士论文时，将更多的注意力放在马可·波罗身上。吴芳思于1975—1976年在北京语言学院学习时，她经常骑车经过环绕北京的一段高高的长满灌木的土城墙，除了旧城墙的一部分外，吴芳思还接触到一些传统住宅建筑，由此对马可·波

1

解密：马可·波罗到过中国吗？

罗在十三世纪末首次向欧洲人描绘的那座城市的棋盘式格局更感兴趣了。之后，吴芳思回到了伦敦，在东方与非洲研究学院图书馆中国部重操旧业，这时，她对马可·波罗的兴趣又不免油然而生。在这个不断接触的过程中，吴芳思对这位大人物的兴趣越来越浓。先是她的好友克雷格·克鲁纳斯在东方与非洲研究学院写了一篇关于《蒙古王府本石头记》的博士论文，并告诉吴芳思德国的蒙元史学家怀疑马可·波罗是否到过中国；再次，吴芳思发表的一篇短文中涉及马可·波罗或许不该算作在古代到过中国的人，这引起了公众强烈的反响。于是，吴芳思思考能否就这个问题写一本书，和普通民众、专业学者等广大群众一起探讨"马可·波罗到过中国吗？"这一疑问。吴芳思本想和克雷格以及一些中古史专家一起撰写此书，但由于大家一直没有抽出时间来探讨，所以吴芳思就独自写了此书。在这里，了解了吴芳思对马可·波罗的认识过程及疑问产生的经过，明白了吴芳思想要撰写此书的原因的本意是想与学者们和大众人群一起探讨关于"马可·波罗到过中国吗？"这一问题。吴芳思的前言部分的论述没有达到目的，原因是对福赫伯的见解未加重视，对克雷格·克鲁纳斯的观点没有深刻认识，也没有找到中古史专家的帮助。

第二章对"第一章 《寰宇记》序言梗概"的释读和评价，本章对马可·波罗的书和他在书中标榜的话的重要性、波罗氏一家旅行的背景、波罗氏一行在中国的长期生活以及波罗氏获准由海路回意大利等几个方面进行了阐述。虽然在本章中用简练的语言概括了《寰宇记》的序言，但是并未阐述马可·波罗是否到过中国，而是偏向于介绍《寰宇记》的序言及其内容，使读者对此书先有所了解，便于在后面的章节中对马可·波罗有没有到过中国进行阐述。

第三章对"第二章 他们为什么去中国？"的释读和评价，本章主要介绍了马可·波罗和他的父亲以及叔叔到中国的原因，最重要的原因就是对亚洲奇异物产的贸易变得日益重要，其中包括香料、丝绸等物产；另外一个原因就是"滚动式贸易"的影响，而波罗氏一家正好住在拥有地理位置优势的货物集散地，这给他们到中国去提供了良好的基础。在这一章中吴芳思对于马可·波罗到过中国持怀疑的态度，但吴芳思在论述中的一些材料和看法也有不可信、不全面的地方。

第四章对"第三章 传教士多如牛毛"的释读和评价，在本章中吴芳思认为马可·波罗以传教士的身份来到中国是符合时代潮流的。为此，吴芳思从当时的时代背景和传教士对蒙古及蒙古人的记录与马可·波罗的游记相互对比这两方面来论证其观点的。吴芳思对于马可·波罗是否到过中国至今仍然没有一个明确的定论，她的主旨是证明马可·波罗并不是第一个到达中国的传教士，但是马可·波罗担任基督教传教士这一角色来到中国是符合时代潮流的。

第五章对"第四章 祭司王约翰和东方三博士"的释读和评价，祭司王约翰的传说，是一个谜，关于他的传说也多种多样。本章中对祭司王约翰的各种传说做了一定的释读。本章中吴芳思没有完全达到她自己的选题目的。因为这个有关宗教的选题是非常特殊的。读者看完对这些简短事情的描述只会增加他们的疑虑，他们就会不自觉地想如果马可·波罗真的到过中国的话，为什么他对这些事情的描述这么模糊呢？同时，本章的论述也存在不足的地方，比如祭司王约翰本身就是一个传说，它不是真实的。

第六章对"第五章 《寰宇记》不是旅行日记"的释读和评价，吴芳思认为《寰宇记》不是旅行日记的理由就是该书在记述上没有明确的旅游路线以及缺少对日期的记载，而且在对第一人称用词的引用数量上，也让人不得不怀疑它是游记这一个身份。吴芳思认为《寰宇记》更倾向于是一本地理书而非旅行日记。然而，尽管《寰宇记》不是旅行日记，但也不能证明马可·波罗没有到过中国。

第七章对"第六章 代笔人和第一个马可·波罗迷"的释读和评价，在本章中吴芳思主要论述了代笔人和第一个马可·波罗迷两个方面的问题。吴芳思通过对代笔人、各种繁多且不一的译本还有第一个马可·波罗迷赖麦锡的论述里试图否定马可·波罗来过中国。虽然她的论述让读者觉得鲁思梯谦诺不可靠从而产生怀疑，但吴芳思在描写代笔人鲁思梯谦诺的时候并没有很多的论据来证明《马可·波罗游记》是鲁思梯谦诺和马可·波罗编造出来的故事。对第一个马可·波罗迷赖麦锡的论述似乎也和代笔人一样没有足够的证据。由于缺乏对鲁思梯谦诺和赖麦锡的史料而使她的论点不够有力。所以，吴芳思并没有达到她的否定马可·波罗到过中国的目的。

第八章对"第七章 书稿的语言"的释读和评价，本章中吴芳思主要环绕马可·波罗游记书中最初手抄本和马可·波罗翻译外国名称及术语用语两大论题对马可·波罗是否来过中国提出了质疑。她认为现存稿本是后人增添的，马可·波罗翻译外国名称及术语用语，不管拼写如何，都是以波斯文词汇为依据，借以否定《马可·波罗游记》的真实性，进而否定马可·波罗到过中国。

第九章对"第八章 挂一漏万"的释读和评价，本章中吴芳思主要从语言、瓷器、纸（纸币）、书法（汉字）、妇女缠足和鸬鹚捕鱼活动这几方面探讨马可•波罗是否到过中国这个具有强烈争议的问题。吴芳思既没有说马可•波罗到过中国，也没有说没有到过中国，最后只是说西方人所想象的象征着中国的三样东西——茶、汉字和缠足——在被公开宣布为广受欢迎的文本中竟然一无所见，这是令人迷惑不解的事。但是，就只是通过漏写的这几样东西就判断马可•波罗没有到过中国，未免过于轻率。

第十章对"第九章 冰淇淋和意大利式实心面条"的释读和评价，在本章中吴芳思探讨了面食、饺子、冰淇淋的起源，从烹饪方面入手，来探讨马可•波罗有没有到过中国的问题。通过本章的论述，吴芳思没有达到通过意大利与中国的冰淇淋与面条到底是谁影响谁来论证马可•波罗是否到过中国的目的。

第十一章对"第十章 城郭探胜"的释读和评价，在本章中，吴芳思论述的内容可以归纳为六个大方面：《寰宇记》对我们了解十三世纪东方的重要性（即《寰宇记》的价值），元大都所在的北京城，"中国的威尼斯"苏州，湖滨美城杭州，海港城市泉州以及烟花城市扬州。她对这些城市的叙述，体现出马可•波罗记述的不足与不可信，而马可•波罗记述正确的部分是耳熟能详的，所以不具有代表性。

第十二章对"第十一章 漏掉万里长城"的释读和评价，在本章中，吴芳思以《马可•波罗游记》中未提到长城等中国事物而否定马可•波罗到过中国。她进行这样的选题有一定的积极意义，用敢于挑战权威的精神，提出了某些读者心中的疑惑，引起了社会的重视。即便这样，但吴芳思依然没有达到自己的选题目的，因为在本章中没有明确地表明自己的立场。

第十三章对"第十二章 自标榜岂止一人，攻城谋士与他无缘"的释读和评价，在本章中吴芳思主要论述了两个重要的问题，即马可•波罗并非忽必烈见到的第一批拉丁人以及马可•波罗并非攻城技师。在本章中吴芳思反驳马可•波罗没到过中国论据不足，且书中有些语句不够严谨，导致出现把中国与元朝当成两个国家，认为中国是在九世纪才引进椅子。

第十四章对"第十三章 波罗氏一行何许人？"的释读和评价，在本章中，吴芳思的观点是要论证马可•波罗的身世以及波罗氏兄弟两次旅行的历程。吴芳思的意思大概就是说，马可•波罗可能只是以一个传教士的身份来到中国，但是他可能没有以一个旅行者的身份真实地了解中国，他只是片面地了解中国。从而得出结论：马可·波罗的出身是一个谜，无从考证。并从他们两次去往中国的长途跋涉入手，侧面论述马可·波罗有没有到过中国的问题。

第十五章对"第十四章 这是中国吗？"的释读和评价，在本章中，吴芳思论述了关于忽必烈及其记事、马可在扬州做官、马可护送阔阔真公主到波斯及马可被俘时间和马可回国后的记事这四个方面的内容。本章中，吴芳思总体上是对"这是中国"持怀疑态度的。但是吴芳思的怀疑也只能是怀疑，其所列论据并不能充分证明马可·波罗没有到过中国。

第十六章对"第十五章 不见经传，耐人寻味"的释读和评价，在本章中，吴芳思从史书以及地方志的记录、中国的百家姓、《永乐大典》中关于马可·波罗的见闻记述等方面，来探讨马可·波罗有没有到过中国的问题。最后吴芳思认为马可·波罗可能仅仅是到达今天的北京，而其在中国的旅途见闻只是道听途说而已。

第十七章对"结束语"的释读和评价，在本章中，吴芳思认为《寰宇记》不是旅行日记，它更像一部地理书籍，它是马可·波罗和鲁思梯谦诺合作的产物。在结束语的论述中吴芳思没有达成马可·波罗没有到过中国的选题目的，原因是对原始资料来源以及旅行路线问题论述不严谨。再者，论述中存在不足之处：一是观点不明确，二是史料不充分，三是对肯定论者的观点不重视。

第一章 对"前言"的释读和评价

第一节 对"前言"的释读

通看吴芳思的著作《马可·波罗到过中国吗？》中的前言，发现吴芳思主要探讨了世人及吴芳思自身对马可·波罗的认识，描述了吴芳思对《马可·波罗游记》产生怀疑的经过，并探讨撰写一本有关马可·波罗有没有到过中国的书的可能性。最后由于种种原因，吴芳思自己撰写了这本书。在前言中，对于吴芳思使用的材料，既有可信度高的，也有可信度低的。

一、对"前言"的释读

前言也称"前记""序""叙""绪""引""弁言"，是写在书籍或文章前面的文字。本书中的前言，刊于正文前，主要说明基本情况、编著意图、成书过程、学术价值等，由吴芳思撰写。在前言中，吴芳思主要论述了两个方面的内容：一是世人对马可·波罗的认识，二是吴芳思自身对马可·波罗的认识及她撰写此书的原因。

（一）世人对马可·波罗的认识

马可·波罗是家喻户晓的名字，多数人知道他有过一次中国之旅，还有不少人可能知道这位衣衫褴褛的旅行家还乡的故事，在大众的头脑里，他的地位有点接近哥伦布、达伽马、麦哲伦等起着先驱作用的伟大航海家。在这个方面，作者通过大众、儿童读物及蒙元史学家的角度来展开论述。

1. 在大众的角度上

吴芳思通过记叙世人对马可·波罗归国情景的描述来体现："700年前的一天，有三个男子汉从一艘不很大的带桨帆船上走了下来，在威尼斯的石铺码头登岸。他们刚度过许多星期的海上生活，两腿还不适应坚硬的地面，走起路来摇摇晃晃。没有人到码头迎接，要不是他们衣着褴褛引人注目，这

1

次归国可能湮灭无闻。他们'从神态到口音都说不出来地带有鞑靼味儿，他们几乎把自己的威尼斯方言忘光了。'他们脚穿高至膝盖的脏皮靴，身穿绸面皮袍，另有缎带紧系腰间；绸面的质地很考究，但已露出一些碗大裂口，从里面露出了粗裘毛衬料。这些破烂不堪的大袍是蒙古式的，下摆只长及膝，前胸用一排圆形纽扣扣住。""他们到家后一下子脱去破烂不堪的皮袍，换上长可拖地的绯红色威尼斯式绸面大袍。接着他们拾起又脏又破的蒙古袍，撕开衬里，那些原先藏放在衣缝里的翡翠、红宝石、石榴石和钻石纷纷掉落地上。"从这些描述上，可以看到大众对马可·波罗是持一种向往、崇敬的态度的。

2. 在儿童读物的角度上

吴芳思认为马可·波罗在儿童读物中扮演着文化使者的重要角色，当今那些文字频发但画面丰富的儿童读物几乎总是设法利用以马可·波罗为代表的中古时代中国和欧洲的关系这个题材，似乎那些把欧洲和北京分隔开来的巨大差异，特别是山重水复、苍茫大漠和文化变异，都可以通过马可·波罗这个人物轻而易举地加以超越，而且传说马可·波罗还把中国的面条引进意大利，而且创制了意大利冰淇淋。在这个角度上，可以看到人们对马可·波罗的认识是夸张化了的，不符合现实情况。

3. 在德国蒙元史学家的角度上

吴芳思提出德国一位最杰出的蒙元史学家福赫伯撰写的《蒙古帝国时期中国与西方的关系》一文，已经对马可·波罗的声望提出了非常严肃的挑战，然而他们提出的那些疑团并没有影响到马可·波罗的声望，人们还是不停地讲述他的那些传奇故事。从这三个角度而言，可以得出，世人对马可·波罗的评价是很高的，即使专家已经对他是否到过中国提出质疑，但仍没有影响到普通大众对他的痴迷。

（二）吴芳思自身对马可·波罗的认识及她撰写此书的原因

吴芳思刚开始接触到马可·波罗这位人物时，是因为她在剑桥大学攻修汉语时在一些论文中引用马可·波罗描写北京城的几段文字，由此开始关注他。吴芳思对于马可·波罗是否到过中国这个话题比较感兴趣，于1981年在《泰晤士报》的一期贸易增刊上发表了一篇论述早期到中国去的旅行家的短文，在短文的结尾不经意地提出一个看法：尽管马可·波罗具有广受欢迎的形象，他或许不该算作是在古代到过中国的人。而作者的这一观点引起了强烈的反响，其惊世骇俗的程度远远超出她的想象。由此，她萌发了就这一问题来写一本书的想法，也希望能得到一位懂波斯文或阿拉伯文的中古史专家的帮助，但由于他们一直没有抽出时间来完成这件事，所以吴芳思就独自写了这本书。在这个方面，即吴芳思自身对马可·波罗的认识及她撰写此书的原因上，吴芳思是采用时间顺序，记录了作者接触马可·波罗这位人物的经过，并记录了吴芳思逐渐对《马可·波罗游记》产生怀疑的过程。

1. 吴芳思接触马可·波罗的过程

刚开始，吴芳思引用了马可·波罗《寰宇记》中描写北京城的几段文字，后来吴芳思在写一篇关于北京的住宅建筑的博士论文时，将更多的注意力放在马可·波罗身上。等到吴芳思于1975—1976年在北京语言学院学习一年时，她经常骑车经过环绕元代北京的一段高高的长满灌木的土城墙，除了旧城墙的一部分外，吴芳思还接触到一些传统住宅建筑，由此对马可·波罗在十三世纪末首次向欧洲人描绘的那座城市的棋盘式格局更感兴趣了。之后，吴芳思回到了伦敦，在东方与非洲研究学院图书馆中国部重操旧业，这时，她对马可·波罗的兴趣又不免油然而生。在这个不断接触的过程中，吴芳思对这位大人物的兴趣越来越浓。

2. 吴芳思对《马可·波罗游记》产生怀疑的过程及撰写此书的原因

先是她的好友克雷格·克鲁纳斯在东方与非洲研究学院写了一篇关于《蒙古王府本石头记》的博士论文，并告诉吴芳思德国的蒙元史学家怀疑马可·波罗是否到过中国，再次，吴芳思发表的一篇短文中涉及马可·波罗或许不该算作在古代到过中国的人，这引起了公众强烈的反响，于是，吴芳思思考能否就这个问题来写一本书，和普通民众、专业学者等广大群众一起探讨"马可·波罗到过中国没"这一问题。吴芳思本想和克雷格以及一些中古史专家一起撰写此书，但由于大家一直没有抽出时间来探讨，所以吴芳思就独自写了此书。在这里，了解了作者对马可·波罗的认识过程及疑问产生的经过，便明白了吴芳思想要撰写此书的原因。

二、"前言"中使用的史料分析

1. 可信度低的史料

在前言中，吴芳思首先借用的材料是乔瓦尼·巴普蒂斯托·赖麦锡对马可·波

解密：马可·波罗到过中国吗？

罗归国情景的追述，赖麦锡是意大利地理学者，生于特雷维佐，纂有《游记丛书》，其中所收《马可·波罗游记》为此游记主要传本之一。那么，这段史料是否可信呢？为此，查阅了张跃铭的《马可·波罗游记》在中国的翻译与研究一文，其中提到，《马可·波罗游记》有很多个版本，现今流行的有五种，分别是法国地理学会版（又称老法文版）、改定的五种法文写本、庇庇诺拉丁文译本、赖麦锡意大利文版及"Z写本"，其中，赖麦锡意大利文的这种版本，与前面的三种版本完全不同，其来由至今尚未明了。书中地名多经更改，被删除多章，而又新增入阿合马一章及其他版本所无之事。全书章卷分段，亦与其他版本不同。该版本刊于1559年。[1] 另外，本人的《马可·波罗独享盛名之原因分析》一文，其中提到，莱瑟姆也认为赖麦锡的版本收进了用最动人的天方夜谭式的风格叙述有关马可·波罗本人的故事，包括他的言过其实的谈话以及关于他怎样回到威尼斯的传奇故事。在威尼斯，马可·波罗的家人居然辨认不出那几位衣衫褴褛的不知道为什么浑身有鞑靼味儿的至亲。赖麦锡所收的许多段落都没有在其他保存至今的版本中出现，如大不里士圣巴尔萨摩寺院修道士的可以治病的腰带，对杭州的描写，还有阿合马事件等。赖麦锡译本是在马可·波罗去世二百多年后出版的，但他的本子竟然比保存至今较早时期的写本有更多有趣的内容。这就不得不令许多专家和学者提出质疑。而现代的许多《马可·波罗游记》的译本如莱瑟姆、摩勒、伯希和译本都在很大程度上依赖赖麦锡和托莱多抄本。这些译本和抄本的作者把自己掌握的较多的有关中国的材料收进他们所编写的各种版本的《马可·波罗游记》中，或许他们认为这样可以增加其所编的《马可·波罗游记》的趣味性和可读性，但这些都无疑对神化和夸大马可·波罗起了推波助澜的作用。[2] 所以，可以看到吴芳思所引用的由赖麦锡追述马可·波罗归国场景的史料是欠缺真实性的，有严重的夸大成分，所以，这个史料可信度比较低。

2. 可信度较高的史料

在前言中，吴芳思提到德国一位最杰出的蒙元史学家已经对马可·波罗的声望提出了非常严肃的挑战。这位史学家就是赫伯特·福兰克，1914年生于德国科隆，二十世纪三十年代和四十年代先后获法学博士和汉学专业博士学位，主要研究中国古代史，重点是宋元史和蒙古史，著述丰富。他所提出的挑战就是《蒙古帝国时期中国与西方的关系》一文，此文载于《（英国）皇家亚洲学会香港分会会刊》第6期，但是没有找到原文，在查阅杨志玖的《马可·波罗到过中国——对〈马可·波罗到过中国吗？〉的回答》一文中，有这样的记载：傅氏认为，马可·波罗一家是否到过中国，还是个没有解决的问题。他举出马可·波罗书中一些可疑之点，如在扬州做官、献投石机攻陷襄阳等虚夸之词以及书中未提中国的茶叶和汉字书法等问题。他说："这些事倒使人们对波罗一家长期住在中国一说发生怀疑。"傅氏在举出前面疑点后接着说："但是，不管怎样，在没有举出确凿证据证明波罗的书（只）是一部世界地理志，其中有关中国的几章是取自其他的、也许是波斯的资料（他用了一些波斯词汇）以前，只好作善意解释，假定（姑且认为）他还是到过中国的。"[3] 在这里，可以看到，赫伯特·福兰克博士对于学术研究是非常认真谨慎的，在没有完全确凿的证据之前，他没有下定论。由此，吴芳思在前言中引用的这个蒙元史学家对马可·波罗声望提出挑战的材料是可信的。

3. 可信度高的史料

在前言中，作者对马可·波罗这位人物加以关注的原因是因为吴芳思自身要写一篇关于北京的住宅建筑的博士论文，马可·波罗在书中描写了如今已从地面消失的蒙元时代的京城。而马可·波罗对北京建筑的描写是否符合实际呢？查阅了李希光的《马可·波罗到过北京吗？》一文，其中提道：马可·波罗对当时中国的两大都市的细致描绘也不可能完全靠道听途说得来，如他对蒙古人建的北京元大都的描写，对忽必烈夏都上都的描写，他不仅描写得细腻，而且这些细腻的描写后来都为考古和历史学家从中国、波斯和蒙古的古文献发掘研究所证实。一个没有来到中国的人是无法靠想象做出这样的描绘的。他还描述了驿站、蒙古人的宴席。……《游记》还提到北京观象台，蒙古人认为波斯人在天文学方面比中国人先进，所以蒙古人从波斯招募了一批天文学家来北京建了这座天文台，马可·波罗在《游记》中用了好几页的篇幅描绘北京观象台，其描述与中国文献的记述相符，也说明马可·波罗到过中国。[4] 由此，可以看到，吴芳思所记述的关于马可·波罗对北京城的认识是确实有根据而言的，可信度高。

通观前言，可以得出以下结论：吴芳思认为世人对于马可·波罗的认识较为表面，而且带有盲目崇拜的倾向。而且，世人所接触的有关《马可·波罗游记》

解密：马可·波罗到过中国吗？

的资料，其真实度也有待考证。吴芳思希望能通过撰写此书，与学者们和大众人群一起探讨关于"马可·波罗到过中国吗？"这一问题。对于吴芳思在前言使用到的材料，就其可信度而言，既有可信度高的，也有可信度低的。当然，具体情况如何，还待进一步研究。

参考文献

[1] 张跃铭.《马可·波罗游记》在中国的翻译与研究 [J]. 江淮论坛.1981，(3).

[2] 申友良. 马可·波罗独享盛名之原因分析 [J]. 湛江师范学院学报.2006，(4).

[3] 杨志玖. 马可·波罗到过中国——对《马可·波罗到过中国吗？》的回答 [J]. 历史研究.1997，(3).

[4] 李希光. 马可·波罗到过北京吗？ [J]. 科技潮.1996，(07).

第二节 对"前言"的评价

吴芳思的《马可·波罗到过中国吗？》前言部分的论述没有达到她的马可·波罗没有到过中国的选题目的。原因是相关的研究成果未受到足够重视，对克雷格·克鲁纳斯的观点没有深刻认识和没有找到史家的帮助。在前言的论述中还存在着作者要表达的观点不明确和论证史料不充足等问题。

一、吴芳思没有达到选题的目的

通过对前言的论述，吴芳思表达了马可·波罗没有到过中国的主题，但吴芳思并没有达到她选题的目的。主要从三个方面内容来展开论述。

1. 对福赫伯的见解未加重视

福赫伯1914年生于德国科隆。二十世纪三十年代和四十年代先后获得法学博士学位和汉学专业博士学位，后在科隆大学任教。1951—1952年在英国剑桥大学汉学系做研究工作。1953年任慕尼黑大学东亚系名誉教授。1979年退休。他也曾担任德国东方协会主席、国际东方协会联盟秘书长、德国巴伐利亚科学院院长和德国科学协会主席等职。福赫伯主要研究中国古代史。主要是宋元史和蒙古史，兼及中国文字史、文化史和边疆史，其著述甚丰。[1]6

多数人还不知道，德国一位最杰出的蒙元史学家已经对马可·波罗的声望提出了非常严肃的挑战。承认德国的蒙元史专家也许不是一个人数众多、影响巨大的群体，可是他们的研究成果不可轻易否定，何况他们是在学术界长期以来感到真伪莫辨的情况下进行了最新、最彻底的调研。然而他们提出的那些疑团并没有影响马可·波罗的声望，人们还是不停息地讲述关于他的传奇故事。[1]2（此处说"德国一位最杰出的蒙元史专家"就是指福赫伯。）傅氏认为，波罗一家是否到过中国，还是个没有解决的问题。他举出马可·波罗书中的一些可疑之点，如在扬州做官、献投石机攻陷襄阳等虚夸之词以及书中未提中国的茶叶和汉字书法等问题。他说："这些事情使人们对波罗一家长期在中国一说发生怀疑。"吴芳思引用后说，她对一般人不知道这一学术成果表示惋惜。

但是，吴芳思对傅氏的下一段话似乎未多加重视。傅氏在举出前面疑点说："但是，不管怎样，在没有举出确凿证据证明波罗的书（只）是一部世界地理

解密：马可·波罗到过中国吗？

杂志，其中有关于中国的几章是取自其他的、也许是波斯的资料（他用了一些波斯词汇）以前，只好作善意的解释，假定（姑且认为）他还是到过中国的。"[2] 虽然怀疑，但还是强调要有确凿证据，在没有确凿证据以前，只能是怀疑而已。傅氏是审慎严肃的学者，立论掌握分寸，留有余地。吴芳思则全盘否定了马可·波罗到过中国。

吴芳思笃信福赫伯的观点，但对傅教授要有"确凿证据"的见解却未加重视，甚至对确实证据也认为是道听途说。如马可·波罗是家喻户晓的名字，但是有关他的旅行的详细情况可能不如克里斯托弗·哥伦布那样广为人知。多数人也许会知道他有过一次中国之旅，还有不少人可能知道这位衣衫褴褛的旅行家还乡的故事。吴芳思认为马可·波罗的威望影响力没有哥伦布的威望大，则从这一方面否定马可·波罗到过中国，并不能很充分地证实马可·波罗没有到过中国。玉尔引用德国著名科学家洪保德（Humboldt）的话说，在西班牙巴塞罗那市的档案里没有哥伦布胜利进入该城的记载，在马可·波罗书中没有提及中国长城，在葡萄牙的档案里没有阿美利加奉皇命航行海外的记载，而这三者都是不可否认的事实。[4]110-112 如果论证，则要找出充分的史料证明，用事实说话，而不是推测。首先，史学要有严肃的史实态度。然后，用史料说话，找出能够证明史料的资料。最后，是孤证不立的原则。吴芳思并没有找出充分的史料证明马可·波罗没有到过中国。

吴芳思引用福赫伯的观点来论证自己的马可·波罗没有到过中国的主题，但她对福赫伯的见解未加重视，她的论证并没有达到她要写主题的目的。

2. 对克雷格·克鲁纳斯的观点没有深刻认识

克雷格·克鲁纳斯早年到中国学习，他回国后在东方与非洲研究学院写过一篇关于《蒙古王府本石头记》的博士论文。[1]4 吴芳思说，从克雷格·克鲁纳斯那里得知德国著名学者有一篇怀疑马可·波罗到到过中国的文章。后不经意提出了一个"马可·波罗到过中国吗"的想法，尽管马可·波罗具有广受欢迎的形象。

克雷格·克鲁纳斯说道："中国最具特色的文化产物——茶和中国字，波罗从没有提到过。印刷是当时欧洲还不知道的中国的一大发明，亦没有在书中谈到。一个在中国住了二十年的人难道真的没有注意到这个重大的技术的突破吗？"[3] 从克雷格·克鲁纳斯可以看出，他根据马可·波罗在行纪中没有把

8

这些中国元素表达清楚，就否认马可·波罗到过中国。马可·波罗的记载有些夸大失实和错误之处，不必替他辩护，重要是找出其错误的观点和分析其错误的原因。西方研究马可·波罗的学者早就注意到这个问题并做出说明。玉尔认为，马可·波罗书中未提茶、印刷术和中国的书法，因为他在中国结识的主要是外国人。[4]111 意大利学者奥勒斯吉（L.Olschki）除了同意马可·波罗很少与中国人接触外，还指出，马可·波罗对他本国人所不明白和不赏识的东西就不愿谈，如马可·波罗在谈及中国的物产时说："那里有些香料，不认识，也从未到过该国，因而勿需提及。"奥勒斯吉认为，这可以解释马可·波罗未提及茶的原因。[5]130 关于未提印刷术，玉尔认为，但他关于纸币的叙述足以对不提印刷术一事提出挑战。[4]111 这些解释，可供参考。马可·波罗未提及茶、印刷术和中国文字可能是很少和中国人接触，对先进技术的谈及可能会影响自己的民族自信心和民族的归属感。

  如果只以一部游记没有记载它可以记载的某些事实而否定其真实性为标准，那就几乎否定任何一部游记；反之，如果以《马可·波罗游记》中所特有而其他游记则无的记载为标准，是否可以否定其他游记的真实性呢？当然不能。[2] 克雷格·克鲁纳斯在《马可·波罗到过中国没有？》中说道："今天，学者们为了研究语言学，大力利用其他早期到过东方旅行家的叙述。可是《马可·波罗游记》在这一方面一点儿用处也没有。他写的许多地名似乎用的波斯叫法。有可能波罗只到过中亚的伊斯兰教国家。在那里他和从中国回来的波斯商人或土耳其商人谈过话。在他书里，当然有可以相信和有价值的材料，但是他们不一定是作者考证过的材料。"[3] 从克雷格·克鲁纳斯论述中，可以看出，他是否定马可·波罗到过中国的，但是他没有足够的证据说明马可·波罗没有到过中国，只是在猜测而已，如果克雷格·克鲁纳斯能找到让人信服的资料证明则可以说明他的观点。马可·波罗书中确有许多没有提到的中国事物，但是，这些事物在元代其他来华的西方人的记载中也同样未提到，为什么对他特别苛求？布鲁克鲁（William of Rubruk）曾提到契丹人的书写方法，他还提到西藏人、唐兀人和畏兀儿人的书写方法，[6]190 因为他是颇有学识的传教士，对各国文字感兴趣；按照蔡美彪先生的推测，马可·波罗很可能是一个斡脱商人[7]，文化水平有限，他的兴趣主要在工商业和各地奇风异俗方面，对文化事业则不关注。[8]

解密：马可·波罗到过中国吗？

吴芳思用克雷格·克鲁纳斯的观点来论证自己的马可·波罗没有到过中国的观点，没有达到预期的效果。克雷格·克鲁纳斯的观点是存在不确定性的，没有确凿的证据论证马可·波罗没有到过中国，而吴芳思用克雷格·克鲁纳斯的观点来论证自己的主题是没有说服力的。

3. 没有得到中古史专家的帮助

吴芳思在《马可·波罗到过中国吗？》前言中说道："偶尔讨论过就这个问题写一本书的可能性，并认为最好能得到一位懂波斯文或阿拉伯文的中古史专家的帮助，可是一直没有抽出时间做到这一点。所以现在独自写了。"[1]4 吴芳思在写《马可·波罗到过中国吗？》一书中，没有得到一位懂波斯文或阿拉伯文的中古史专家的帮助，而是独自写的。

马可·波罗在他的书中说，他在元朝懂四种语言。至于哪四种，他没有指出，因而引起学者的争论。沙海昂认为马可·波罗"所偏重的，固然不必是汉语，然而不能说他对汉语毫无所知。"[9]34 伯希和、奥勒斯吉也主张马可·波罗懂得波斯语和蒙古语，但不懂汉语。[10] 中国学者邵循正 1943 年在西南联大的报告中亦强调"以他的《游记》来判断他的语言知识，敢说他简直不懂汉语。"[11] 西方学者找出马可·波罗不懂汉语的内部证据是有说服力的。杨志玖还从元代社会情况分析，对这个结论做了进一步的补充。他指出，元朝皇帝、官僚懂汉文者甚少，色目人地位远在汉人之上，汉文在元代官场上并不是必要的交际工具，蒙文、波斯文、汉文是并行的官方文字，在元朝的外国人中主要通行波斯语。因此马可·波罗不需要学习比较难学的汉语，他会的四种语言可能是蒙古语、波斯语、阿拉伯语和突厥语。[12]254 吴芳思没有得到一位懂波斯文或阿拉伯文的中古史专家的帮助，在她写《马可·波罗到过中国吗？》之前，对马可·波罗的《游记》内容不能很好地把握，或者对《游记》中的某些方面有不科学的认识，这样的写作态度是不严谨的，如果要更全面地认识马可·波罗则要对马可·波罗从多方面进行解读。

吴芳思为了论证她的马可·波罗没有到过中国，引用福赫伯的观点，但是她对福赫伯的见解未加重视；对克雷格·克鲁纳斯的观点，也没有加以深刻地认识；未得到一位懂波斯文或阿拉伯文的中古史专家的帮助，便不能很好地把握《马可·波罗游记》的内容，甚至对一些《游记》内容会错误解读。从上述三方面可以看出，吴芳思通过对前言的论述，没有达到她选题论证马可·波罗没有到过中国的目的。

二、"前言"中存在的不足

通过对前言的释读,发现其论述存在两方面的不足,分别为吴芳思要表达的观点不明确和论证史料不充足。

1. 吴芳思观点不明确

(1) 主题观点不明确

吴芳思在前言中表达了自己的主题是马可·波罗没有到过中国,而表达这一主题时,没有明确突出这一观点,只是淡淡的一笔:所以现在独自写了。[1]4 吴芳思在表达自己的主题时是那样的含糊不清,会导致读者在阅读时找不到清晰的主题,会在前后衔接上有突兀感,所以不能很好地把前言前后的段落进行衔接,达到加深主题思想的作用。

(2) 内容表达不明确

吴芳思在前言中说:"接着于1975—1976年在北京语言学院学习一年……明代汉族君主在1368年收复该城后,在南边很远的地方建造了新城墙,现在只剩下这一段与学院路并行的残墙断垣孑然而立。"[1]3 吴芳思在表达观点上也是含糊的。文中的"城"并没有注释,会让人在阅读时找不到方向。吴芳思引述了瓦德伦(Arthur N.Waldron)的一篇论文《长城问题》[13]时说,虽然现在北京北部和东北部的砖筑长城是在马可·波罗东游后修建的,但泥土筑的城墙遗址,仍有遗存。因此,在十三世纪应有夯实的城墙存在,从西方到中国的人很难见不到长城,马可·波罗的这一遗漏是显而易见的。[2] 吴芳思在前言中这一小段关于城的描写,突出了她的情有独钟,却没有把自己的观点明确地表达。吴芳思想通过《马可·波罗游记》中遗漏了对长城的描写来否定马可·波罗到过中国的观点,博得读者赞同马可·波罗没有到过中国的主题。吴芳思因一部书没有记载它可以记载的东西,便怀疑、否定其真实性,这是不合理的,也很难服人。吴芳思在前言的论述中明显地表现出她的观点不明确,其中观点不明确包括主题观点不明确和表达内容的不明确。

2. 论证史料不充足

吴芳思在《马可·波罗到过中国吗?》前言中提出了自己的主题——马可·波罗没有到过中国,而在前言的论述中却没有足够的史料来论证这个观点。在前言中,吴芳思只是通过引用福赫伯和克雷格·克鲁纳斯论文中的一些观点来提及这是自己写《马可·波罗到过中国吗？》的最初缘由。在前言中作者的论证史料只限于福赫伯和克雷格·克鲁纳斯论文中的一些观点，但是这些观点不能充分地说明马可·波罗没有到过中国。吴芳思在前言的开头通过叙述马可·波罗归国的情况，引出了马可·波罗这一主题，接着从福赫伯和克雷格·克鲁纳斯论文中的一些观点来说明自己这章节的主题。在这章节中，论证马可·波罗没有到过中国的史料是不充分的，如果要充分论证马可·波罗没有到过中国的主题则需要找到能够支撑这个观点的第一手资料。

《马可·波罗游记》的版本或译本确实很多。据穆尔与伯希和的统计，在二十世纪三十年代末已有抄写稿本及印刷本一百四十三种，吴芳思说还有七种分散的有关的版本。吴芳思说由于《马可·波罗游记》原稿早已遗失，这些被分析的版本都非原著。[2]《马可·波罗游记》经过后人辗转抄写，遗漏、增添等情况也有可能，但是只是少数，不会影响书本的主题结构，更不会抹杀书本的真实性。吴芳思却没有找到马可·波罗没有到过中国的一手资料。

马可·波罗（1254—1323）是中世纪的大旅行家，是使西方人了解中国的重要人物之一。他的《游记》，不仅在西方世界产生了重大的影响，也是中国和西方，特别是中国和意大利人民友好关系历史的见证。[14]97 意大利驻华大使罗西先生说："马可·波罗的形象至今仍显得那么光彩照人而又富有现实性。"[15]176 吴芳思在前言的论述中存在着她要表达的观点不明确和论证史料不充足的问题，而这两个不足都是显而易见的。虽然吴芳思在前言的论述中观点并不明确和论证史料不充分，但是她的观点都值得去探讨，她提出的观点引起了国内外学者对马可·波罗的研究热。

参考文献

[1]（英）吴芳思著，洪允息译.马可·波罗到过中国吗？[M].北京：新华出版社，1997.

[2] 杨志玖.马可·波罗到过中国——对《马可·波罗到过中国吗？》的回答[J].历史研究，1997,(3).

[3] 原载英国1982年4月14日《泰晤士报.中国增刊》，译文刊《编译参考》1982年7月题为《马可·波罗到过中国没有？》.

[4] Henry Yule , The Book of Ser Marco Polo, 3rdEd. 1929 , "Introductory

Notices".

[5] Leonardo Olschki, Marco Polo's Asia, 英译本 1960 年, pp.130.

[6] The Mongol Mission. pp.171—172.

[7] 蔡美彪. 试论马可·波罗在中国 [J]. 中国社会科, 1992, (2).

[8] 杨志玖. 再论马可·波罗书的真伪问题 [J]. 历史研究, 1994.

[9] 沙海昂. 马可·波罗游记 [M]. 冯承钧译. 商务印书馆, 1947: 34.

[10] 海格尔. 马可·波罗到过中国吗? 从内证看到的问题 [J] 宋元史研究会刊, 1979, (14).

[11] 《语言与历史——附论<马可·波罗游记>的史料价值》. 元史论丛, 1982, (1).

[12] 杨志玖. 元史学概说 [M]. 天津教育出版社, 1989: 254.

[13] 刊于《哈佛亚洲研究学报》1983,43 (2).

[14] 杨志玖. 元史三论 [M]. 北京: 人民出版社, 1985: 97.

[15] 马树德. 世界文化通论 [M]. 北京: 商务印书馆, 2010: 176.

第二章 对"第一章 《寰宇记》序言梗概"的释读和评价

第一节 对"第一章 《寰宇记》序言梗概"的释读

在《马可·波罗到过中国吗？》一书"第一章《寰宇记》序言梗概"中，吴芳思用简明扼要的语言对马可·波罗的书和他在书中自我标榜的话的重要性、波罗氏一家旅行的背景、波罗氏一行在中国的长期生活以及波罗氏获准由海路回意大利几个方面进行了概述。

一、对"第一章"的释读

吴芳思所著《马可·波罗到过中国吗？》的第一章只有九个自然段的内容，字数最多的一个自然段不过四百五十字，总共不过两千多字，字数很少，内容也有限，但是这一章却提供了不少有价值的材料。这章主要介绍了马可·波罗的书和他在书中自我标榜的话的重要性；波罗氏到中国的概况，其中包括波罗氏旅行的背景和波罗氏在中国长期生活的概述；最后，讲述了波罗氏获准回意大利及其护送许配给蒙古君主阿鲁浑的年轻公主的任务。下面具体来分析一下。

（一）马可·波罗的书和他在书中自我标榜的话的重要性

吴芳思在这章一开始就强调了马可·波罗的书和他在书中自我标榜的话的重要性。"多数人都知道马可·波罗这个名字，可是如果对他们进行查问，那么承认自己确实读过马可·波罗的书的人一定很少。姑且勿论当代学者提出的学术性质疑以及意大利式实心面条等问题，马可·波罗本人的书和他在书中自我标榜的话就极其重要，因为所了解的（或者别人来告诉的）有关马可·波罗的情况多半可以在该书的一个或某几个版本中找到。"[1] 作者在这一段中用了一百五十八个字强调了马可·波罗的书和他在书中自我标榜的话的重要性，因为很多人知道马可·波罗这个人，但是对于他的书却很少有人真正地去读了，他们对于马可·波罗的认识只局限于人们的口口相传,这里会有以讹传讹的可能,再加上"当代学者提出的学术性质疑以及意大利式实心面条等问题",众说纷纭,莫衷一是,更有混淆视听、张冠李戴的可能,因此马可·波罗的书和他在书中自我标榜的话显然就是第一手资料,显得特别珍贵和重要,只有真正地去读了马可·波罗的书,了解了他的话,才能去辨真伪,考证马可·波罗是否到过中国。

(二) 波罗氏旅行的背景

《马可·波罗到过中国吗?》第一章第二自然段的主要内容便是《寰宇记》序言梗概,这部分主要从对波罗家旅行背景的解释和波罗氏一行在中国的长期生活的概述两个方面展开论述。

1. 对波罗氏旅行背景的解释

《寰宇记》可能作于1298年,它用一个简短的序言开篇,序言对波罗氏几个人旅行的背景做了解释,并说明《寰宇记》这本书是怎么写成的。根据序言,马可·波罗的父亲和叔父,尼柯罗·波罗和马菲奥·波罗,都是威尼斯商人,他们于1260年"携带自己的货物"抵达君士坦丁堡。他们在那里决定"航行到黑海的彼岸,希望在那里从事一项有利可图的事业……于是他们到了苏达克"。苏达克位于黑海北部的半岛,在塞瓦斯托波尔城以东不远的地方,当时是黑海的一个主要贸易点,从那里可以买到来自斡罗思、土耳其和波斯的货物。"他们在那里逗留了一段时间后就决定去更远的地方"。他们走遍从伏尔加河到里海这一片由蒙古君主别儿哥统治的疆土,并得到别儿哥的恩准从事"利市三倍"的贸易。这时由于别儿哥和统治波斯的蒙古君主旭烈兀之间爆发了战争,他们无法回到君士坦丁堡。在这里吴芳思还点出了别儿哥与旭烈兀的关系是"他们是堂兄弟——他们的祖父都是成吉思汗"以及他们之间爆发战争的原因是"边境纠纷,两个汗国都说波斯西北部和高加索是自己的领土"。蒙古人的战火逼使波罗氏弟兄俩往东去更远的地方,他们一直走到哈喇和林。在哈喇和林他们觐见了伟大的君主(即大汗)忽必烈。他们并没有和忽必烈谈贸易,而是谈基督教教义。忽必烈"命人用突厥语写致教皇的信,并委托波罗氏兄弟递交"。"他要教皇派遣一百个深谙基督教义的人……来和膜拜偶像的人进行辩论,好明白告诉他们:他们所信奉的宗教是完全错误的。此外,大汗还指示两兄弟到耶路撒冷城把圣墓上长明灯里的油取些许回来"。然后他派遣一位官员护送波罗氏兄弟走完头一段归程,并授予

解密：马可·波罗到过中国吗？

此人一枚金牌，"上面写明……（所经之处的官员）应向来者……提供一切必需的住宿及马匹夫役等便利"。波罗氏兄弟刚回到威尼斯，马上又在1271年再次出发，这一次他们带上尼柯罗的儿子马可（当时大约十七岁）同行。他们设法弄到了圣油，但没有任何神学家随同前往。当时正值老教皇已殁、新教皇未选之际，因而他们拿到了教皇驻阿迦城特使致大汗的一封附函。[1]1-3 由上述内容可见，吴芳思在《马可·波罗到过中国吗？》第一章《寰宇记》序言梗概第二自然段第一个方面讲述了波罗氏旅行的背景是：马可·波罗的父亲和叔父两个威尼斯商人原是携带自己的货物到达了君士坦丁堡，在那里他们决定了"航行到黑海的彼岸，希望在那里从事一项有利可图的事业，于是到了苏达克，后来又到了别儿哥统治的疆土。因为别儿哥和旭烈兀统治的两个汗国发动争夺波斯西北部和高加索领土的战争，使两兄弟无法回到君士坦丁堡，他们被逼着往东走，来到了蒙古人的大本营和都城哈喇和林，觐见了当时的统治者忽必烈，他们给忽必烈讲基督教教义，忽必烈委托他们递交写给教皇的信以及取一些耶路撒冷圣墓长明灯里的油。他们回到威尼斯，于1271年再次出发，这次他们带上了尼柯罗的儿子马可，也就是《寰宇记》和《马可·波罗到过中国吗？》两书的主人公马可·波罗。至此，吴芳思在第一章用极其简短凝练的语言解释了波罗氏旅行的背景。

2. 波罗氏一行在中国长期生活的概述

第一章《寰宇记》序言梗概中，吴芳思解释了波罗家旅行的背景后，马上对波罗氏一行在中国的长期生活进行了概述：波罗氏兄弟再一次抵达哈喇和林，受到了"热烈的、狂欢般的"接待，而且忽必烈很喜欢"少年后生"马可。当时大汗正在把整个中国置于蒙古的统治之下，遂起用马可为使者，派他去边远省办事（蒙古人早在1260年就占领了中国北方，但直到1279年才把南方完全征服）。马可首先去的是西南地区的云南省，他走了半年时间才到达那里。看来马可善于把趣闻轶事讲得娓娓动听，以致大汗瞧不起其他的一些正式使节，说不出一点儿专访地区的"风俗习惯"。马可·波罗针对他们的这个弱点，"特别留意一路遇到的奇闻轶事，以便向大汗呈报"。他回到朝廷后先把正事处理完毕，然后"大谈路上所遇到的各种精彩见闻"。原书的序言很短，只有十二页，对"应该大书特书的"波罗氏一行在中国的长期生活做了极其扼要的概述。读后会以为马可·波罗先生果真和大汗相处长达十七年之久，而且在这期间他为完成特殊的使命而马不停蹄地出外旅行。[1]3

第二章 对"第一章 《寰宇记》序言梗概"的释读和评价

（三）波罗氏获准回意大利及护送公主概况

本章节是《寰宇记》序言梗概，前面大概阐述了波罗一家到中国的原因以及在中国长期生活的概述，在这章最后则简单介绍了马可一家在中国待了多年后获准回意大利的情况。首先，文章交代了波罗一家回意大利的原因是：波罗氏一行终于因思乡心切而恳求大汗恩准他们回意大利。他们获准辞别后主要由海路回国，而不像他们来时那样经由陆路；其次，文章还交代了他们回去的途中有一个任务：他们路上还护送一位许配给蒙古君主阿鲁浑的年轻的蒙古公主。阿鲁浑亦称黎凡特王或波斯伊利王，他在旭烈兀去世若干年后于1284—1291年在位。旅途十分艰难，出发时共有六百人，最后所剩无几，只有十八个人幸存。他们到达波斯时阿鲁浑已经去世，但他们设法把皇族公主送交阿鲁浑之子合赞，终于卸掉了一个包袱。波罗一行完成这项使命后就继续向威尼斯方向旅行，有时骑马，有时乘船。他们"于基督纪元1295年"到达威尼斯。吴芳思在最后用一句话过渡到正文部分的阐述——序言最后说："在下给看官讲完了序言的全部内容，现在要开始讲这本书的正文了……"[1]3-4

二、"第一章"中使用的史料分析

本章节是《寰宇记》序言梗概，也就是吴芳思对由马可·波罗口述、狱友鲁思梯谦诺笔录成书的《寰宇记》序言部分的大概阐述。因此，文中使用的史料主要是来自《寰宇记》，即使内容极少，但是经过探究后，也可以将其中的史料分为可信史料和值得怀疑的史料两类。

1. 可信的史料

根据序言，马可·波罗的父亲和叔父，尼柯罗·波罗和马菲奥·波罗，都是威尼斯商人，他们于1260年"携带自己的货物"抵达君士坦丁堡。他们在那里决定"航行到黑海的彼岸，希望在那里从事一项有利可图的事业，于是他们到了苏达克"。苏达克位于西海北部的半岛，在塞瓦斯托波尔城以东不远的地方，当时是黑海的一个主要贸易点，从那里可以买到来自斡罗思、土耳其和波斯的货物。"他们在那里逗留了一段时间后就决定去更远的地方"。[1]1-2 在这段材料中，根据《中国大百科全书·中国历史》中的"马可·波罗"词条，吴芳思将尼柯罗和马菲奥两人的名字顺序颠倒了，尼柯罗是马可·波罗的父亲，马菲奥是他的叔父。在此，虽然两人名字顺序有误，但是也说明了马可·波罗和他的父亲、叔叔三人

17

是真实存在的，是可信的。在这段史料中提到的几个地名"君士坦丁堡""苏达克""斡罗思""土耳其""波斯"，这些地名都是真实存在的，这也增加了其史料的可信度。

"他们走遍从伏尔加河到里海这一片由蒙古君主（1257—1267）统治的疆土，并得到别儿哥恩准从事'利市三倍'的贸易。可是这时由于在别儿哥和统治波斯的蒙古君主旭烈兀之间爆发了战争，他们无法回到君士坦丁堡。尽管别儿哥和旭烈兀是堂兄弟——他们的祖父都是成吉思汗，他们还是在1261—1262年兵戎相见。这是双方一系列战争中的第一次战争，起因是边境纠纷，两个汗国都说波斯西北部和高加索是自己的领土。"这段史料中提到的人物别儿哥和旭烈兀，他们之间是堂兄弟的关系，他们之间的战争，这些都是可信的。蒙古帝国及其分裂后存在的窝阔台汗国、察合台汗国、金帐汗国、伊儿汗国这四个蒙古汗国合称为蒙古四大汗国，简称四大汗国。材料中的别儿哥是金帐汗国的君主之一，统治时间为1257－1267年，他是拔都的弟弟，成吉思汗的孙子。而旭烈兀是伊儿汗国的建立者，拖雷之子，成吉思汗之孙。别儿哥与伊尔汗国的旭烈兀的争端是近东与阿塞拜疆的监督权，他指责过旭烈兀屠杀巴格达居民，以及未与其他的成吉思汗宗王们协商就处置了哈里发。另一方面是大汗的人选问题。旭烈兀支持忽必烈为大汗，别儿哥支持阿里不哥，1262年11－12月，两汗国在高加索边境开战，互有胜负。因此，史料中说他们是"蒙古君主"，"别儿哥和旭烈兀是堂兄弟——他们的祖父都是成吉思汗。他们还是在1261—1262年兵戎相见。这是双方一系列战争中的第一次战争，起因是边境纠纷，两个汗国都说波斯西北部和高加索是自己的领土。"[1]2 这些史料都是真实可靠的。

"蒙古人早在1260年就占领了中国北方，但直到1279年才把南方完全征服"。在这句话中"1260年就占领了中国北方"指的应该是1260年5月5日忽必烈在部分宗王和蒙汉大臣的拥立下于开平（后称上都，今内蒙古多伦县北石别苏木）自立为蒙古皇帝（又称蒙古大汗）。"但直到1279年才把南方完全征服"则是指元朝直到1279年才灭掉南宋，统一中国。由此可见，此段史料也是可信的。

看来马可善于把趣闻轶事讲得娓娓动听，以致大汗瞧不起其他的一些正式使节，说不出一点儿专访地区的"风俗习惯"。马可针对他们的这个弱点，"特别留意一路遇到的奇闻轶事，以便向大汗呈报"。他回到朝廷后先把正事处理完毕，然后"大谈路上所遇到的各种精彩见闻"。这段史料说大汗瞧不起其他的一些正式使节，马可根据"他们的这个弱点"特别留意一些路上遇到的奇闻轶事特意来迎合大汗。中国皇帝历来喜欢别人的迎合，而且当时元朝建国以后将人分为蒙古人、色目人、汉人、南人四类，实行等级管理制度，因此狂妄自大的统治者瞧不起其他民族的一些使节，那也是值得信任的。

"波罗氏一行终于因思乡心切而恳求大汗恩准他们回意大利。他们获准辞别后主要由海路回国，而不像他们来时那样经由陆路；而且他们路上还护送一位许配给蒙古君主阿鲁浑的年轻的蒙古公主。"[1]3 根据史料记载，伊利汗阿鲁浑（1284—1291）在王妃去世后按照王妃遗言欲娶与她同宗的一位贵族女子继王妃位，忽必烈赐了阔阔真公主。由此可见，这段史料也是真实可信的。

2. 值得怀疑的史料

吴芳思在文章开头的部分介绍波罗氏一行旅行的目的是"从事一项有利可图的事业"。[1]1 但是后面波罗氏兄弟觐见了忽必烈后的情况是"他们并没有和忽必烈谈贸易，而是谈基督教教义。"[1]2 尼柯罗·波罗和马菲奥·波罗，都是威尼斯商人，谋取利益才是他们的本意，但是他们见到了大汗却不谈贸易，只谈基督教教义，显然不符合他们商人的身份和他们的本意，因此，此处史料值得怀疑。

文章中还有一处值得怀疑的便是大汗"遂起用马可为使者，派他去边远省办事"[1]3 马可·波罗既不懂汉语也不会汉文，更不懂中国的官制和地理，中国蒙汉文武官员众多，为什么会挑选一个远方而来的意大利商人去边远行省办事呢？这显然让人大惑不解，值得怀疑。

综上所述，吴芳思在《马可·波罗到过中国吗？》一书的第一章节中主要是对《寰宇记》序言的概述。吴芳思用简明扼要的语言对马可·波罗的书和他在书中标榜的话的重要性、波罗氏一家旅行的背景、波罗氏一行在中国的长期生活以及波罗氏获准由海路回意大利几个方面进行了阐述。吴芳思引用的史料大部分都是可信的，当然其中也存在一些值得怀疑的史料，需要不断地研究探索。

参考文献

[1]（英）吴芳思著，洪允息译，马可·波罗到过中国吗？[M]，北京：新华出版社，1997.

第二节 对"第一章 《寰宇记》序言梗概"的评价

自《寰宇记》问世几百年来，关于马可·波罗是否真正到过中国，一直是中外马可·波罗学者关注和争论的焦点之一。早在1941年，著名学者杨志玖即以《永乐大典》中发现的一段重要公文有力地证明了马可·波罗来华的真实性。此后德国学者福赫伯、美国学者海格尔、英国学者克鲁纳斯都曾对马可·波罗到过中国提出质疑。1995年，英国学者吴芳思著书《马可·波罗到过中国吗？》再次探讨马可·波罗是否到过中国，引发了对此问题的又一轮争论。本文就此书的第一章的内容"《寰宇记》序言梗概"做一评价。

一、吴思芳达到了选题的目的

本章的题目是"《寰宇记》序言梗概"，所谓梗概，就是粗略、大概、大略的内容、要点或讨论题的主要原则，略举故事主干。吴芳思本章选题的目的是为了对寰宇记做一个简略的概括，在本章中对《寰宇记》的序言做了简单的介绍，《寰宇记》的序言很短，只有十二页，作者也用简短的语言把序言的要点概括呈现出来，从这点来看，吴芳思达到了自己选题的目的。

《寰宇记》的序言包含了马可·波罗的东方行、《寰宇记》草成的经过、当时的历史背景、元朝的皇帝、难以置信的东方文明以及马可·波罗之行是否属实这些内容。序言对马可·波罗一行旅行的背景做了解释，并说明这本书是怎样写成的，对马可·波罗在中国的长期生活做了及其扼要的概述。

1. 旅行的背景和《寰宇记》是怎样写成的

（1）当时的中国

1219年，成吉思汗西征花剌子模，其后又经过1237年的拔都和1253年的旭烈兀的两次西征，蒙古人征服了东自中国、西抵多瑙河畔的大片土地，东西交通也因此畅行无阻。这是历史上前所未有的一件大事，从十三世纪初期到十四世纪中叶的一百多年间，欧洲的商人、传教士前往东方的，真是"道路相望，不绝于途"。

（2）当时的经济环境

对于中世纪的欧洲来说，远东和东南亚在经济上是十分重要的，那里盛产的香料不但可以在无制冷设备的时代用来保存食物，还可以给腌制不佳的食品增添浓烈的香味。这些香料，包括胡椒、桂皮、丁香、姜、肉豆蔻，加上檀香木和染料等其他物产，都是气候比较温和的欧洲所不可能出产的，所以它们都是远东的专卖产品，主要由阿拉伯的中间商经海路输往西方。如果贸易因故中断，香料的价格就会暴涨，有时甚至可以代替白银或黄金充当支付手段。

除了香料这种实际上非有不可的必需品外，远东的一些奢侈品也受到欧洲的青睐，其中尤以丝织品为最。古罗马人十分珍视丝绸，但是对怎样生产丝绸一直大惑不解。远东的丝织品主要通过波斯中间商经由陆路销往欧洲。商业的巨大利润，驱使着欧洲人去远东探险。

（3）《寰宇记》创作的背景

1275年，威尼斯人马可·波罗来到上都（今内蒙古），觐见蒙古大汗忽必烈，并在中国居住了十七年。马可·波罗到达大都时已经21岁，风华正茂，由父亲和叔父带着觐见忽必烈大汗。根据游记记载，马可·波罗出访过云南，他还去过江南一带，所走的路线似乎是取道运河南下，他的游记里有对淮安、宝应、高邮、泰州、扬州、南京、苏州、杭州、福州、泉州等城市的记载，其中在扬州他还任官三年。此外，马可·波罗还奉旨访问过东南亚的一些国家，如印尼、菲律宾、缅甸、越南等国。1295年，马可·波罗回到威尼斯。凭借从中国带回的财宝，其家族成为城中巨富。马可·波罗后来在威尼斯与热那亚的战争中被俘入狱，他在狱中讲述了在中国的所见所闻，被同狱的鲁思梯谦诺笔录下来，这就是著名的《寰宇记》。

2. 出使云南

根据马可·波罗的自述，出使云南是大汗派给他执行的第一项使命。在此之前，他是在宫廷度过的，"学会了鞑靼人的风俗习惯以及他们的语言、文字和箭术"，待他已到成熟的年龄，大汗才派他出使云南。[1]42

马可·波罗到达大都时已经21岁，风华正茂，由父亲和叔父带着觐见忽必烈大汗。忽必烈非常高兴，在宫内设宴欢迎，并留他们在朝中居住下来。马可·波罗善于学习，很快熟悉了朝廷礼仪，掌握了蒙古语等语言。忽必烈在和马可·波罗的接触中，发现他具有敏锐的观察力，因此对他很器重，除了在京城大都应差外，还几次安排他到国内各地和一些邻近国家，进行游览和访问。根据游记记载，马可·波罗出访过云南，他从大都出发，经由河北到山西，自山西过黄河进入关中,然后从关中逾越秦岭到四川成都,大概再由成都西行到建昌,最后渡金沙江到达云南的昆明。

3. 护送蒙古公主

马可·波罗一行回国时护送一位许配给伊利汗国君主阿鲁浑的年轻蒙古公主。

《寰宇记》中有两章说,伊利汗国君主阿鲁浑因他妻子死了,便派遣三位使臣来中国忽必烈大汗处,请赐给他一个和他亡妻同族的女子为配。使臣归国时特请波罗一家做伴,从海道护送所求的阔阔真公主返国。返国旅途十分艰难,他们到达波斯后把公主交给阿鲁浑之子合赞,完成了护送任务。

《寰宇记》序言中对一些事件进行了较详细的描述,比如马可·波罗的东方行、游记草成的经过、中国的皇帝,还对马可·波罗的游历是否真实做了阐述。吴芳思在本章中简要地概括了《寰宇记》的序言,简练中又突出重点,对重点内容笔墨较多,使读者很容易从中获取中心思想,从内容来说作者已达到了其选题的目的。

二、"第一章"中存在的不足

关于马可·波罗有没有到过中国,学界仍存在争论,本章中吴芳思的论述也存在不足的地方,有些问题并没有阐述清楚。

1. 《寰宇记》可能作于1298年

作者在文中写道"《寰宇记》可能作于1298年",为何说是"可能"?作者在文中并没有给出解释。

据意大利史料记载,1298年及其以前几年里,威尼斯和热那亚大战过两次,一次是1294年剌牙思之战,一次是1298年索尔佐拉之战。马可·波罗是1295年回到威尼斯的,1294年之战自然不能参加,他只能在1298年之战中被俘。这批战俘抵达热那亚时已是这年10月16日中午,那么他在这年余下的两个多月时间里是否可能同鲁思梯谦诺一起完成他的游记? [1]355

有一条资料可以证实马可·波罗是在1296年被俘。这就是马可·波罗同时代人雅可波·达基著《世界的印象》所写:"1296年在教皇鲍尼法斯第六时期,在剌牙思的地方发生了一场15艘热那亚商船和25艘威尼斯商船之间的战斗。在被俘者中间,有威尼斯人马可阁下。"

第二章 对"第一章 《寰宇记》序言梗概"的释读和评价

从这条资料可知,在1296年,威尼斯与热那亚发生过另一场战争,马可·波罗正是在这场战争中被俘的。就马可·波罗生平的编年而论,他被俘在1296年也比在1298年或1294年可信得多,因为马可·波罗在1295年回到威尼斯,1296年战争中被俘,1298年完成其书于热那亚狱中,这样的时间顺序比较合理。[1]356

2. 当代学者提出的学术性质疑以及意大利式实心面条和冰淇淋等问题

（1）质疑

从《寰宇记》一书问世以来,几百年来关于马可·波罗的争议就没有停止过,一直不断有人怀疑他是否到过中国,《寰宇记》是否伪作。他们提出中国史籍中找不到一件关于马可·波罗可供考证的资料,《寰宇记》一书中未提到具有中国特色的事物,如缠足、茶叶、汉字、印刷术等,而这些本来应当是最能吸引一个外国人的好奇心的。有些记载夸大失实或错误,如冒充献炮攻襄阳,蒙古皇室谱系错误等。有些地名用波斯名,可能是从波斯文的《导游手册》抄来的。在他们看来,马可·波罗关于中国的知识与他所宣称的十七年在华体验是根本不相称的。

二十世纪四十年代开始,国内也出现众多的怀疑者,但中国学者还是愿意从情感上承认马可·波罗曾游历中国,并认为他所描述的十三世纪的中国情况是准确的。现在国内的肯定论者的代表是杨志玖先生,他从四十年代起就不断地同国内外的"怀疑论者"进行论战。杨志玖教授曾在《环球》杂志1982年第十期上撰文《马可·波罗与中国——马可·波罗到过中国没有？》一文的看法做了答复。他说,"中国的历史书籍中确实到目前为止还没有发现马可·波罗的名字,但并不是没有一些可供考证的材料"。[1]338

马可·波罗有关中国的记述,大部分都能在中国史料中找到印证,唯有他本人的活动却丝毫不见于记载。杨志玖先生曾在《永乐大典·站赤》中发现至元二十七年的一个文件,所载遣往阿鲁浑大王位下三使臣的名字与马可·波罗的记述完全一致,时间也吻合。这是迄今有关马可·波罗在中国的经历最直接、最有力的证据。[1]37

（2）意大利式实心面条和冰淇淋

对于面条,马可·波罗在《寰宇记》中记载的汗八里（今北京市）人民的饮食生活,说得非常清楚,他说:"他们不吃面包,只有做成'线面'或糕饼

解密：马可·波罗到过中国吗？

时才食用。"这里的"线面"即是面条。马可·波罗不仅在中国吃到面条，而且还把面条的制法带到了意大利。相传以"意大利粉"盛名于世的面条，即是从《寰宇记》问世之后才有的。对于这一点，马可·波罗在《寰宇记》中说得很清楚，吃面包是他熟悉的西方面食；而吃"线面"，是他来中国前从未见过的面食及其吃法。据考证，面条确是中国首创的面制食品。它萌芽于汉，形成于南北朝，到宋元时非常盛行。在汉时，开始制作的面条称"索饼"或"汤饼"。"索"即条状物之谓，"汤"即以沸水煮之，也就是说，将索形面制品放在汤里煮熟而食。元朝时，更是已将切细的索面加工成挂面，即马可·波罗所云的"线面"。也只有出现了挂面，马可·波罗才有可能将面条带回威尼斯。[1]128

唐朝末年，人们为生产火药，大量开采硝石。偶然间发现硝石溶于水时，大量吸热，可使水温降至结冰，由此人们掌握了夏天制冰的方法。精明的商人于伏天取出冬天贮存的冰块，刨出冰屑，加上糖和香料售卖，制成了"第一代"冰淇淋。到了宋朝，更有人在冰里加上水果或果汁。往后，元代的商人在冰中加上果浆和牛奶，十分接近于现代的冰淇淋。十三世纪，马可·波罗把中国的冰淇淋配方带回意大利。随后，意大利人又将其传至法国。到了十六世纪，法国卡特琳皇后的一个私人厨师，把冰淇淋制成半固体状，掺进奶油、牛奶和香料，附上花纹。"终极版"冰淇淋由此诞生。

对于马可·波罗有没有到过中国，学界至今仍未有定论。吴芳思在其著作《马可·波罗到过中国吗？》第一章中，用简练的语言概括了《寰宇记》的序言，本章中，吴芳思并未试图阐述马可·波罗是否到过中国，而是偏向于介绍《寰宇记》的序言及其内容，使读者对此书先有所了解，便于在后面的章节中对马可·波罗有没有到过中国进行阐述。

参考文献

[1] 陆国俊，郝名玮，孙瞠目主编.中西文化交流先驱——马可·波罗 [J].商务印书馆，1995.

第三章 对"第二章 他们为什么去中国?"的释读和评价

第一节 对"第二章 他们为什么去中国?"的释读

吴芳思认为波罗氏一家以及其他意大利商人到中国去的最重要的原因就是对亚洲奇异物产的贸易变得日益重要,其中包括香料、丝绸等物产;另外一个原因就是"滚动式贸易"的影响,而波罗氏一家正好住在拥有地理位置优势的货物集散地,这给他们到中国去提供了良好的基础。

一、对"第二章"的释读

任何事物的发生都有动机,也就是原因,就如世界上没有无缘无故的爱一样。那么,马可·波罗为什么对中国如此热爱呢?在本章"他们为什么去中国?"有着详细的介绍。本章一共只占了四页纸,共十八小段,不多的字数中记载的内容却不少。主要介绍了马可·波罗和他的父亲以及叔叔到中国的原因,一个是进行亚洲奇异物产的贸易,特别是香料贸易;另一个原因是因为远东的奢侈品也受到欧洲的青睐,尤其以丝织品为最。其后介绍了不同史料对威尼斯商人的记载,而其中以《寰宇记》为最。另外,也提到了货物的集散地与马可·波罗一家的关系和别的商人与他们发生的关系。最后还提到了意大利商人对华贸易的相关情况。

(一)他们到中国来的原因

在本章中,吴芳思一开始就提出这样的问题"为什么两个威尼斯商人艰难竭蹶地穿越神秘莫测、荒无人烟的中亚细亚沙漠,后来还带着圣油和一个十七岁的少年顺着原路又跋涉一趟呢?"从这个问题中可以知道,吴芳思并不仅仅局限于马可·波罗一人为什么要到中国去,而是用全局的眼光从历史的源头看待问题,这样能分析出更可信的原因。

1. 亚洲奇异物产引人入胜

吴芳思认为,他们到中国去的一个重要的原因是进行亚洲奇异物产贸易变

解密：马可·波罗到过中国吗？

得日益重要。马可·波罗的父亲和叔父都是商人，他的书中到处流露出对这些珍稀物品的商业兴趣也不足为奇。那么，这些奇异物产到底是哪些呢？

（1）香料。对中世纪欧洲来说，远东和东南亚在经济上十分重要，那里盛产的香料不但可以在无制冷的时代用来保存食物，还可以给腌制不佳的食品增添浓烈的香味。香料的品种也是非常多的，包括胡椒、桂皮、丁香、姜和肉豆蔻等，这些物产都是在气候比较温和的欧洲所不可能出产的，所以它们是远东的专卖产品，而且主要由海陆输往西方。《马可·波罗游记》中用很长的篇幅记述了极其重要的香料，其中一处说，在中国东部沿海城市杭州，每天运输进城的胡椒数量惊人。他从一收税官处获悉，每天都有四十三万担胡椒送进城里，每担胡椒有二百二十三磅之多。如果香料贸易因故中断，香料的价格就会大幅上涨，以至于有时香料可以代替白银或者黄金充当支付手段。[1]7

（2）奢侈品，其中以丝织品为最。古罗马人十分珍视丝绸，但是对怎样生产丝绸一直大惑不解。诗人维吉尔说丝绸是将树叶加工梳理而成的，他的话使人们对这个看法难以忘怀。当时，欧洲人对于丝绸的原料来源及生产方法仍然感到不可思议，他们比近东人花了更长的时间才在丝绸方面获得成功。英王詹姆一世曾于1608年发表关于大力种植桑树的赦令（以便为饲养春蚕提供桑叶），但是效果甚微。[1]7-8 可以看出欧洲人对于丝绸所知甚少，同时也体现了我们祖先高超的智慧。直到十七世纪末，英国的丝绸业才真正起飞。

（3）其他物产。作为商人的马可·波罗在书中提到亚美尼亚的银矿和优质麻布，土耳其和梯弗里斯的深红色丝织品，谷儿只的油（是很好的燃料，但不可食用，对治疗疥疮很有效），巴格达的珍珠，桃里寺的金线织物，波斯的丝织品、阿月浑子干果、枣子和绿松石，波斯湾廉价的山鹑，中亚的红宝石、青金石和芝麻油，可失哈耳的亚麻和大麻纤维，畏兀儿斯坦的钢铁和石棉织物，世界上最好的唐古特麝香，四川的井盐，孟加拉的姜、桂皮、甘松香、良姜和糖，爪哇国的胡椒、肉豆蔻和丁香，印度的椰子，桑给巴尔的胡椒、靛蓝染料、檀香木和龙涎香，以及亚丁附近的马匹和用树脂制成的焚香。这些神奇的物产不仅让马可·波罗感到惊叹，也使其他的航海家坚定了去东方的决心。比如耳熟能知的克里斯托弗·哥伦布和瓦斯科·达·伽马。虽然他们都未能真正到达东方，但是他们的行为确是认识世界市场的一个基础。[1]6-7

第三章 对"第二章 他们为什么去中国?"的释读和评价

2. 波罗氏一家优越的地理位置

在欧洲（特别是威尼斯）与东方的贸易方面，波罗氏一家可谓近水楼台。老波罗（旅行家马可·波罗的另一位叔伯）在君士坦丁堡和黑海沿岸的索尔达亚城（即苏达克城）各有一栋房子。虽然索尔达亚没有香料和丝织品贸易，但斡罗思商人把各种皮毛运到那里出售。索尔达亚依然是东西方之间的一个主要货物集散地，集散地的作用对于当时的人们来说并不亚于现在的贸易中心。在《寰宇记》中记载，马费奥·波罗和尼柯罗·波罗的第一次旅行就是从他们在君士坦丁堡的那栋房子出发的。[1]8-9 这足以说明，生活在一个有着优越地理位置的地方对于有冒险精神的波罗一家的便利性和刺激性。

3. "滚动式贸易"的必然结果

"滚动式贸易"是人们在并不完全了解世界的时候采用的一种较为保守的贸易方式，这种贸易方法是先把货物运到第一个集散地，在那里脱手后就地购买新货去下一个集散地。不管是个体商还是像东印度公司那样较大的企业都采用这个方法。[1]9 其中一个原因是，多数市场的规模都有限，商人为了谋利，想要经营更多的货物，而离产地不远又享有盛誉的产品就更能得到商人们的青睐。采用"滚动式贸易"可以确保在原始的投资下有所盈利，而且风险小，成本低，操作也比较容易。作为商人，只有在不停地旅途中发现商机，才能有机会获得成功。波罗氏兄弟带去的是全世界都感兴趣的轻便奢侈品——宝石，他们对成交很有把握。

（二）其他材料中对马可·波罗的记载

由马可·波罗本人口述，他的狱友鲁思梯谦诺记录的《马可·波罗游记》中记载了马可·波罗和他的父亲、叔叔到过中国的事情，对此很多人持有不同的观点，但在其他作家的记载中看到了他们的影子。

1. 《寰宇记》

正如前文提到的"马费奥·波罗和尼柯罗·波罗的第一次旅行就是从他们在君士坦丁堡的那栋房子出发的。"以及"他们在那里带上大量的宝石去索尔达亚，接着又去了更远的地方"，从这些话语中可以知道波罗氏兄弟是真实存在的。

2. 一些法律文书

这些法律文书遗留至今，都表明波罗一家与贸易关系密切。它们说明，尽

解密：马可·波罗到过中国吗？

管传说波罗氏一家十分富有，但他们实际上是小商人。1316 年在当地一个名叫阿尔贝托·瓦西鲁洛的手艺人那里有少量的投资，并与保罗·吉拉尔多进行香料交易。另有一份文件说明当时正在克里特经商的尼柯罗·波罗的另外两个儿子——斯特凡诺和乔瓦尼——因船舶失事而损失 4000 达卡特。[1]10

3. 裴哥罗梯的《通商指南》

裴哥罗梯的《通商指南》大约写于 1340 年，主要内容涉及地域东至中国，西至英国，范围甚广，其前三章记述十四世纪时从欧洲通往中国的道路、重要城市和其进出口货物以及度量衡制度等，可供研究当时中西交通和贸易情况。他并不是一个商人，而是一个银行业者。他在安特卫普、伦敦、塞浦路斯和阿雅斯等地为巴尔迪的佛罗伦萨公司工作，他向东旅行不会走到比圣地更远的地方，但是他显然可以通过与实际到过远东的人进行交谈来收集在那个较远地区旅行的详细情况。

（三）意大利对华贸易的体现

除了波罗氏一家曾经到过中国，意大利商人中也有到过中国经商贸易的，甚至是在中国居住、做官。

1. 旅行家的各种记载

旅行家的各种记载中虽然没有提到波罗氏一行，倒是零星地提到在中国的其他意大利商人。北京天主教约翰·孟德高维诺（1247—1328）说，一个名叫彼得鲁斯·德·卢卡隆哥的商人于 1291 年和他一起从大不里士来到北京，后来还出资建造北京第一座天主教堂。1305 年，孟德高维诺在哈喇和林写了第一封致教皇的信函托一些正要回国的威尼斯商人带回去，他们随身携带一个安全通行证即金牌"护照"，以便在蒙古人统治的地区使自己受到保护。[1]11

2. 意大利女孩的墓碑

意大利对华贸易的一个最引人关注的纪念物是 1951 年在扬州发现的一个意大利女孩的墓碑。她叫卡泰里纳，是多梅尼科·德·维廖内的女儿，死于 1324 年，十五世纪末当地人修筑城墙时把她的墓碑移往他处，墓碑上刻画着几幅描绘贞女圣凯瑟琳受棘轮车刑殉教的图画，在图画的上方还有圣母玛利亚的雕像。她的家庭显然曾在十三世纪中叶在大不里士经商，这很能说明墓碑为何会有那样的设计，虽然多数人一致认为墓碑的风格表明它实际上是当地的中国手工艺人刻制的。尽管如此，这块墓碑仍然是意大利丝绸商人曾到过那个地区的一个令人不可思议的证明。[1]11

（四）其他

1. 对马可·波罗是否在扬州做官一事的提及

吴芳思对意大利女孩的墓碑出现在扬州感到非常耐人寻味，从而提到因为马可·波罗说他曾经治理扬州三年，但是没有留下一点儿踪迹而感到遗憾。不管是扬州的地方志还是《寰宇记》或者其他的文书记载，都没有提及马可·波罗曾经出现在扬州，也没有提到侨居扬州的其他意大利商人及家属。

2. 蒙古人的相对开放

尽管有关意大利商人侨居中国的实证非常少，蒙古人显然不如后来的汉族君主那样注意排外。他们经常启用既非贵族也非汉族的专家，这是人所共知的。他们准许外国基督教徒在中国城市建造大教堂并侨居在中国的城市，这也表明当时并不存在闭关自守的状态，甚至在扬州周围生产丝绸的地区，也明显地允许商人们自由往来。[1]12-13

二、"第一章"中使用的史料分析

吴芳思在"第一章"中使用了大量史料，涉及面也比较广，但是对于那么多的史料，经过分析，可以分为可信、不可信和值得怀疑的史料三种。

1. 可信的史料

"作为商人的马可·波罗在书中提到亚美尼亚的银矿和优质麻布；土耳其和梯弗里斯的深红色丝织品；谷儿只的油（是很好的燃料，但不可食用；对治疗疥疮很有效）；巴格达的珍珠；桃里寺的金线织物；波斯的丝织品、阿月浑子干果、枣子和绿松石；波斯湾廉价的山鹑；中亚的红宝石、青金石和芝麻油；可失哈儿的亚麻和大麻纤维；畏兀儿斯坦的钢铁和石棉织物；世界上最好的唐古特麝香；四川的井盐；孟加拉的姜、桂皮、甘松香、良姜和糖；爪哇国的胡椒、肉豆蔻和丁香；印度的椰子；桑给巴尔的胡椒、靛蓝染料、檀香木和龙涎香；以及亚丁附近的马匹和用树脂制成的焚香"。[1]6-7 这段话的信息不仅马可·波罗提到了，还有费利佩·费尔南德斯·阿尔内斯托在《哥伦布》一书中也提到了，而且也确实是这些地方的物产，值得相信。

"如果香料贸易因故中断，香料的价格就会大幅度上涨，以至于有时香料可以代替白银或者黄金充当支付手段。"[1]7 这是吴芳思引用唐纳德·拉克的《亚

解密：马可·波罗到过中国吗？

洲对欧洲的发展所引起的作用》中的一句话，符合历史事实，可信。

作者还提到诗人维吉尔对丝绸的解释，因为维吉尔是确实存在的人，而且是著名诗人，他说的话应该是可信的。

文中提到"滚动式贸易"的其中一个原因是，多数市场的规模很有限，商人们除了经营前面所说的那些货物，都喜欢经营产地不远而又享有盛誉的产品。这是作者引用约翰·凯伊的《享有盛誉的公司：英国东印度公司史》中记述的内容，这明显是符合历史史实的。

"以马嘎尔尼为首的英国访华使团……小玩意和儿童玩意"，[1]9 首先，马嘎尔尼是真实存在的人物，所以，这也是可信的。

文中还提到了波罗氏一家的相关法律活动，这都是一些法律文书的资料记载，属于实物资料，所以是可以用来证明波罗氏一家商人身份的。

吴芳思提到北京主教约翰·孟德高维诺，这是真实存在的人物，现在还能找到他所建的教堂，而天主教的人也注重自己的诚信，所以他说的话还是可信的。

2. 不可信的史料

文中提到"虽然查士丁尼皇帝早在公元 552 年就在君士坦丁堡得到被人偷偷带回来的蚕茧，养蚕和缫丝的奥秘是在大约 100 年以后才在近东被人解开，从此那里才有了丝绸的生产。"养蚕和缫丝的奥秘要在一百年以后才能被发现？是这个奥秘太难解了还是说古罗马人太愚笨了呢？不管从哪个角度看都是值得怀疑的。

"直到 17 世纪末叶，随着预格诺派教徒流亡到斯皮托菲尔茨，英国的丝绸工业才真正起飞。"[1]8 为什么是流亡的教徒教会了英国养蚕缫丝呢？预格诺派曾多次遭受迫害一直流亡国外，还有什么心思学习这些东西呢？这也不能令人信服。

3. 值得怀疑的史料

《马可·波罗游记》中用很长的篇幅记述极其重要的香料，其中一处说，在中国东部沿海城市杭州，每天装运进城的胡椒数量惊人。他从一收税官处获悉，每天都有四十三万担胡椒送进城里，每担胡椒有二百二十三磅之多。如果香料贸易因故中断，香料的价格就会大幅度上涨，以至于有时香料可以代替白银或者黄金充当支付手段。[1]7 这处资料只是在《马可·波罗游记》一书中提到，所谓"孤证不立",所以值得怀疑。

文中提到佛朗切斯科·巴尔杜奇·裴哥罗梯写的《通商指南》,因为这是作者的推测,并没有实物证据,但也是在逻辑范围之内,所以应该保持怀疑。

对于意大利女孩墓碑的研究因为还没有确切的史料作证,以及后面提到的关于意大利商人带上女人到中国的推论,对作者引用的这些史料都应保持怀疑态度。

综上所述,吴芳思认为波罗氏一家以及其他意大利商人到中国去的最重要的原因就是对亚洲奇异物产的贸易变得日益重要,其中包括香料、丝绸等物产;另外一个原因就是"滚动式贸易"的影响,而波罗氏一家正好住在拥有地理位置优势的货物集散地,这给他们到中国去提供了良好的基础。吴芳思还从不同的史料文书记载中证明意大利商人对华贸易的真实存在,意大利女孩的墓碑是最有力的也最耐人思考的证据。作者引用的史料大部分都是可信的,当然也存在一些不可信的和值得怀疑的,这仍需要进一步的探究。

参考文献

[1](英)吴芳思著,洪允息译,马可·波罗到过中国吗?[M],北京:新华出版社,1997.

第二节 对"第二章 他们为什么去中国?"的评价

细看吴芳思的著作《马可·波罗到过中国吗?》中的第二章之"他们为什么去中国?"了解到吴芳思在这一章中主要探讨了为什么马可·波罗一行人不顾艰难地穿越神秘莫测的中亚西亚沙漠来到中国的一些重要原因,以及到底到过中国没有的问题,并回忆了一些有关意大利商人曾经侨居中国的实证。最后吴芳思对于马可·波罗到过中国持怀疑的态度,但吴芳思在论述中的一些材料和看法也有不可信、不全面的地方。

一、吴芳思达到了自己选题的目的

吴芳思的《马可·波罗到过中国吗?》之第二章"他们为什么去中国?"这里面的内容其实并不多,加上注释也只有简简单单的九页,吴芳思阐述的也不是非常详细,还是属于比较简单地提出自己的想法以及质疑。在怀疑马可·波罗到过中国的基础上,从怀疑和论证马可·波罗一行人为什么去中国的原因作为探讨的方向来说明自己的观点,主要是从以下几个方面进行论述:亚洲奇异物产的贸易对外国商人的吸引力、中世纪欧洲的状况、意大利商人在亚洲以及中国的足迹以及《马可·波罗游记》中的一些记录。

(一)从东方奇异物产角度来论证评价

这是吴芳思在这章中论述的第一个问题,为了论述这个问题,作者吴芳思从《马可·波罗游记》中对中东方的记述以及中世纪欧洲的状况来阐述这个重要的马可·波罗一行人为什么到中国的原因。

1. 马可·波罗对东方奇异物产的记录非常丰富

吴芳思在书中对于马可·波罗在游记中到处流露出对东方奇异物产的商业兴趣感到不足为奇,这点吴芳思从马可·波罗的父亲和叔父是商人的角度来证明,其实是不够的,还是应该从马可·波罗他们是来自意大利威尼斯的商人的角度来进一步说明,因为意大利威尼斯是出了名的重视商业的城市,是文艺复兴的发源地,也是资产阶级产生的源头,所以如此的背景让马可·波罗对东方的奇异物产比较敏感,自然而然地记录得非常丰富。比如马可·波罗在书中提到了亚美尼亚的银矿和优质麻布,土耳其和梯弗利斯的深红色丝织品,谷儿只

第三章 对"第二章 他们为什么去中国？"的释读和评价

的油，巴格达的珍珠，桃里寺的金线织物，波斯的丝织品、阿月浑子干果、枣子和绿松石，波斯湾廉价的山鹑，中亚的红宝石、青金石和芝麻油，可失哈耳的亚麻和大麻纤维；畏兀儿斯坦的钢铁和石棉织物，世界上最好的唐古特麝香，四川的井盐，孟加拉的姜、桂皮、甘松香、良姜和糖，瓜哇国的胡椒、肉豆蔻和丁香，印度的椰子，桑给巴尔的胡椒、腚蓝染料、檀香木和龙诞香，以及亚丁附近的马匹和用树脂制成的梵香，都是哥伦布、达伽马等人在书中看到的，就这点上，那么多关于东方奇异物产的记录，而且这些也的确是东方各国的物产，按理说这些证据足以证明马可•波罗是到过中国的，可是吴芳思在自己书中虽然也写出了《马可•波罗游记》中对东方奇异物产有如此丰富的记录，却还是怀疑马可•波罗到过中国，这就有点儿让人匪夷所思了，逻辑不是非常通顺。

2. 东方对中世纪欧洲人（马可•波罗）的吸引力

在书中吴芳思提到了马可一行人为什么去中国的重要原因，是进行亚洲奇异物产的贸易变得日益重要。的确是的，马可•波罗于1254年出生在意大利古老的商业城市威尼斯，威尼斯商人早在九到十世纪间，就在地中海上进行商业活动。从十二世纪起，威尼斯的政权便为商人贵族集团所把持。到了十三世纪，地中海成为欧洲南北两大商业区之一，而意大利的威尼斯、热那亚、比萨等城市，又是地中海商业区的中心。这些城市和东方的市场，成为东西贸易的枢纽，威尼斯的地位尤其重要，它是东方货物运往中欧和北欧的吞吐港。在中世纪的大部分时期，东方的生产技术比欧洲先进。欧洲人对于中国、印度和西亚的特产都很珍视，故商人乐意从东方输入丝绸、珠宝、首饰等名贵物品，以获巨利，同时也把西欧各地某些手工业品输到东方。马可•波罗生长在这样一个经营中介贸易的城市，他的家庭也是以商业为生。他的父亲和两个叔叔经常奔走于地中海东部，进行商业活动。他们从东方带回的动人见闻，使得马可•波罗既羡慕又向往。他也很想做一个商人漫游东方。怀着了解东方的梦想和对中国向往的心情，踏上了东行之途。由威尼斯启程，渡过地中海，到达小亚细亚半岛，经由亚美尼亚折向南行，沿着美丽的底格里斯河谷，到达伊斯兰教古城巴格达，由此沿波斯湾南下，向当时商业繁盛的霍尔木兹前进。继而从霍尔木兹向北穿越荒无人烟的伊朗高原，折而向东，在到达阿富汗的东北端时，马可•波罗来到了喀什，沿着塔克拉玛干沙漠的西部边缘行走，抵达了叶尔羌绿洲，继而向东又到达了和田和且末，再经敦煌、酒泉、张掖、宁夏等地，费时三年有半，于1275年夏抵达了元代上都（今内蒙古多伦）。上都是忽必烈夏季避暑的行宫，正式国都定在北京，当时称为大都。以上是马可·波罗一行人到达中国的路线，这一点是吴芳思在自己书中没有过多地提到的，只是比较简单地提到亚洲奇异物产的贸易对欧洲人变得重要，完全没有过多地提到马可·波罗一行人是如何到中国的，所以从这一点上如果吴芳思想要论证马可·波罗没有到过中国，那是非常没有说服力的。

（二）从中世纪欧洲市场角度来论证评价

吴芳思书中的第二章经常谈到中世纪的欧洲，从中世纪欧洲对东方香料和丝织品需要的角度来论述自己怀疑"马可·波罗到过中国"的观点，但吴芳思的论据不够充足，无法表明她对"马可·波罗到过中国吗？"的确切回答，比较模糊。

1. 香料

吴芳思在书中说到了，对于中世纪的欧洲，东方盛产的香料不但可以在无制冷设备的时代用来保存食物，还可以给腌制不佳的食品增添浓烈的香味。从这一点上作者吴芳思说明了香料是有可能吸引中世纪欧洲人到东方中国的理由，也提到了《马可·波罗游记》中用了很长的篇幅记述极其重要的香料，其中有一处说，在中国东部沿海城市杭州，每天装运进城的胡椒数量惊人，但在这里作者吴芳思怀疑马可·波罗记载的是否是胡椒，其实吴芳思对于马可·波罗要求严格了点儿，毕竟《马可·波罗游记》中都已经记录了中国杭州了，不管说的是不是胡椒，到达中国杭州也就证明了马可·波罗到过中国。而且吴芳思也论述了对于中世纪的欧洲说来，胡椒和桂皮、丁香、姜、肉豆蔻等其他香料都是极其重要的东方物产，这些物产，加上檀香木和染料等相关产品，都是气候比较温和的欧洲所不可能出产的，所以它们都是远东的专卖产品，主要由海路输往西方，如果香料贸易因故中断，香料的价格就会大幅度上扬，以至于有时候香料可以代替白银或黄金充当支付手段。可以说香料是中世纪欧洲的必需品，就从香料的角度说明马可·波罗为什么到中国，证明其是否到过中国还是比较有说服力的。

2. 丝绸

众所周知，从汉代起，中国的丝绸不断大批地运往国外，成为世界闻名的产品。那时从中国到西方去的道路，曾被欧洲人称为"丝绸之路"，中国也被称之为"丝国"，丝织品特别受到欧洲的青睐，作者吴芳思在书中也提到了欧

第三章 对"第二章 他们为什么去中国?"的释读和评价

洲人对于丝绸原料来源及生产方法仍然觉得不可思议,处于若明若暗的状态,当地的丝织品生产不能满足人们的需要,中国的丝绸质量较好,经营中国丝绸有利可图,吸引力也大,从这方面论述,作者吴芳思回答马可·波罗为什么到中国还是比较有说服力的,中世纪的欧洲对丝绸的需求还是比较大的,是经过了其他史料证明的,不仅仅是吴芳思在著作中这样说,所以在这一点上,证据还是比较充足的。另外远东的丝织品主要通过波斯中间商经由陆路继续销往欧洲,直至十六世纪欧洲与远东开通了经由海路的直接贸易为止,但马可·波罗是十三世纪来到中国的,在这一点上作者提出了对于"马可·波罗到过中国吗?"的质疑也是不无道理的,毕竟在十三世纪时远行的各方面的条件都不是非常好,马可·波罗跋山涉水来到中国的艰辛是可以想象的,所以就算是被丝绸的魅力所吸引,可能也不是非常充分的证明。

3. 怀疑论者的论据观点

其实吴芳思从香料与丝织品角度来论述马可·波罗为什么到中国是比较有说服力的,但是读者不清楚吴芳思是想证明马可·波罗到过中国还是没有到过中国。其实,"马可·波罗到过中国吗?"在史学界一直都有争论,与其在书中通过中国代表性的香料和丝织品论述"马可·波罗到过中国吗?",倒不如从在《马可·波罗游记》中没有记载有关中国代表性的东西来论述。著名历史学家杨志玖认为,怀疑论者对马可·波罗到过中国有以下几点怀疑:一是,在浩如烟海的中国史籍中没有一件有关马可·波罗的可供考证的材料。二是,有些具有中国特色的事物在其书中未曾提到,如茶叶、汉字、印刷术等。三是,书中有些记载夸大失实或错误,如蒙古王室谱系等。四是,从波斯文的《导游手册》抄来的一些记录。[1] 因为的确也是,香料和丝织品自古在世界都是非常有名的,有名的东西一传十,十传百,说不定还真能够从亚洲传到南美洲,更何况是欧洲呢,无足为奇是否是证明得了马可·波罗为什么来到中国与到过中国吗,倒不如从著名历史学家杨志玖总结出来的史学界怀疑论者的四大怀疑点来着手,相信会有更加明确的证据。

(三)从欧洲对华贸易记录角度来评价

1. 波罗氏一家活动记载

波罗氏一家住在文艺复兴发源地、资产阶级产生地——意大利威尼斯,就像吴芳思写的那样,在欧洲特别是威尼斯与东方的贸易方面,波罗氏一家可

35

解密：马可·波罗到过中国吗？

谓是近水楼台，在索尔达亚有自己的房子，虽然那里没有香料和丝织品的贸易，但有商人把各种毛皮运到那里出售。还有一点就是在《马可·波罗游记》的序言中有说，马可·波罗的父亲与叔叔的第一次旅行是从他们在索尔达亚的房子出发的，接着去更远的地方，虽然说不知道更远的地方是不是所谓的中国，但最起码有一定的可信之处。当时人们在去远东的长途跋涉中，不论经由陆路或海路，通常进行"滚动式贸易"，先把货物运到第一个集散地，在那里脱手后就地购买新货去下一个集散地，而波罗氏一家带去的是全世界感兴趣的轻便奢侈品——宝石，所以对成交特别有把握。这个是属实的。因为在《马可·波罗游记》中提到了苏达克和君士坦丁堡这两个货物集散地，也有几件遗存至今的文书表明波罗氏一家与贸易关系密切，而且这些文书大都和法律纠纷有关系，波罗氏一家有和别人进行过香料贸易，当时正在克里特经商的马可·波罗的另外两个哥哥因船舶失事而损失了4000达卡特，这些记载最起码说明了波罗氏一家的身份问题，可以说他们是经商世家啊。

2. 其他旅行家的历史记载

吴芳思在书中通过阐述历史上其他旅行家的记载来说明自己怀疑马可·波罗到过中国的看法，经常用来和《马可·波罗游记》相比较的由裴哥罗梯写于1340年的《通商指南》，据后来考证并不是商人写的，是一个银行家写的，吴芳思觉得裴哥罗梯在安特卫普、伦敦和阿雅斯等地为巴尔迪工作，他向东旅行不会走到比圣地更远的地方，但是他显然可以通过与实际到过远东的人进行交谈来收集在那个较远的地区旅行的详细情况，吴芳思的目的是通过裴哥罗梯的《通商指南》来说明《马可·波罗游记》也有可能是这种情况，因为的确《马可·波罗游记》是由马可·波罗口述、别人写下来的，也有可能是马可·波罗没有到过中国，是同到过远东的人交谈时收集到了有关中国地区的详细情况。作者吴芳思也提到了在其他旅行家的各种记载中没有提到波罗氏一行，这倒是让人奇怪，因为如果按照现在人们所说的，马可·波罗的旅行是如此的具有伟大的意义，那么按理说应该多多少少会有记载的，但是非常奇怪的就是根本没有提到，倒是零星地提到了在中国的其他意大利商人，如北京主教约翰·孟德高维诺（1247—1328）说："一个名叫皮得鲁斯·德·卢卡隆哥的商人于1291年和他一起从大不里士来到北京，后来还出资建造北京第一座天主教堂。"这个北京主教是人们都不知道的，但马可·波罗却是人尽皆知的，一个人尽皆知的名人，在中国的史书中却没有记载，这的确是让人费解。其实从另一方面想，就如著名历史学家杨志玖回答《史集》中为什么不提马可·波罗的名字，因为《史集》是记大事的，合赞娶个蒙古公主算不得军国大事，能在合赞的活动进程中提及此事并提及使臣火者的名字，这已经很难得了，一定要求提出马可·波罗的名字，这和要求《站赤》那一段也要提及马可·波罗的名字一样，是很不现实的苛求，这无异要求《史集》把马可·波罗所记一切与他们此行的细节都照抄不误，那当然是办不到的。[1]

3. 备受争议的扬州

吴芳思在第二章中提到了意大利对华贸易最引人关注的纪念物是1951年在扬州发现的一个意大利女孩的墓碑，她死于1324年，和当时马可·波罗来到中国的日子是差不多的，名字是叫卡泰里纳，是多梅尼科·德·维廖内的女儿，家里是经商的，虽然说墓碑的风格是当地中国手工艺人刻制的，但是这块墓碑仍然是意大利丝绸商人曾到过扬州的一个让人不可思议的证物，是不容怀疑的，可是那么有名的马可·波罗却没有那种记录。罗依果的论文《马可·波罗到过中国》中讲到，吴芳思提到扬州意大利商人的遗存物，尤其是维廖内一家的遗存物。她提到卡泰里纳·维廖内的刻字墓碑上，标明的日期是1342年，但她显然不知道在扬州发现的第二块墓碑，也刻有拉丁文。这块墓碑是为卡泰里纳的哥哥安东尼立的，他死于1344年11月。维廖内一家是威尼斯人，并非像吴芳思在第十四页含糊地表明他们是热那亚人。至于马可·波罗煞有介事地宣称在扬州当过三年执政官，吴芳思正确地指出：在扬州的地方志里根本没有关于马可·波罗的记载，也没有提到侨居扬州的其他意大利商人及家属。[2] 而《马可·波罗游记》中论述的有关扬州的内容，是人们怀疑马可·波罗到过中国最有力的一个证据。当时扬州是中国十二行省之一，马可·波罗曾受元朝皇帝委任，治理扬州达三年之久。但由于书中没有明确记载他当过什么官，因此，马可·波罗是否在中国做过官？究竟做过什么官？就成为一个悬案。一个曾治理扬州三年的官员怎么可能没有留下任何的文字记载呢？而且还是一名外国人，这的确是让读者与学者诟病的地方，让人难以信服马可·波罗到过中国，为什么到中国就更不用说了。

二、"第二章"中存在的不足

中世纪晚期,从东方输入地中海区域的香料,每年大约有700吨,其中500吨都握在威尼斯商人的手中,而热那亚商人则成为欧洲市场上东方丝绸的主要供应者。可以说,意大利商人控制了整个欧洲的东方商品的销售市场。"以欧洲为例,自蒙古西征起打破了中国和欧洲之间的壁垒,商贸往来日益频繁。这里列举几例:1. 法国国王路易九世于定宗贵由时(1248年)和宪宗蒙哥时(1253年)两次派遣使节到和林。2. 法国人卢布鲁克在其《东方行记》即《卢布鲁克行记》中提到和林有许多英国、法国、匈牙利、俄罗斯等欧洲人,如法国工匠威廉。"[3]48

吴芳思在《马可·波罗到过中国吗?》的第二章中提到关于很多旅行家的各种记载中没有提到波罗氏一行,倒是零星地提到在中国的其他意大利商人。北京主教约翰·孟德高维诺(1247—1328)说,一个名叫皮得鲁斯·德·卢卡隆哥的商人于1291年和他一起从大不里士来到北京,后来还出资建造了北京第一座天主教堂。除了《寰宇记》对波罗氏兄弟的活动有所描述、老马可·波罗在遗嘱里提到了苏达克和君士坦丁堡这两个货物集散地外,还有几件遗存至今的文书表明波罗一家与贸易关系密切。这些文书大都和法律纠纷有关,可以说明,尽管传说波罗家十分富有,但他们实际上是小商人。这些文书除了偶尔提到波罗一家与别的商人有法律纠纷外,似乎表明他们在威尼斯并不闻名。后来出版的那本常常被人用来和《寰宇记》比高低的商人手册——斐哥罗梯的《通商指南》(大约写于1340年)——并不是商人写的,而是一个银行业者写的。斐哥罗梯在安特卫普、伦敦、塞浦路斯和阿雅斯等地为巴尔迪的佛罗伦萨公司工作,他向东旅行不会走到比圣地更远的地方,但是他显然可以通过与实际上到过远东的人进行交谈来收集在那个较远地区旅行的详细情况。由此,吴芳思对《马可·波罗到过中国吗?》提出了质疑,认为马可·波罗也有可能并不是真正去过中国的商人,可能是在其他意大利商人身上的道听途说罢了。难道就仅仅因为马可·波罗在《寰宇记》中的一些内容记述得欠缺就能怀疑他们没有到过中国吗?

据杨志玖先生介绍,早在二十世纪九十年代,英国的马可·波罗研究专家亨利·玉尔在其《马可·波罗游记·导言》中即指出马可·波罗书中关于中国

第三章 对"第二章 他们为什么去中国?"的释读和评价

的记载有许多"遗漏",如:万里长城、茶叶、妇女缠足、鸬鹚捕鱼、人工孵卵、印刷书籍、中国汉字及其他奇技巧术、怪异风俗等不下数十,并指出该书亦有许多不确之处:1. 地名多用鞑靼语或波斯语,2. 记成吉思汗死事及其子孙世系关系多误,3. 记叙襄阳城一节"最难解"。可见当时已有学者注意到《马可·波罗游记》中确实存在一些方面的问题。[4]108

吴芳思在《马可·波罗到过中国吗?》的第二章即"他们为什么去中国?"一文中提到:"意大利对华贸易的一个最引人入胜的纪念物是1951年在扬州发现的一个意大利女孩的墓碑。那个墓碑竖立在扬州,这一点也耐人寻味,因为据说马可·波罗声称他曾治理扬州三年,那大约是在卡泰里纳去世前四五十年的时候。在扬州的地方志里根本没有关于马可·波罗的记载,也没有提到侨居扬州的其他意大利商人及家属。波罗氏一行被置于这些商人的行列之中完全是《寰宇记》序言中的记述使然。他们在扬州没有留下一点儿踪迹,他们当中没有一人在扬州去世——这或许是一件憾事,如果他们留下一块漂亮的墓碑,那就大有用处了。"吴芳思在《马可·波罗到过中国吗?》用了十五章的篇幅论述,第二章"他们为什么去中国?"中有提到马可·波罗到中国的一个最重要的原因是进行商品贸易,认为波罗氏到过中国的一些证据存在欠缺并对马可·波罗他们是否到过中国,提出了怀疑。虽然《寰宇记》中对中国的一些事物的描写存有遗漏,而且马可·波罗在扬州任职也无史料记载,加之扬州的墓碑上也没有马可·波罗的踪迹,其他来中国的传教士或商人甚至就连商人的女儿死在扬州都可查证,唯独马可·波罗在扬州没有任何的记载,这样似乎说不通。

诚然,《马可·波罗游记》中确有许多没有提到的中国事物,但是,这些事物在元代其他来华的西方人的记载中也同样没有提到,为什么对马可特别苛求呢?鲁布鲁克曾提到契丹人(即中国人)的书写方法,他还提到西藏人、唐兀人和畏兀儿人的书写方法。这是因为他是颇有学识的传教士,对各国文字有兴趣。而马可·波罗只是个商人的儿子,文化水平有限,他的兴趣主要在工商业和各地的奇风异俗方面,对文化事业则不予关注。对于古代旅行家留下的游记,宜从总体上去探讨它的真实性,特别需要注意他与前人及同时代人相比,是否正确提供了可以印证的新资料。以这样的标尺来衡量,一个多世纪以来的马可·波罗研究已经证明马可·波罗确实到过中国,他对中国的描述从总体上

解密：马可·波罗到过中国吗？

看是真实的。反之，如果只要指出某部游记没有记载某些内容，就否定它的真实性，那就几乎可以否定全部游记，但这只能是对历史的一种苛求，缺乏逻辑的说服力。有一种看法，认为《马可·波罗游记》中居然没有谈到长城、饮茶、妇女缠小脚这些在中国元代已是司空见惯的事物因而怀疑它的真实性，但也许是因为在牢狱中的口述，许多事未能提及，未能使《游记》更加像一部关于中国当时的百科全书。比如茶的问题，到十三世纪的七十年代，还没有资料证明蒙古人与回人已经普遍饮茶，即使到了九十年代初，也很难说蒙古人与回人已饮茶成风。这样，长期生活在蒙古人与回人中间的马可·波罗，自然就不一定能够得到茶的信息，或者他没有把饮茶当作中国特有的重要事物。因此，他在书中没有记茶也可以说是合乎情理的。

通观国内外学术界的马可·波罗研究史，怀疑论者否定马可·波罗到过中国的主要论据也就是两点：一是在元代的中文文献中找不到一个名叫马可·波罗的欧洲人，二是马可·波罗漏写了若干中国所特有的事物。那是因为元代的中文文献保存下来的实在很有限，在明初编成《元史》以后，元代的历朝实录佚失无存，其他学者从中文文献中找不到马可·波罗的名字。

吴芳思虽然没有从正面强调或坚持马可·波罗来华否定说，但在第二章"他们为什么去中国？"中对扬州竖立的墓碑并不是波罗氏，而且他们在扬州也没有留下任何踪迹的遗憾，说明了马可·波罗有可能根本就没有去过扬州。吴芳思认为当时的扬州是对外贸易的大港口，许多商人都会在那里进行商业贸易，马可·波罗也许并不是那时的大商人，只是知道关于扬州大概的情况而已，以及在当时旅行家的各种记载中没有提到波罗氏一行，从而对"马可·波罗真的到过中国吗？"提出怀疑。

虽然蒙元朝的史料并没有记录马可·波罗的行迹，但也不能抹杀他们到过中国的可能性。《马可·波罗游记》记述的中国情况涉及政治、军事、法律、奇闻轶事、风土人情等许多方面。但他没有像一个旅行家那样，去描述名山大川的秀丽景色和文物古迹，也没有像一名官员那样去记述行政事务和官场纷争，而是以极大的兴趣记录了各个地区的物产、贸易、集市、交通、货币、税收等与商业有关的事物。有人统计，《游记》中关于商务的记录，约占关于记录中国部分的六分之一以上，以致欧洲人曾把它看成是东方的"商业指南"。这应当不是偶然的。马可·波罗自进入中亚地区后，即注意记录各地的物产和工商业状况。他在中国十七年间，不仅记录了扬州、杭州、福州、泉州等商业名城的商务和物产，而且还细心地观察了途经的中等城市的工商业状况。其中关于地方特产、商店市场、贸易方式、物价税率、货币折算及金银比价等记事，甚至比当时中国的某些文人的记述更为详细和具体。这不仅表现了他对商业的特殊兴趣，而且表明他具有丰富的商业知识和在中国从事商业的实际经历。书中较多涉及的珍珠、宝石、香料、盐业等，都是元代色目商人所经营的行业，可能也是波罗氏一家经营过的行业。蔡美彪认为："马可·波罗在中国十七年间，既不是作为旅行家或传教士，也不是作为元朝的色目官员留居中国，而是作为一名色目商人，在中国各地以至南海诸国从事商业贸易。他的《游记》只讲各地见闻，而很少讲到他本人的事迹，可能就是由于这个缘故。中国文献中不见有关他的记事，可能也是由于这个缘故。"[6]185

事实上，从鸦片战争前夕传教士最早提及马可·波罗及《游记》之事，到1913年第一个《游记》中文译本的出现，期间经历了约七八十年的历程。回溯既往，从传教士最初简单的介绍，至国人的初步反应，进而至日本教科书大规模的引入，报刊传媒的宣传，在这一过程中，随着读者层面与社会影响的扩大，其人其事愈来愈广为人知，从而成为传媒中的一种公共知识，无疑展示了马可·波罗及《游记》在中国被接受及逐渐扩展的过程。它既反映出马可·波罗及《游记》在中国早期的反响，也为此后的研究做了必要的铺垫。通过分析，从一个侧面反映出中西文化交流的进程，这对于研究近代中外文化的交流与融合，也有某种启示意义。当然，真正对马可·波罗及《游记》做比较深入的研究，那还是二十世纪二三十年代以后的事。这一时期，随着中外文化交流的进一步展开，先后有张星烺、李季、冯承钧等人译本的出现，有吕思勉、向达、季子、杨志玖等人对马可·波罗及《游记》的考证与研究，并取得了一系列丰硕的成果。

参考文献

[1] 杨志玖.再论马可·波罗书的真伪问题[J].历史研究.1994.(2).

[2] 罗依果著,赵琦译.马可·波罗到过中国[J].德国波恩大学中亚研究 1997.(27).

[3] 欧军.试论蒙古西征与东西文化交流中的几个问题[J].黑龙江民族丛刊

解密：马可·波罗到过中国吗？

（双月刊），2005.5

[4] 杨志玖. 马可·波罗到过中国——对《马可·波罗到过中国吗？》的回答 [J]. 历史研究，1997.3.

[5] 罗依果. 赵琦译. 马可·波罗到过中国 [J]. 蒙古学信息.2000.2.

[6] 蔡美彪. 试论马可·波罗在中国 [J]. 中国社会科学.1992.2.

第四章 对"第三章 传教士多如牛毛"的释读和评价

第一节 对"第三章 传教士多如牛毛"的释读

《马可·波罗到过中国吗？》第三章中吴芳思的主要观点是马可·波罗以传教士的身份来到中国是符合时代潮流的。为此，吴芳思从当时的时代背景和传教士对蒙古及蒙古人的记录与马可·波罗的游记对比来论证其观点。

一、对"第三章"的释读

纵观第三章的内容，吴芳思主要论述了两个方面的问题。吴芳思从当时的时代背景和传教士对蒙古及蒙古人的记录与马可·波罗的游记对比来论证其观点。从《马可·波罗到过中国吗？》的第三章中可以看出，由于没有证据可以直接证明马可·波罗到过中国，所以作者只能从各方面的细节出发，由外到内地进行分析，试图把各种线索集合在一起和读者共同探讨出真正的答案，即使暂时得不到正确的答案，也可以离答案更进一步。所以，第三章的选题是从多如牛毛的传教士们入手，从当时欧洲的国际环境出发，了解为什么会有那么多传教士来中国；而这么多传教士来中国又为了什么；他们身后有着谁的支持，最终目的又是什么。整个章节大体介绍了当时东西方十分注重宗教交往的重要性，欧洲人对于传播和了解其他地区的宗教信仰有着热切的渴望，信奉基督教的欧洲君主们也同样看重这一系列的交流，因此，传教士的数量就像吴芳思所说的那样"多如牛毛"，无法把人数具体化。在千千万万的传教士当中，马可·波罗是不是像其父亲和叔父一样从一名商人摇身一变成为一名基督教传教士，这为破解马可·波罗当时是否到过中国这个疑团提供了线索。之所以马可·波罗像其父亲和叔父一样成为传教士，是因为他们可以利用函件而无须多费口舌让出行和行商更加顺畅无阻，还是因为他们真心想为传教而贡献自己的力量呢？同时，在文中可以发现，吴芳思用了大量的篇幅来描述当时的传教士们的活动和记录。比如说，吴芳思比较详细地写了约翰·马黎诺里，天主教方济各会修士约翰·普兰诺·卡尔皮尼，威廉·鲁不鲁乞以及和德里。吴芳思这样描写的目的是什么呢？为什么要这样做呢？看完本章之后，可以发现，吴芳思这样做的目的是因为她希望通过传教士们所留下的抄本、遗存下来的细节和读者们细细地探讨马可·波罗是否真的到过中国，而他到达中国的身份是否真的是"多如牛毛"的传教士中的一人？

对于当时的时代背景，吴芳思主要从两个方面来讲述。首先在"当时对信奉基督教的欧洲君主们说来，这种交往和了解意义重大，以至于在中古时代的中亚细亚，云游四方的传教士有时几乎多如牛毛。"可以看出，吴芳思一来就指出了欧洲君主十分重视宗教之间的交流，尽管马可·波罗的《寰宇记》是中古时代最著名的对蒙古和中国的记述，但出奇的是，遗存至今的教会文书汗牛充栋。梵蒂冈和法国国家档案馆还保存着蒙古汗王的一些波斯文和蒙古文信札，以及从十三世纪中叶到十四世纪初形形色色的基督教会使者所写的蒙古和中国部分地区目击记。那么，这个说明了什么呢？首先，要注意吴芳思用了一个词"汗牛充栋"，这指出了当时的确有很多传教士到来并且留下了很多的记录，这也开门见山地指明了欧洲君主对传教士这些活动的重视，渴望了解基督教以外的宗教文化。

接着吴芳思讲述了传教士的由来。由于那时候是十三世纪，伊斯兰教的壮大使被围困的基督教世界的统治者感到惊恐，因为他们这时实际上已被孤立在欧亚大陆的西端。而此时，"从12世纪后叶至13世纪初，蒙古人经过战争，统一了草原各部落，建立了蒙古汗国。继而通过残酷的战争又征服了诸多相邻国家和民族，其国土横跨亚、欧、非三大洲，开拓了约4000万平方公里的疆域"[1]24，几乎统治了整个欧亚大陆。因此，在信奉基督教的欧洲君主眼里，尽管信奉伊斯兰教的伊斯兰国家的力量相当强大，但是蒙古人和穆斯林一样，在实力扩张上也非常强悍，所以，这些信奉基督教的欧洲君主们都产生了与蒙古人结盟以对抗伊斯兰国家的念头，但又怕蒙古人会拒绝并且把自己也吞并了。可是，"当时盛传在世界的东方有一位'信奉基督教的'君主叫祭司王约翰。据说他或许会愿意援助那些保卫基督教国家免受伊斯兰教国家侵略的人"[2]19，所以，对于信奉基督教的欧洲君主们来说，他们既抵触又接纳着蒙古，因此"和世界另一端的蒙古人进行接触，有其最令人信服而又自相矛盾的理由。"[2]18

第四章 对"第三章 传教士多如牛毛"的释读和评价

信奉基督教的欧洲君主们在既害怕担忧,又渴望与蒙古人结成联盟的心情下,派遣大量的传教士到中国,一方面是宗教交往,一方面是文化交流,更进一步来说,还可以沟通两国的关系,求得蒙古的支助。这也解释了上面所说的"汗牛充栋"。回到正题,那么马可·波罗究竟有没有到过中国呢?从《寰宇记》中可以看出,马可·波罗的父亲和叔父都是摇身一变从商人变身成为基督教会使者的,而马可·波罗则可能是步他父亲和叔父的后尘化身成为传教士中的一人,光明正大地来到中国。所以从当时的时代背景和国际环境来看,给马可·波罗到中国提供了一个方便的身份——传教士。

在第二部分中,吴芳思用了大量的篇幅描写了传教士中具有代表性的几个传教士的遗存。利用这些传教士的记录和描述,以辩证马可·波罗到底有没有到过中国。其中分为四个方面对马可·波罗的问题进行探讨。

关于蒙古和蒙古人的第一个长篇大套的介绍,是天主教方济各会修士约翰·普兰诺·卡尔皮尼写的。他的第一次远行是为了完成英诺森四世交给的一项外交使命,即要求那里的教会承认罗马教皇拥有至高无上的地位,以便建立一个"反对蒙古的天主教集团"。虽然和早期许多去远东执行外交使命的传教士一样,约翰修士没有完成其外交方面的使命,却在详细介绍蒙古人的生活和风习方面获得了可观的成就。

对蒙古人做了更为充分的记述的是第一个实际上走进了哈喇和林城的传教士——威廉·鲁不鲁乞。威廉·鲁不鲁乞向东方远行时,和几年后马可·波罗的父亲和叔父一样,路经索尔达亚和君士坦丁堡,终于在1254年抵达哈喇和林,他还将哈喇和林和巴黎附近的圣但尼城做了出色的比较,认为前者不如后者,正是由于这种细致的观察,鲁不鲁乞对自己的旅行和蒙古人生活的记述共有五个抄本遗存至今。据说由于威廉修士的东方之行具有非官方性质,他的记述不如约翰修士的记述那样广为流传,这是应该引以为憾的,因为威廉的记述内容更加充分,且是从个人的视角进行观察的。他比较详细地描述哈喇和林城的寺庙、集市、回族区、中国手工艺人区、城墙等,这与马可·波罗所记述的大不一样,这也为研究马可·波罗究竟到过中国没有发挥了很大的作用。

以上的两位传教士都是到了蒙古以后就没有再继续前行的,这也给后人留下一丝遗憾,但是接下来所介绍的传教士便深入到中国并留下了记录,这为与马可·波罗的中国行做对比起到很大的作用。

解密：马可·波罗到过中国吗？

约翰·孟德高维诺 1291 年到了北京，比马可·波罗一行人晚到，他 1299 年在北京建造了他在北京的第一座完整的带有钟塔的教堂，并组织男童唱诗班唱圣歌来赞美大汗，他在书信中谈到他的工作及其困难的情况，但遗憾的是并没有留下描述中国的文字，不过可以确认的是在当时前往北京的意大利人已经是络绎不绝，那么马可·波罗是否也在其中呢？当然，也可以反其道而行，通过《寰宇记》来了解马可·波罗是否记录有北京第一座教堂的事，如果有，那么将为马可·波罗到过中国提供重要的证据；如果没有，也不能说马可·波罗没有到过中国。

和德里的方济各会会士头衔暗示了他和意大利的关系，和德里在 1320—1330 年间到过中国，有关他的行记的抄本仍保持至今。尽管他比马可·波罗一行人晚，但是许多马可·波罗一行人去过的地方，他也去过，这就有利于做相应的对比了，当然这其中也存在着很多令人迷惑的地方。

二、"第三章"中使用的史料分析

大家都知道，马可·波罗的《寰宇记》对当时蒙古和中国的记述非常著名，但是当时对于蒙古和中国的记述在马可·波罗之前就已经汗牛充栋，所以是否可以假设马可·波罗对蒙古和中国的描述是来自他所阅读的书和听他的父亲与叔父的述说而得来呢？同时在蒙元史书中第一个被提及的欧洲人是约翰·马黎诺里，而因对蒙古和中国记述得非常详细而闻名的马可·波罗却从未在蒙古或元朝的无论正史还是野史上出现过。这让人非常困惑，难道马可·波罗真的没有来过中国吗？对于这一点很多人都存在疑惑，居然马可·波罗在蒙古或元朝的正史或者野史都没有出现过。

约翰·普兰诺·卡尔皮尼作为第一个长篇大套的介绍蒙古和蒙古人的天主教方济各会修士，他拥有许多拉丁文抄本且一直保留至今，同时他的记述也被收进樊尚·德·博韦所编的《历史宝鉴》里，这是一部从开天辟地起一直写到十三世纪的世界史，不过吴芳思还是认为编者缺乏一种一丝不苟的精神，所以对此持保留态度，约翰修士所记录的也并不能证明马可·波罗是否来过中国，当然可以参考一下他的记录来考证马可·波罗所到达的地方。

威廉·鲁不鲁乞继约翰·普兰诺·卡尔皮尼修士后对蒙古人做了更充分的记述，"他比较详细地描述哈喇和林城——寺庙、集市、回族区、中国手工艺人区、城墙等"[3]221。相对于马可·波罗，则对哈喇和林城只有短短的一句话："整个哈喇和林城是一座土木之城，估计方圆有三英里"[4]524。这样，似乎会更加怀疑马可·波罗真的没有到过哈喇和林城。马可·波罗是否因为没有真正到过这个地方，所以只能用让读者难以想象、模糊的语句来一笔带过呢？这个就留给读者自己斟酌了。此外，马可·波罗还提到城外有个规模宏大的"城堡"，但事实上城外并没有什么城堡，城外有的仅是之前约翰修士所提到的为了庆祝推举新大汗而临时搭建的"帐篷城"，错看成城堡，这真的令人怀疑马可·波罗究竟有没有到过这个地方，还是看了别人的记录再写出来的呢？对于威廉的记述，应该相信这些记述，尽管带有个人感情色彩，但并没有脱离实际，这也有利于作为马可·波罗《寰宇记》的参考。

可是，此时一个人的出现，又让马可·波罗是否到过中国这个谜更加浑浊。他就是和德里。他在1320—1330年间来过中国，比马可·波罗到中国和印度都要晚，重点是马可·波罗去过的地方，他几乎都去了。"他说在广州看到硕大无比的鹅，很像马可·波罗在福建行省（从广州沿海岸线稍往北上就可到达）看到的那些重达24磅的鹅"。那些重达24磅的鹅，在众多传教士中几乎没有提到过，而马可·波罗的提出和和德里的证实，似乎又是马可·波罗到过中国的证据之一。因此，在上文即将因为马可·波罗描述中的疑点做出判断之时，和德里的出现又让结果戛然而止。

通过上文的分析，似乎可以看出吴芳思的意图。吴芳思对于马可·波罗是否到过中国至今仍然没有一个明确的定论，她的主旨是证明马可·波罗并不是第一个到达中国的传教士，但是马可·波罗担任基督教传教士这一角色来到中国是符合时代潮流的。应该认同吴芳思所分析的时代环境，及马可·波罗以传教士的身份来到中国的这一可能性。但再仔细分析材料，几则材料也没有明确证明马可·波罗就是以传教士的身份来到中国的，所以对于马可·波罗传教士的身份尚未完全研究透彻。

参考文献

[1] 内蒙古典章法学与社会学研究所. 成吉思汗法典及原论 [M]. 北京：商务印书馆，2007：24.

[2]（英）吴芳思著. 洪允息译. 马可·波罗到过中国吗？[M]. 新华出版社，1997.

[3] 彼得·杰克逊. 威廉·鲁不鲁乞的传道之行 [M]. 上海人民出版社，1990：221.

[4] 马可·波罗. 马可·波罗寰宇记 [M]. 摩勒、希伯和译注. 东方出版社，1938：524.

第四章 对"第三章 传教士多如牛毛"的释读和评价

第二节 对"第三章 传教士多如牛毛"内容的评价

吴芳思在第三章里写了五位传教士：约翰·马黎诺里，约翰·普兰诺·卡尔皮尼，威廉·鲁不鲁乞，约翰·孟德高维诺，和德里，来说明马可·波罗一行人根本不是欧洲人与蒙古人之间交流交往的先驱。通过该章节的论述，吴芳思达到了自己选题的目的，已经说明马可·波罗一行人根本不是欧洲人与蒙古人之间交流交往的先驱。该章节的论述还存在一些不足。第一，吴芳思说明马可·波罗一行人根本不是欧洲人与蒙古人之间交流交往的先驱，但并没有说明马可·波罗一行人没有到过中国，他们不是先驱，但他们可能是"后来者"。第二，当时到中国来的传教士的确是多如牛毛，马可·波罗也有可能是其中的一员，毕竟他有来中国传达教皇文书的任务。第三，在本书的第三章中，吴芳思只是论述了相关传教士有关于中国或蒙古的介绍，但并没有切实地把他们的记述与《马可·波罗游记》中的相关记述做一一对比。

一、吴芳思达到了自己选题的目的

吴芳思在第三章里主要提到了五位传教士：约翰·马黎诺里，约翰·普兰诺·卡尔皮尼，威廉·鲁不鲁乞，约翰·孟德高维诺，和德里，来说明马可·波罗一行人根本不是欧洲人与蒙古人之间交流交往的先驱。通过该章节的论述，吴芳思达到了自己选题的目的，她已经说明马可·波罗一行人根本不是欧洲人与蒙古人之间交流交往的先驱。

传教士，一般指西方国家中一部分传播宗教的人士。基本指的是坚定地信仰宗教，并且远行向不信仰宗教的人们传播宗教的修道者。虽然有些宗教，很少到处传播自己的信仰，但大部分宗教使用传教士来扩散它的影响。任何宗教都可能送出传教士，一般传教士这个词是指基督教的宣教师。

新约时代以后，各地区都有教会团体，传教工作就由这些团体在自己的生活环境中推动，较少派遣传教士到远方去宣传福音，假使派遣传教士到远方，一般来说则需要外交关系来支持传教士的工作。例如，600年左右，叙利亚教会派传教士到中国介绍景教；1289年，罗马教宗尼克拉四世派使节方济会传教士孟德高维诺到中国元朝介绍天主教；或是帝国主义时代派遣传教士到殖民地去。另一方面传教士的个人动机也是促使他们到远方传教的因素。有些因神修方面的动机，像爱尔兰和苏格兰的会士到西北欧洲传教（500—1000年）；有的出自救人或教化的动机，像殖民地时代的传教士。

第二次世界大战后，传教地区新建的地方教会，开始负责本地区的传教工作。这就像罗马帝国一样，不是靠少数几个远来的传教士，而是靠地方教会每个教友，整个教会均负有传教的责任。如今不仅是西方教会，各地方教会也派传教士到有困难的教区去，尤其是帮助他们在当地尚未认识基督的人群中传教。

在西方教会历史中，专职的传教士大部分是圣职人员或修会的会士；他们有专门的传教组织，负责某地区的传教工作，以建立新的地方教会。在今日的教会来看，所谓"非专职的传教士"就是指跟非基督徒接触的平信徒，他们可能成为教会最大的传教力量。

在第三章的内容中写到官修蒙古史书《元史》中第一位被提及的欧洲人——约翰·马黎诺里。他是元朝末年来中国的罗马教皇使者，意大利佛罗伦萨人，圣方济各会士，是应元顺帝之请，由教皇派出的最后一位出使中国的使节，也是元朝末期对中国影响最大的传教士。1338年12月，教皇派专使马黎诺里等四人携带国书从亚威农出发，在那不勒斯与中国使团会合后，前往君士坦丁堡，渡过黑海，取道萨雷，经乌尔鞬赤，在1341年9月抵达察合台汗国都城——阿力麻里。停留三个月之后，才由哈密前往大都。到达北京时已是1342年8月了。此时，马黎诺里共有同行者三十二人，专使尼古拉波纳中途返回，并未到达北京。马黎诺里进入北京时，元朝安排了隆重的接待仪式，有十字架导引，并有焚香和唱圣诗的随后，为元顺帝祝福祈祷。马黎诺里向元顺帝呈进教皇复书，在北京留居四年。1346年，马黎诺里途经杭州、宁波、泉州，由此泛海，在南印度、斯里兰卡停留颇久，最后经霍尔木兹、巴格达、耶路撒冷，过塞浦路斯岛回到意大利，年底抵达亚威农，呈献元顺帝致教皇克莱孟六世的国书。国书再次向教皇表明大汗尊重基督教，承认国内信奉基督教的臣民都得遵教皇意志，因而要求继续派遣传教士到中国来宣教。

1354年，马黎诺里受德皇卡尔四世之召至布拉格，负责改修波希米亚编年史，便将他奉使东方的回忆插叙入书中，著《波希米亚史》三卷。最后一卷追忆其出使中国的见闻。1820年，德人梅纳特将这一部分辑出，刊于波希米亚科学学会会报，始为世人所知。题为《马黎诺里奉使东方录》即《马黎诺里游记》，

第四章 对"第三章 传教士多如牛毛"的释读和评价

它是元代中西文化交流史上的一部名著。

第三章还写到传教士约翰·普兰诺·卡尔皮尼，第一个长篇大论介绍关于蒙古和蒙古人的人。他的相关论述还被收录进了樊尚·德·博韦所编著的《历史宝鉴》里。

也有人说，《马可·波罗游记》并不是第一部具体讨论中国人的欧洲文献，第一位以欧洲语言写下讨论中国人的专著是圣方济各会的修士威廉·鲁不鲁乞。在第三章中写道威廉·鲁不鲁乞对蒙古人做了更为充分的记述，也是第一个实际上走进了哈喇和林城的传教士，他的作品被部分收录进了罗吉尔·培根的《大著作》里。

文中还有提到的一位传教士是约翰·孟德高维诺。他是元代来中国的天主教传教士，是天主教在中国传播的先驱，也是方济各会会士。1289年，约翰·孟德高维诺奉教皇之命出发前来中国，1291年，他从海路来到中国的首都（今天的北京），受到了元朝皇帝的接见。他向皇帝提出了传教的请求，并得到了当时的皇帝——忽必烈汗的允许。在孟德高维诺的努力下，大约有6000多人受洗入教。他还在北京建造了两座教堂，在中国产生了一定的影响。1307年，他向教皇请求援助，以补充人手。教皇克莱门特根据他的要求派了七名教士来到中国，同时任命他为汗八里大主教，总管东方的教务，在他手下有七名主教。这样，孟德高维诺就成为中国第一个天主教区的创始人。令人遗憾的是，那七名教士中的四个死在半路上。幸存的三人到达中国后，孟德高维诺派他们先后担任泉州（福建省）主教。孟德高维诺在中国居住了三十多年，翻译了很多圣经的经文和诗篇。据记载，他在三十八年中给30000多人施洗。他在1305年建造了一座教堂，离皇宫很近，那里的人早晚都能听到教堂里的歌声。1328年，孟德高维诺在北京去世，享年八十岁。据说，在当时有很多人尽管不是教徒，也自愿为他送葬。

二、"第三章"中存在的不足

该章节的论述还存在一些不足：第一，作者说明马可·波罗一行人根本不是欧洲人与蒙古人之间交流交往的先驱，但并没有说马可·波罗一行人没有到过中国，他们不是先驱，但他们可能是"后来者"。第二，当时到中国来的传教士的确是多如牛毛，马可·波罗也有可能是其中的一员，毕竟他有来中国传

解密：马可·波罗到过中国吗？

达教皇文书的任务。第三，在本书的第三章中，吴芳思只是论述了相关传教士有关于中国或蒙古的介绍，并没有切实地把他们的记述与《马可·波罗游记》中的相关记述做一一对比。

景教即唐朝时期传入中国的基督教聂斯脱里派，也就是东方亚述教会，起源于今日的叙利亚，被视为最早进入中国的基督教派，成为汉学研究的一个活跃领域。唐朝时曾在长安兴盛一时，并在全国建有"十字寺"，但多由非汉族民众所信奉，今天在香港仍有其少量教徒。

当聂派传入中国时，以景教命名，学者相信"景"是指光明之意。说英语的西方人士往往把聂斯脱里教会归类于东方正统教派（Oriental Orthodoxy，不同于东正教的 Eastern Orthodoxy，虽然在中文里字面意思相同），这是非常不对的，因为几乎所有的"东方教派"（包含 Oriental 和 Eastern）教会的基督论都和聂斯脱里教派相抵触。明朝天启五年（1625年），西安挖掘出一块石碑，正面写着"大秦景教流行中国碑"并颂以1780个汉字撰写，另附数十字叙利亚文，引起当时传教士的轰动。现时景教在中国的早期历史，大多以此作为引证。据石碑所载，唐贞观九年（635年），大秦国（应指波斯，而非古罗马）由大德阿罗本带经书到长安，由名相房玄龄迎接，获唐太宗李世民接见。太宗派宰相房玄龄亲往长安郊外，迎来阿罗本入城，并请进宫中详细询问教义，阿罗本呈上《圣经》、圣像，并说明传教目的，为了进一步了解其信仰，太宗让他到皇家藏书楼去翻译经典。三年后即贞观十二年（638年）秋，太宗下诏准许景教在中国传播，命人在长安义宁坊建造一座教堂，称波斯寺（后改称大秦寺），用于安顿景教教士。高宗时，尊阿罗本为"镇国大法王"，在长安、洛阳、沙州、周至、成都等地都修建了景教寺。此后二百余年间，景教基本上受到了唐王朝历代皇帝的支持与保护，在中国得到了很大的发展，史称"法流十道""寺满百城"，全国信徒多达二十余万人。

景教在唐代初期博得皇帝好感，李世民曾批准教徒在长安兴建寺庙一所，初称"波斯寺"，后更名为"罗马寺""大秦寺"。自太宗至唐德宗，景教在中国发展极快。唐高宗时，仍崇阿罗本为"镇国大法王"，并下诏于诸州建景寺，使景教得以广泛流传。武则天信奉僧尼，景教受佛僧、道士攻击，幸景教教士集资亿万于洛阳建"大周颂德天枢"，并得景僧阿罗撼将景教教义佛化，使武后大悦，得以继续发展。

第四章 对"第三章 传教士多如牛毛"的释读和评价

唐玄宗开元年间，曾使景教教士于兴庆宫讲道。天宝初亦曾命宁国等五亲王到景寺礼拜，设立坛场，并陈列先王之遗像供人礼拜。而且玄宗更邀约罗含和普罗等十七名景僧一起做礼拜，讲福音。到唐高宗年间，阿罗本被奉为"镇国大法主"，往后教堂亦挂上历代唐朝皇帝像。唐肃宗时，曾重建灵武等五郡的景寺，且命景僧伊斯效力中兴大臣郭子仪，遂使郭氏也受影响而敬信景教。755年安史之乱爆发后，当时一代名将朔方节度使郭子仪的帐下，就有一位名叫伊斯的景教僧人，他"为公爪牙，作军耳目"，军功卓著，被朝廷封赏，被赐紫衣袈裟。从635年开始，景教在中国顺利发展了一百五十年，与祆教及摩尼教并称唐代"三夷教"。

唐代宗、德宗亦弘护景教。而当时教会已遍布全国，除两京外，灵武、成都、广州等地都有大秦寺。在德宗建中年间，波斯人景净立《大秦景教流行中国碑》，记述景教在中国的流行情况。景净，波斯人，一说来自波斯的叙利亚人，身任景教"省主教兼中国总监督"。他学识渊博，翻译了叙利亚文经书三十二卷，包括福音书、保罗书信、诗篇以及祈祷书等，对佛教、道教也有深入研究。《大秦景教流行中国碑》碑文作于唐德宗建中二年（781年），分序和颂两部分，文中介绍了景教的基本教义，其中包涵了三位一体、神造世界、原罪、救恩、道成肉身、福音使命、新约圣经、教会、宗教生活等内容。并叙述了景教自太宗九年至建中二年一百四十多年的历史，尤其突出记载了伊斯辅佐郭子仪平定安史之乱的战功和个人善行。颂词则是对上述景教历史的总结。

景教在中国的兴衰，很大程度上取决于唐王朝的政策。从贞观九年到会昌五年（845年）这二百余年间，虽可谓景教的全盛时期，但也非一帆风顺。其间至少出现过三次危机：其一为武则天圣历年间（698—700），佛教徒在洛阳逼迫景教；其二为玄宗先天年间（712—713），长安士大夫诋毁景教；第三次更为严重，德宗建中年间（780—783），士大夫对景教发动猛烈攻击，幸得皇帝干预，才使景教免遭厄运。然而好景并不太长，会昌五年（845年）武宗灭佛，祸及景教，寺院被毁，中国信徒被迫放弃信仰，外来宣教士被驱逐回国。景教经此一击，此后便一蹶不振，传教士两个多世纪的惨淡经营，只落得"寺废基空在，人归地自闲"的结局。此后，景教继续在北方少数民族地区传播，如乃蛮族、克烈族、汪古族等部族都举族皈依景教。

辽金时期，景教在中国西北民族中广泛传播。先后信奉景教的有居于蒙古

解密：马可·波罗到过中国吗？

高原中部的克烈部，居于金界壕附近的汪古部，从契丹边地西迁中亚的浑部，居于按台山至也儿的石河地域的乃蛮部，公元840年西迁后定居在东部天山南北的畏兀儿人的一部分和占据亦列河、垂河及塔剌思河的哈剌鲁人的一部分等操突厥语的民族。入元以后，在西北边地，由于信奉聂斯脱里教的诸强部相继为成吉思汗并灭，其部民随蒙古军散居全国各地，它又重新传入内地，使中国的景教信徒回升。马可·波罗和一些中世纪西方学者指出中国和蒙古有很多景教小团体存在，当时他们的主教曾一度与当时新兴的天主教传教士发生冲突。元朝的景教徒称为"也里可温"（arkagun），享受免兵役和免税的特权。据马可·波罗记述，元代中国北京、山西大同、甘肃敦煌、肃州、甘州、凉州，宁夏、新疆喀什、叶尔羌、伊犁、江苏扬州、杭州、镇江、浙江温州、福建泉州都有景教徒和景教寺；元代著名的景教僧人有列班·扫马和雅八阿罗诃。根据后来在泉州出土的大量景教文物，可知福建泉州是当时中国南方景教的中心。明朝取代元朝后，景教衰微，但并未绝迹，一直存在"十字架教派信徒"达两个世纪，十六世纪左右，天主教传教士开始开展中国传教工作，景教徒数目随之锐减。同时，由于蒙古帝国的拓张，景教也在西亚、中亚地区得到一定发展。西亚伊利汗国的旭烈兀也是信徒，并攻打巴格达，处死了当时的伊斯兰教哈里发。

　　基督宗教第二次来华传播是在元朝。"也里可温"亦称也里可温教，是元朝时蒙古人对来华基督宗教及其信徒的统称。"也里可温"一般被理解为蒙古语"有福缘之人"的音译，亦有人认为乃意指"上帝教""信奉上帝之人"或"奉福音教人"。蒙古人以异民族身份入主中原，创建元朝。传统的史家及狭隘的民族主义者多站在汉民族的立场对其予以贬抑，称这个时期为黑暗时期，以为蒙古人除了穷兵黩武以外，对于文化方面了无建树，殊不知元代乃是唐代以后文化最绚烂的年代。横跨欧亚大帝国的建立，缔造出前所未有的民族大迁徙、民族大融合、文化大交流。蒙古人、西域人、中亚人、西亚人和东欧人"适千里者如在户庭，之万甩者如出邻家"，汇集中土，中国简直成了一座民族大融合的铭炉，各方文化纷呈，成为中国历史上罕有的百花齐放时期。基督教借着这个难得的机遇，借着畅通无阻的中西交通再次传入中国。基督教在统治阶层的支持下一度得到长足的发展，其信徒遍及中原、塞北、江南，并修筑了许多教堂，可以说是盛极一时。

第四章 对"第三章 传教士多如牛毛"的释读和评价

"也里可温"作为基督宗教在中国的第二次传播，一方面为景教在元朝的复兴，另一方面则指罗马天主教首次到中国来传教。唐武宗"灭教"之后，景教在中国内地虽然已不复存在，却仍在一些边疆地区和少数民族中留存。随着元朝的建立，景教重新传入内地，在许多地区得到发展。例如，忽必烈所委派的镇江府路总管府副达鲁花赤马薛里吉思就"有志于推广教法"，曾在其所辖之地大力推广景教，后又"休官务建寺"，修成江南一带著名的景教"七寺"。至1330年，西亚索尔坦尼亚景教总主教曾宣称在中国景教徒已达三万余人。

从罗马天主教在元朝的传播来看，方济各会修士柏郎嘉宾、鲁布鲁克等人先后出使蒙都和林，至1291年教皇特使约翰·孟德高维诺抵达汗八里（今北京），天主教正式传入中国。孟德高维诺在华建堂布道、蒙文译经，并于1307年被教皇克莱门特五世任命为汗八里总主教区总主教。此后罗马天主教曾派出七个主教来华协助孟德高维诺传教，其中有三人到达，并开辟了泉州等主教区。元朝天主教在其鼎盛时期曾发展了三万多信徒，但随着1368年元朝的覆灭，"也里可温"所涵盖的景教和天主教亦跟着消亡，这意味着基督宗教的第二次来华以失败告终。

吴芳思说，她是从克雷格·克鲁纳斯那里得知德国著名蒙古学者傅海波（Herbert Frank 一译福赫伯）有一篇怀疑马可·波罗到过中国的文章。傅氏认为，波罗一家是否到过中国，还是个没有解决的问题。他举出马可·波罗书中一些可疑之点，如在扬州做官、献投石机攻陷襄阳等虚夸之词以及书中未提到中国的茶叶、汉字和书法等。他说："这些事倒使人们对波罗一家长期住在中国一说发生怀疑。"吴芳思引用后说，这些论点是卓越的德国蒙古学者对马可·波罗声誉地位非常严厉的挑战，是对一个长期历史疑案的最近、最完备的审查结果，因而不可轻视，她对一般人还不知道这一学术成果表示惋隐。但是，吴芳思对傅氏的下一段话似乎未多加重视，傅氏在举出前面疑点后接着说："但是，不管怎样，在没有举出确凿证据证明波罗的书（只）是一部世界地理志，其中有关中国的几章是取自其他的、也许是波斯的资料（他用了一些波斯词汇）以前，只好作善意解释，假定（姑且认为）他还是到过中国。"虽然怀疑，但还强调要有确凿的证据，在没有确证以前，只能是怀疑而已。傅氏是审慎严肃的学者，立论掌握分寸，留有余地，克鲁纳斯和吴芳思则进了一步，全盘否定了马可·波罗到过中国。他们是否掌握了确实的证据呢？应当指出，

解密：马可·波罗到过中国吗？

傅海波教授指出的疑问，前人早已提出。早在二十世纪九十年代，英国的马可·波罗研究专家亨利·玉尔在其《马可·波罗游记·导言》中即指出马可书中有关中国的记载有多处遗漏：1. 万里长城，2. 茶叶，3. 妇女缠足，4. 用鹭捕鱼，5. 人工孵卵，6. 印刷书籍，7. 中国文字，8. 其他奇技巧术怪异风俗，不下数十；还有许多不确之处：1. 地方名多用靼靼语或波斯语，2. 记成吉思汗之事及其子孙世系关系多误，3. 攻陷襄阳城一节，最难解释。可见玉尔所言马可·波罗书中的缺陷和失误，较之傅氏所举更为完备，只不过玉尔未曾怀疑其抄自波斯资料而已。

所以，通过该章节的论述，吴芳思达到了自己选题的目的，她已经说明马可·波罗一行人根本不是欧洲人与蒙古人之间交流交往的先驱。该章节的论述还存在一些不足：第一，吴芳思说明马可·波罗一行人根本不是欧洲人与蒙古人之间交流交往的先驱，但并没有说马可·波罗一行人没有到过中国，他们不是先驱，他们可能是"后来者"。第二，当时到中国来的传教士的确是多如牛毛，马可·波罗也有可能是其中的一员，毕竟他有来中国传达教皇文书的任务。第三，在本书的第三章中，吴芳思只是论述了相关传教士有关于中国或蒙古的介绍，但并没有切实地把他们的记述与《马可·波罗游记》中的相关记述做一一对比。

参考文献

[1] 赵武平. 马可·波罗来没来过中国 [J]. 科技文萃，1995，5：159—161.

[2] 黄时鉴. 马可·波罗与万里长城兼评马可·波罗到过中国吗？[J]. 中国社会科学，1998，(4)：169—183.

[3] 杨志玖. 马可·波罗到过中国——对《马可·波罗到过中国吗？》的回答 [J]. 历史研究，1997，(3)：107—121.

[4] 王晓欣. 马可·波罗与十三世纪中国国际学术讨论会综述 [J]. 历史研究：学术述评，2001，(4)：178—182.

[5] 张国刚. 蒙元时代西方在华宗教修会 [J]. 海交史研究，2003，(1)：57—64.

[6] 韩华. 蒙元时期传教士与中西交通 [J]. 西南民族大学学报，2010，(10)：79—82.

[7] 佟洵.天主教在蒙元帝国的传入以及消亡原因初探 [J].中国天主教,2004,(5): 29—31.

[8] 李臻.杨志玖与马可·波罗游记研究 [J].人物春秋,2006,(3): 27—28.

[9] 周良霄.元代旅华的西方人兼答马可·波罗到过中国吗？[J].历史研究,2001,(3): 91-100.

第五章 对"第四章 祭司王约翰和东方三博士"的释读和评价

第一节 对"第四章 祭司王约翰和东方三博士"的释读

1145年,欧洲出现了约翰长老的传说,认为他是东方最强大的国王。此后,还有多个关于祭司王约翰的传说,包括耶律大石打败塞尔柱王朝苏丹的历史事实。1165年前后,欧洲出现了约翰长老来信,学术界至今无法确定此信的作者及写作意图。十三世纪前期,欧洲人曾把成吉思汗视为约翰长老。十三世纪中期,欧洲人不再认为约翰长老是东方最强大的国王,而仅仅是中亚某个聂斯托利派部落的首领。它实际上是一个东西方传说与真实历史混合的产物,是欧洲人以"自我"为中心,根据自己的需求臆想东方的结果。该传说诱发了欧洲人对未知领域的向往,激发了欧洲君主们对海外探险的兴趣,进而推动了地理大发现时代的到来。

一、对"第四章"的释读

(一)关于祭司王约翰的传说

现在的人们都比较接受祭司王约翰在非洲这一说法。可是在十三世纪,人们认为他是统治印度的远东的一个虔诚信仰基督教的君主。根据聂斯托利派的说法,耶稣去世后,圣多马到印度传教。印度的一个王子维萨对基督教充满了敬意,要求圣多马给他洗礼。但维萨的父亲(即国王)却因故要将圣多马处死。圣多马临死前,任命维萨为自己的继承者之一。1959年,有人论证说,古波斯语的维萨,译成叙利亚文字后,就成了约翰。维萨是印度教会的首领之一,是个祭司,同时他还是王子(即未来的国王),所以自然被人称为约翰长老[1]3。因此,便有人认为他是统治印度的君主。

第五章 对"第四章 祭司王约翰和东方三博士"的释读和评价

盛传有一位聂斯托利派长老出身的国王在中亚细亚打败了伊斯兰，祭司王约翰曾设法前来支援十字军战士，可惜路上受阻。约翰长老率领大军打算援助地中海边的十字军国家，但抵达底格里斯河边后，由于无法渡河而掉头北上，希望等到河水结冰后能够过河。但因天气温和，底格里斯河连续几年都没有结冰，约翰长老的军队则因气候不适而损失惨重，最终被迫撤退回国[1]1。这则新闻使得祭司王约翰的传说变得更加的扑朔迷离。

据说，约翰长老的祖先就是福音书中所说的从东方前来朝拜圣婴耶稣的博士[1]1-2。祭司王约翰是"东方三博士"之一的后裔，是一名宽厚正直的君主，统领一方，拥有无数财宝和珍禽异兽、圣多玛曾居住的土地。该国内有"亚历山大之门"和"不老之泉"等胜地，边疆更为乐园所包围。他的王国富庶得难以想象，他拥有的珍宝不计其数，包括一面可看见每一寸国土的镜子[2]3。祭司王约翰是东方三博士的后裔一说流传甚久。

关于祭司王约翰的传说，还有另外一个版本。相传祭司王约翰是耶律大石，契丹国的一个将领。十三世纪，第二次十字军东征失败，正当罗马教廷惶惶不安时，从东方传来一个消息，一个叫奥托的人在书中写道，在东方，有一个信仰聂斯托利派的伟大君主，与异教徒展开长期作战，控制了撒马尔罕，威震东方，他就是祭司王约翰。而在此时，西辽的耶律大石，原来的辽国大将，在辽被金灭了之后，率众西走，传奇性的在西域打下一片天地，于1134年建立西辽，甚至控制了丝路要冲的撒马尔罕一带。西辽令塞尔柱帝国的苏丹感到威胁，于1141年派军讨伐，但耶律大石以寡击众，大败塞尔柱帝国。耶律大石的突厥语称号"葛儿罕"（汉字又译作"古儿汗""菊儿罕"等），在西突厥语中，弱化为yur-khan，传到西方，便演变了Yochanan或Johannes，即约翰。虽然没有直接的证据证明耶律大石就是祭司王约翰，但是时间上与奥托所写的基本吻合，因此，人们便认为祭司王约翰就是耶律大石。

相传在1156年，祭司王约翰给拜占庭皇帝写信，该信说祭司王约翰在印度统治着从巴别通天塔到太阳升起之处的大片疆域。约翰的来信，在中世纪欧洲广为流传，保存下来的抄件有250多封，其中拉丁文本近百件，还有法文、意大利文、德文、希伯来等文字的抄本。十九世纪后期，德国语言学家蔡恩克对此信做了研究，并且发现，约翰长老的来信在传抄过程中，被后人不断添油加醋，到了十三世纪末，至少多插入了五段内容。去掉这些内容，约翰长老来

解密：马可·波罗到过中国吗？

信原文的主要内容如下：第一，表白自己的基督教信仰。约翰长老自称是一个虔诚的基督徒。第二，吹嘘本国的富强。第三，讲述国内的神奇事物。第四，介绍自己的王宫。

（二）马可·波罗记述的有关约翰的传说

马可·波罗只是轻描淡写地记述了祭司王约翰与基督教有关的方面，他重点记述的是与成吉思汗有关的内容。相传，约翰长老要娶成吉思汗之女为妃，但遭拒绝，于是便兵戎相见，在战争中，祭司王约翰被杀死。全世界盛传的约翰长老，原名叫王罕，蒙古人早年就是向他进贡称臣。约翰长老见到蒙古人日益强大起来，深为忧虑，竭力设法将其拆散。蒙古人只得逃到远方，并于1187年推选成吉思汗为王。成吉思汗征服了越来越多的地方之后，于1200年派人跟约翰长老说，想娶他的女儿为妻。约翰长老不仅断然拒绝了成吉思汗的提亲要求，而且还对其进行辱骂。成吉思汗闻言大怒，发兵讨伐，与约翰长老的大军在天德相遇。双方大战前，有基督教占卜者预言，成吉思汗将获胜。最后，成吉思汗果然大获全胜，约翰长老战死阵中[1]1。还有传说是忽必烈要娶祭司王之女为妃，遭到祭司王约翰的拒绝，忽必烈恼羞成怒便发动战争，祭司王约翰在战争中大败，退到一个未知之地。

马可·波罗断定祭司王约翰的王国位于内蒙古东部边沿地带，并说那就是所称"歌革"和"玛各"，而且中国有几段长城位于祭司王约翰的王国之内。祭司王约翰后来把他的王国传承给他孙子阔里吉思统治。约翰长老（名叫王罕）被成吉思汗打败后，其后代仍统治着这一地区，但臣属于蒙古人。现在统治天德的是长老阔里吉思，他是约翰长老的第六代后裔[1]。但史学界的大多数学者认为马可·波罗把史实与传说混淆到了一起。因为阔里吉思是真实存在的一个人，他是久已皈依聂斯托利派的翁牛特部的首领，他在十三世纪末在约翰·孟德高维诺的主持信罗马天主教。然而，对于祭司王约翰一人的真实存在与否，却没有一个确切的答案。

（三）关于聂斯托利派的传说

十三世纪中期，欧洲人不再认为约翰长老是东方最强大的国王，而仅仅是中亚某个聂斯托利派部落的首领。聂斯托利派是持有所谓"二性二位说"的基督教教派。聂斯托利是君士坦丁堡的宗主教，属于安提阿学派，在428年的一次讲道中，他反对将玛利亚称为"上帝之母"，从而引起了一场基督教世界的

第五章 对"第四章 祭司王约翰和东方三博士"的释读和评价

大规模神学争论。在他看来,神性不可能是从玛利亚这个人而来,所以不可以称她为"生上帝的人"。他的言论刚一出口,与安提阿学派对立的亚历山大派马上指责他为异端,并声称按照聂斯托利的说法,就会推导出这样的结论:神性和人性分离,且各有一位格,这就使基督变成了两个存在。这样一来,如果基督受难只是在人性的层面上,那么与之相分离的神性就无法救赎世人。实际上聂斯托利反对这样的结论,但是他所提出的二性在"道德"(moral)的意义上联于一体并不能说明二性在存在论(ontological)的意义上也联于一体,而这就意味着聂斯托利所持有的观点似乎就是改头换面的"二性二位说"。[3]2-3

当时天主教会传教士主要致力于打压聂斯托利派,他们把聂斯托利派看作是眼中钉。就现在而言,几乎没有人认识聂斯托利派,但是在当时聂斯托利派却几乎无人不知,在马可·波罗旅行到蒙古的时候,该会的实力范围已经扩展得很大了。

马可·波罗是第一个写到圣多马是聂斯托利派基督教徒,在马德拉斯有他的教坛,他在印度深受敬仰。但是,关于此事马可·波罗却没有过多的记载。作为最早来华传教的天主教传教士约翰·孟德高维诺也一样没有记载。吴芳思认为原因可能是约翰·孟德高维诺不喜欢聂斯托利派,而且决心使他们改宗。聂斯托利派起源于聂斯托利所倡导的教义,他用一个十分现代的观点否定玛利亚的神性,认为她只是"作为人性本性的"基督的母亲,而且他还强调基督的人性,因此便被认为是"二性二位说"的基督教教派。尽管聂斯托利派的主张会导致教会的分裂,令人难以接受,但是罗马天主教会还是有必要和他们共处。首先,聂斯托利派的权位很高并和中亚细亚的君主关系密切;其次,聂斯托利派修士熟悉东方的语言以及横越亚洲的交通路线,他们可能为很多旅行者做过翻译。因此,基于这些原因,尽管罗马天主教会不想和他们共处却又不得不和他们共处。

(四)马可·波罗的两点贡献

在增进近东和远东基督教的了解方面,马可·波罗的记述中做了两点贡献,其一则是:他首先找到了"三个国王"的家乡。他在波斯访问一个城镇,据说是"东方三博士"的出发地。据《圣经》马太福音记载,耶稣出生时,几个博士在东方看见伯利恒方向的天空上有一颗大星,于是便跟着它来到了耶稣基督的出生地。其实没证据证明有多少位博士朝拜耶稣基督,但他们带来黄金、乳香、没药，所以有人称他们为"东方三博士"。但在有提到这几位学者的马太福音中，只是写了"有几位来自东方的博士"，而从没有提到博士的数目。这几位博士精通天文学和占卜术，因此他们必定不是犹太人，因为在犹太教中，波斯律法规定，禁止人使用魔法、占星术和崇拜偶像，由于波斯原文乃占星术之义，因此他们可能是古波斯的高级神职人员。

马可·波罗在中国南方福建省的省会福州发现了一群战战兢兢的信教人。因为他们不崇拜火也不膜拜偶像，而且他们的圣经就是《诗篇》，因此马可·波罗一行人便认为他们是基督教徒，因为大家都知道摩尼教在泉州附近有过活动。自唐末初入福建以来，摩尼教在福建一直有所流传，不仅史不绝载，而且相继发现了不少摩尼教遗物。福建摩尼教是何时传入的这一问题，陈垣最早提出"泉州之有摩尼，远在唐季矣"的说法，而大多数学者认为摩尼教应是会昌后传入福建地区。连立昌先生提出会昌前说，依据为《太姥山记》中"摩尼宫"和《三山志》中"大云光明寺"的相关记载，由是断言"福建的摩尼教在会昌前已经存在，而非《闽书》所说那样，是会昌灭教后由逃死者呼禄法师传入的"，至于大概的年代范围，其云"摩尼教传入福建时间，与荆、洪、扬、越各州一样，即在唐大历六、七年间就传入了"。[2]6 因此，当今的多数学者认为马可·波罗他们偶然遇到的是摩尼教徒。

总而言之，摩尼教曾在福建被确认。当今仍存在当时摩尼教所留下来的墓碑，以及附近的圣坛等一些遗迹，但是马可·波罗一行人是否真的见过却是一个值得考究的问题。不管怎样，把摩尼教徒说成是基督教徒也反映了中欧人抱有在远东见到基督教徒的这个愿望，是欧洲人以"自我"为中心，根据自己的需求臆想东方的结果。该传说诱发了欧洲人对未知领域的向往，激发了欧洲君主们对海外探险的兴趣，进而推动了地理大发现时代的到来。

二、"第四章"中使用的史料分析

第一，现在的人们都接受赖德·哈格德和约翰·马黎诺里的说法，认为祭司王约翰在非洲，他的活动范围在埃塞俄比亚境内。四世纪初，基督教就已成为埃塞俄比亚的国教，这也是世界上最早的基督教国家之一。祭司王约翰在中欧被称为约翰长老。早在十七世纪，就有人提出约翰长老的名称源自埃塞俄比亚。1923年，马林斯克（Marinescu）进一步论述道，在埃塞俄比亚语中，国

第五章 对"第四章 祭司王约翰和东方三博士"的释读和评价

王被称为"zan"或"gan",其发音与法语及意大利语中的约翰(分别是 Jean 和 Gian)非常相近。另一方面,欧洲人又听说埃塞俄比亚是一个信奉基督教的国家,国王就是最高祭司。因此,大多数人都认为祭司王约翰在埃塞俄比亚境内。但是,马林斯克的观点是站不住脚的,因为埃塞俄比亚国王被称为"zan",不会早于十六世纪。此外,于格明确说,约翰长老是聂斯托利派(主张基督二性二位论)的国王,而埃塞俄比亚所信奉的则是基督一性论。所以,约翰长老不可能来自埃塞俄比亚[1]2。

后世学者认为埃塞俄比亚作为祭司王约翰的国度并不比印度显得更合适,埃塞俄比亚有关祭司王约翰的传说原本就鲜有所闻,有可能是埃塞俄比亚境内的人知道欧洲人对埃塞俄比亚的崇拜之后故意杜撰出来的[2]6-7。因此,现代人认为祭司王约翰在埃塞俄比亚的说法也有可能不可信。

第二,传说远东有一个虔诚信仰基督教的君主,统治印度。十五世纪,一群航海家以为他们在"印度"发现了一个基督教国家,其实是因为当时航海资料的缺乏,以及缺乏对世界的一个整体性的认识,他们才会把今天的埃塞俄比亚当作印度[2]6。或许就是因为当时航海家的错误,导致他们所以为的埃塞俄比亚就是印度,通过悠悠之口的传播,便流传开来,以为祭司王约翰就是信奉基督教的国王,而且他统治印度。

第三,传说祭司王约翰是聂斯托利派的国王,他曾在中亚细亚打败伊斯兰国家。十二世纪的一天,于格对教皇说,在波斯与亚美尼亚以东的世界最东方,有个富饶的基督教聂斯托利派国家,他的最高统治者约翰既是祭司,也是君王,被其臣民称为约翰长老。从十九世纪开始,学者们就普遍认为,于格所说的约翰长老打败塞米阿第兄弟的战争,实际上是指 1141 年发生在中亚卡特万的一场著名战役。然而这场战争就是耶律大石与塞尔柱王朝的战争。1953 年,诺埃尔总结,当欧洲人获悉耶律大石打败桑伽尔后,就误以为是传说中的约翰长老击溃了伊斯兰国家,于是把约翰长老的名称加在耶律大石身上。但由于十三世纪埃塞俄比亚国王并没有被称为"zan",所以诺埃尔的观点同样难以成立[1]1-3。

第四,祭司王约翰曾设法救援十字军战士,可惜路上受阻。有研究认为:约翰长老率领大军打算援助地中海边的十字军国家,但抵达底格里斯河边后,由于无法渡河而掉头北上,希望等到河水结冰后能够过河。但因天气温和,底格里斯河连续几年都没有结冰,约翰长老的军队则因气候不适而损失惨重,最终被迫撤退回国[1]1。祭司王约翰是否曾设法救援十字军战士，没有一个确切的研究可以说明，也不排除十字军战士在战争中以此来作为他们心中的信念坚持下去而编造出来的。因此，此则材料还是不足为信。

第五，相传，祭司王约翰是东方三贤人之一的后代。在第二次十字军东征的过程中，据说有一封祭司王约翰写给拜占庭皇帝的信，他在信中自称是东方三贤人的后代。但是，对于传说祭司王约翰是东方三贤人之一的后代这一说法，也只是传说，并没有肯定的说法，不排除是因为欧洲人过甚的崇拜祭司王约翰，所以，把一切美好的事物都加于他身上。

第六，传说祭司王约翰就是耶律大石。这个观点很快就被其他学者否定了，因为耶律大石并不是基督教徒，他所信奉的，应当是本民族的萨满教。《辽史》记载说，他曾多次以青牛、白马祭天地、祖宗。此外，与当时中亚的许多统治者一样，耶律大石可能还接受了佛教。耶律大石的活动区域仅限于中亚，根本没有远征到位于伊朗西部的埃克巴塔那城，而且，他在1143年就去世了。因此，约翰就是耶律大石这一说法根本不可信。

第七，传说，祭司王约翰给拜占庭皇帝曼努埃尔一世写信。对于这封信的内容的传说有很多，但是这封信是否存在却是一个未知数，因为，这封信的版本有好多种，经过流传也越来越失真，因此，对于信是否存在是一个值得考究的问题。

第八，成吉思汗要娶祭司王约翰之女为妃，约翰拒绝，于是在兵戎相见中约翰被杀死。成吉思汗征服了越来越多的地方之后，于1200年派人跟约翰长老说，想娶他的女儿为妻。约翰长老不仅断然拒绝了成吉思汗的提亲要求，而且还对其进行辱骂。成吉思汗闻言大怒，发兵讨伐，与约翰长老的大军在天德相遇。双方大战前，有基督教占卜者预言，成吉思汗将获胜。最后，成吉思汗大获全胜，约翰长老战死阵中[1]6。还有传说，是忽必烈要娶祭司王之女为妃，遭到祭司王约翰的拒绝，忽必烈恼羞成怒便发动战争，祭司王约翰在战争中大败，退到一个未知之地[1]6-7。传说总是千奇百怪，无所不有，也正是因为传说多了，对史料更应认真地考察。

第九，东方三博士的故乡在波斯。据《圣经》马太福音中记载，耶稣出生时，几个博士在东方看见伯利恒方向的天空上有一颗大星，于是便跟着它来到了耶稣基督的出生地。其实没证据证明有多少位博士朝拜耶稣基督，但他们带来黄金、乳香、没药，所以有人称他们为"东方三博士"。但在提到这几位学者的马太福音中，只是写了"有几位来自东方的博士"，而从没有提到博士的数目。这几位博士精通天文学和占卜术，因此他们必定不是犹太人，因为在犹太教中，波斯律法规定，禁止人使用魔法、占星术和崇拜偶像，由于波斯原文乃占星术之义，因此他们可能是古波斯的高级神职人员。

第十，当今，多数学者认为马可·波罗在福建偶遇的是摩尼教徒。因为现已有史料可以证明，摩尼教曾在福建有过活动，而且现在也有很多关于摩尼教的遗址。但是，正如文中所说，摩尼教在福建有过活动已经被历史认可，但是，波罗一行人是否真的有见过他们，却是一个有待考究的问题。

祭司王约翰的传说，是一个谜，关于他的传说也多种多样。本章对他的各种传说做了一定的释读。不管他是东方最强大的国王，祭司王约翰就是耶律大石，又或者仅仅是聂斯托利派部落的首领，都只能证明这些都是欧洲人臆想出来的，只能证明中世纪欧洲人对他的高度崇拜，把一切美好的事情加在他的身上，经过万众之口，便被传得煞有其事。同时，也说明了欧洲人对遥远的未知的东方有一种探索的兴趣。

参考文献

[1] 龚缨晏，石青芳.约翰长老：中世纪欧洲的东方幻象［J］.社会科学战线,2010，（2）.

[2] 艾珂，克拉朴.祭司王约翰——改变西方历史的幻影君主［J］.2012，（99）.

[3] 柳博赟.肇始于争端，消亡于患难：论聂斯托利派的源起，发展以及唐代景教的终始［J］.基督教文化期刊,2010，（24）.

第二节 对"第四章 祭司王约翰和东方三博士"的评价

吴芳思在《马可·波罗到过中国吗？》一书的第四章"祭司王约翰和东方三博士"中，主要记述了马可·波罗时代的一些宗教传说和事件，因为这些宗教事件版本很多，而且记述得非常简短，让人很难考证和信服。

一、吴芳思没有达到自己选题的目的

（一）该章节吴芳思选题的目的是首先让读者了解马可·波罗时代关于祭司王约翰和东方三博士等宗教方面的事情，通过对这些宗教传说的记述，一方面让读者进一步了解当时东方的宗教发展大概是怎样的一个情况，另一方面让读者了解马可·波罗当时对宗教方面记述了哪些内容，这些内容是否能说明是他本人亲身经历的，或者他的记述有没有漏掉哪些重要的内容。

（二）该章节主要是写有关宗教方面的内容，作者所选定的第四章的题目"祭司王约翰和东方三博士"，很吸引人的眼球，让人看完就有想要继续读下去的欲望。而且里面的内容都是跟马可·波罗时代的宗教事件息息相关的，非常紧扣题目，记述的内容很丰富，不单调。例如关于祭司王约翰的传说就有几种版本，需要大家自己去考证。

（三）该章节的主要内容是有关宗教的，而且是说马可·波罗时代即古代元朝时期的宗教，相隔的时代比较久远，所说的宗教教派在今天看来是很少了的，甚至是消失了的，所以大家对这些教派的发展历史，乃至教派的名称都是比较陌生的。另外，对于考证这些宗教事件的现存资料又很少，所以考证这些宗教事件的真实性存在一定的困难。

（四）该章节作者的最终目的应该是想通过论述马可·波罗在东方对于宗教事件的相关记述，从而论证马可·波罗是否到过中国。但因为马可·波罗对于自己在东方亲身经历的宗教事件不是很多，所以他对于这方面的记述也不多。这不是关键，关键是他所记述的宗教事件也过于简略了，有一些非常重要的宗教事件不知什么原因当时漏掉了没把它记录下来，某些记录下来的事件连时间和地名等基本的信息都没有准确地记述。马可·波罗所记录的这些事件因为太简略了，不够具体，所以里面的信息也不能让人非常信服，还是有待研究考证。

第五章 对"第四章 祭司王约翰和东方三博士"的释读和评价

因此，从上面几个方面的论述，吴芳思没有完全达到自己选题的目的。这个有关宗教的选题是非常特殊的，它相对来说很容易和神话传说挂上关系，这些宗教传说在不同时期和不同区域都有不同说法，重点是对于这些宗教传说或事件的记述都不够具体，感觉就像蜻蜓点水，只是简单说到某件事情而没说到事情的本质，读者看完这些简短的描述只会增加他们的疑虑，他们会不自觉地想，如果马可·波罗真的到过中国的话，为什么他对这些事情的描述这么模糊呢？所以，吴芳思没能达到自己选题的最终目的。不过，这章节的描述还是比较丰富和精彩的，能激发读者的阅读兴趣和丰富他们的宗教知识，但增加了读者对这些事情的怀疑。

二、"第四章"中存在的不足

（一）祭司王约翰的传说

第四章共分为十三小段，篇幅是比较短小精悍的，但始终围绕着一个核心就是"传说"，传说的东西并一定都是真实的，有很多是虚构或者包含夸大的成分，所以要辩证地看待中外或者民间流传的传说。

本章一开篇就说到身携教皇的重要信函并奉命搜集有关蒙古人的军力和社会组织状况的传教士和商人纷纷进入东方那片神秘的土地到处游行。从普林尼那个时候以来，中西方之间都是非常缺乏沟通交流的，无论是西方人对东方人，还是东方人对西方人，彼此之间缺乏了解，导致他们都误以为对方长得像怪物，觉得对方很陌生甚至令人可怕。当时到亚洲去的基督教传教士除了像一般西方人那样认为东方有传奇式的怪物外，他们最相信的就是关于祭司王约翰的传说。现在人们都普遍接受赖德·哈格德和约翰·马黎诺里的说法，认为祭司王约翰在非洲。马黎诺里指出祭司王约翰的活动范围就在埃塞俄比亚境内，可是在十三世纪，人们认为他是远东一个虔诚信仰基督教的君主，而这个传说似乎来源于1122年东方一位长老对罗马的访问，但问题是谁也不了解他的背景，但他声称自己来自印度，并大谈那里一年一度在圣多马节时发生的令人不可思议的事情。许多人就据此认为祭司王约翰统治印度。在那位神秘的印度长老访问罗马大约二十年后，又盛传一位聂斯托利派长老出身的国王在中亚细亚打败了伊斯兰国家的故事，这则新闻使关于祭司王约翰的传说变得更加扑朔迷离。加巴拉主教还报道了一则令人精神鼓舞的新闻：祭司王约翰曾设法前来支援十

解密：马可·波罗到过中国吗？

字军战士，可惜路上受阻。据说祭司王约翰还是东方三贤人之一的后代。还有人说，祭司王约翰就是耶律大石，祭司王约翰是契丹国的一个将领。1125年，金朝推翻契丹国即辽代在中国北部的统治时，他逃往中亚细亚。耶律大石和后来的蒙古汗王以及许多其他人一样，似乎受到聂斯托利派神职人员的重重包围，但罗马教廷认为这些基督教徒都是持左道旁门观点的人。1156年，一封据说是由祭司王约翰写给拜占庭皇帝曼努埃尔一世·康妮努斯（1143—1180年）的函件开始在欧洲传扬（此信仍保存至今），于是关于祭司王约翰的传说更为流行。该信说祭司王约翰在印度统治着从巴别通天塔到太阳升起之处的大片疆域。这封署名"匿名的铁匠"的信件促使教皇亚历山大三世派御医去会见祭司王约翰，但这位医生似乎于1177年在巴勒斯坦走失。尽管有这个曲折，十字军战士对可能会有一位信仰基督教的君主协助保卫圣地免受伊斯兰国家的侵犯继续抱有希望。

　　以上有关约翰王的几则传说均摘自吴芳思所写《马可·波罗到过中国吗？》的第四章内容，看完这几个传说之后，觉得关于祭司王约翰的故事更加扑朔迷离了，这些传说均出自人们的口耳相传，对祭司王约翰的描述不痛不痒，非常简略，没有列出一些具有说服力的相关材料证明有关约翰王的传说，更没示一些确凿的证据，所以说有关约翰王的传说还只能停留在人们的口口相传，不能证明其真实性，所以是不具有多少权威和说服力的。所以这些材料的记述是丝毫不能作为证据证明马可·波罗到过中国的。只可能臆测的是祭司王约翰可能是当时亚洲的一位非常有才干、很出名的人物，或者说是人们根据自己的臆想捏造出来的一个符合他们心中理想的形象。至于说到有一封祭司王约翰写给拜占庭皇帝曼努埃尔·康尼努斯的函件在欧洲传扬，而且这封信还保存至今，因为没人亲眼看到过这封信，吴芳思书中也没详细介绍这封信的内容，所以无法判断这封信所写内容的真实性。假设这封信所说的事情是事实，那么就可以断定有祭司王约翰这个人物的真实存在，但对于他是怎样的一个人，是干什么的，还是有待进一步论证的。当然这个推想的前提是信件是真实的，如果不能证明信件的真实性，对于祭司王约翰的了解也只能停留在传说阶段了。总之，仔细阅读完这些传说后，给人的一个深切感受就是对于祭司王约翰的描述非常不真实，感觉就像是查案，刚找到一些蛛丝马迹，却突然没了后文，不知从什么地方重新开始找证据论证了。

第五章 对"第四章 祭司王约翰和东方三博士"的释读和评价

有关祭司王约翰的传说于十二至十七世纪盛行于欧洲，传闻在东方充斥穆斯林和异教徒的地域中，存在有一名基督教（总主教）之祭司兼皇帝所统治的神秘国度。据称，祭司王约翰是东方三博士的后裔，是一名宽厚和正直的君主，统领一片充满财宝和珍禽异兽、圣多马曾居住的土地。该国内有"亚历山大之门"和"不老之泉"等胜地，边疆更为乐园所包围。他拥有的宝物包括一面可看见每一寸国土的镜子，他的王国富庶得难以想象。据说他是中亚的基督教捍卫者，曾经大破波斯军，之后大军直挥耶路撒冷，但因底格里斯河无法渡过才作罢。还有传说认为，耶稣基督曾应许使徒约翰将活着见到他的再临，因此祭司王约翰，便是那一位拥有不老不死之身的使徒约翰本人。但事实上，祭司王约翰应是基督徒屡次十字军东征不顺利之后，所流传出的一个希望人物。吴芳思文中关于祭司王约翰的几个传说无论从时间还是从地点上来说，都是相差甚远的，描述传说的文字太过简短，又拿不出具有说服力的证据，所以对于祭司王约翰的传说的真实性还有待进一步挖掘相关的材料进行证实。现在姑且只能把祭司王约翰当作是一位有待论证的传说中的人物。

以上内容主要是对吴芳思搜集有关祭司王约翰传说的资料的一些小见解，现在来看看马可·波罗本人是怎样描述祭司王约翰的。其实马可·波罗关于祭司王约翰的记述只是轻描淡写地提到与基督教有关的方面，他着力描写的是与成吉思汗有关的内容：成吉思汗要娶祭司王约翰之女为妃，却遭到拒绝，于是在兵戎相见中把祭司王约翰杀死；而《寰宇记》的一个抄本说，成吉思汗后来还是娶了祭司王约翰王之女为妃。这两则故事记述的结果有点出入，但至少可以说明马可·波罗当时是知道这个故事的，但这是他的亲身经历还是他从别处听来记下的，便不得而知了。因为对于这个故事的记述马可·波罗不是第一人。这则故事首先见于胡利安修士的记述，他是匈牙利天主教多明会士，他曾对自己于1236年在蒙古帝国边沿地带的旅行做过报道。据说当时这则故事在西亚和中亚家喻户晓。针对这个情况，马可·波罗关于祭司王约翰的记述就更加令人怀疑了。首先，如果马可·波罗对祭司王约翰有一定了解的话，祭司王约翰作为一位祭司，祭祀或者与祭祀相关的一些事情对于一位祭司来说都是非常重要的。对于从西方远涉重洋来到遥远的东方的马可·波罗来说，应该对这些事情很感兴趣，但马可·波罗对于这些相关的事情并没有详细的描述，只是轻描淡写地提到与基督教有关的方面。这样给人的感觉就有点儿本末倒置了，本该

解密：马可·波罗到过中国吗？

提到的内容几乎没提及，而提到的都是之前就有人记述过的故事，这不能不让人怀疑马可·波罗是否真的来过东方，如果他真的来过东方，他就不应该对像祭司王约翰这么传奇的人物的事情了解得这么少。他这样的轻描淡写，也有悖于一个正常人的好奇心理。

（二）歌革和玛各

第一次接触"歌革和玛各"这个词是在《马可·波罗到过中国吗？》的第四章第五自然段，书中说到马可·波罗断定祭司王约翰的王国位于内蒙古东部边沿地带，并说那就是所称的"歌革和玛各"。看到这里就知道原来"歌革和玛各"是一个地名，因为单看这个词语觉得应该是两个人名。书中又说到，阿拉伯地理学家认为"歌革和玛各"是被亚历山大大帝围起来的两个巨人，人们往往把那面大墙看成是中国的长城，而有几段长城位于马可·波罗所说的祭司王约翰的王国所在地。仅仅看到这里，"歌革和玛各"到底是一个地名还是两个人名，是不得而知的。假设它是马可·波罗断定的祭司王约翰的王国所在地——内蒙古东部的边沿地带，那里修筑了这么高大的围墙即长城，长城可以说是东方一个非常具有代表性的建筑，但马可·波罗就这样把古代东方远近闻名的杰出建筑完全忽略了，几乎完全没有提起过长城，而且连东方另外一种具有悠久历史的特产——茶叶也没提到，都知道茶叶可以说是东方人日常生活的必备品，很多人每天都有喝茶的习惯。但马可·波罗为什么在他的著作中不提及这两件事物呢？是他太粗心把它忽略了，还是他压根儿就没到过内蒙古东部的边沿地带呢？对于这个问题真的很疑惑，后来在《马可·波罗与〈马可·波罗游记〉新探》一文中找到了一些答案。对于长城问题，在马可·波罗时代，欧洲人根本不知道中国有长城，就是在中国也并没有得到人们的重视，更谈不上是中国的象征了。长城被看作是中国的一个重要象征，是从明代开始的，所以生活在元朝的马可·波罗把长城忽略了，看来也是可以理解的。对于茶的问题，到十三世纪的七十年代，还没有资料证明蒙古人和回族人已经普遍饮茶，即使到了九十年代，也很难说蒙古人和回族人已饮茶成风。这样，长期生活在蒙古人与回族人中间的马可·波罗，就自然不一定能够得到茶的信息。所以说，马可·波罗在他的书中没有记茶也可以说是合乎情理的。

但令人不可思议的是，马可·波罗说祭司王约翰的王国由他的孙子阔里吉思统治。看到这里，马可·波罗把史实和传说混淆了。因为阔里吉思是真有其

第五章 对"第四章 祭司王约翰和东方三博士"的释读和评价

人的,是久已皈依聂斯托利教的翁牛特部的首领,十三世纪末在约翰·孟德高维诺的支持下改奉罗马天主教。但马可·波罗说他统治过祭司王约翰的王国,这个说法就非常牵强了。祭司王约翰王国的所在地大约在哪个位置?是不是曾经有这么一个王国存在?这些都还是有待商榷的问题。马可·波罗也只是一笔带过说祭司王约翰的孙子阔里吉思曾经统治过祭司王约翰王国,但对于怎样统治,或者在统治时期发生过哪些重大事情,马可·波罗并没有详细提过。这也是不能让人信服马可·波罗曾经到过中国的一个原因。对于"歌革和玛各",很多人对它有不同的说法。"歌革和玛各"在先知的预言中是人类反抗基督教的领袖,第一次提到玛各在创世纪10:1—4,他被视为雅弗的儿子,雅弗是挪亚的三个儿子之一。在《圣经》中有着关于黑暗力量的统治者歌革和玛各的故事。其中有一则记载歌革入侵以色列人的预言,说歌革是几个民族的王,将会在世界末日之时率领多国军兵自北方极处杀来,而耶和华将显示力量打败歌革并埋葬他。在这里"玛各"被视为是歌革的居住地。关于"歌革和玛各"的传说很多,到底哪个说法更具科学性,这就需要大家做进一步的考究了。

(三)聂斯托利派

在吴芳思书中第四章的中间部分多次提到聂斯托利派。马可·波罗时代天主教会传教士主要致力于使聂斯托利派教徒改宗。当时他们把聂斯托利教会看作是眼中钉。虽然现在对于聂斯托利基督教会几乎无人知晓,但当时被威廉·鲁不鲁乞等正统的基督教徒斥为左门旁道的聂斯托利教会在东方有强大的势力。在马可·波罗旅行至蒙古时,该教会的势力已拓展到伊斯兰世界以及伊斯兰世界以东的地区。当时聂斯托利派教会的势力那么大,发展的速度那么快,若马可·波罗真的来过中国,那么他从西方的威尼斯到东方的蒙古的时候,旅途中肯定多多少少会听到有关聂斯托利基督教会的一些事情。当然,即使他没来过中国,他在伊斯兰世界或者伊斯兰世界以东的地区也可能听到有关该教派的一些事情。所以马可·波罗对该教派的记述不能作为他真正到过中国的一个证明。马可·波罗还记述了另外一件事,就是圣多马在印度受到崇敬,在马德拉斯有他的圣坛,这主要归功于聂斯托利派基督教徒。吴芳思就此认为马可·波罗的功绩就在于他是记述此事的第一人。马可·波罗作为记述该宗教事件的第一人是可喜可贺的,可以当作是第一手资料来证明他对该事件的了解程度。但是圣多马在印度的马德拉斯有他的圣坛,最多可以证明马可·波罗到过印度,经历过这个事情，但不代表他就来过中国。而且马可·波罗对这件事的描述也是轻描淡写的，没有详细地说到在印度经历的印象非常深刻的重要的事情。所以令人遗憾的是他除了描述椰子和一些奇闻轶事以外（其实这些事情人尽皆知，如把病人和瘸子治好，使有钱的守财奴痛改前非），等于什么都没说。约翰·孟德高维诺是差不多和波罗氏一行同时到那个地区的，在那里生活了一年又一个月。关于圣多马的圣坛他并没有记述什么。虽然这很大可能是因为约翰·孟德高维诺不喜欢聂斯托利派，所以才不提及这件事，但毕竟他也是到过此处的，他没提及这件事无疑增加了人们对马可·波罗所记述内容的怀疑。

（四）东方三博士

第四章最后部分说到在增进对近东和远东基督教的了解方面，马可·波罗可以说是有两点莫名其妙的贡献。首先，他找到了"三个国王"的家乡，他在波斯访问了一个城镇，据说这是"东方三博士"的出发地。但是当地的居民告诉他：那三个人只在本地做过国王，他们曾经一起去旅行，旅行归来后带回一块能点火的石头，使得崇拜火的琐罗亚斯德教在该地区活跃起来。他们的旅行和基督的降生有密切的联系，但他们却在波斯引进了一个与基督教全然不同的新宗教，这一点可能让细读马可·波罗的书的人感到莫名其妙。马可·波罗对基督教的另一个大发现是在中国南方福建省的省会福州发现一群战战兢兢的信教人。他们既不崇拜火，也不膜拜偶像。波罗氏一行通过翻译的艰巨工作发现他们的圣经是《诗篇》，就告诉他们：他们就是基督教徒。但当今多数学者认为"马可·波罗和他的叔父偶然遇到了一群摩尼教徒"，因为大家都知道在福建省有过摩尼教的活动踪迹。对于这一段论述，还是比较可信的，这段史料的论述比较具体，所记述的内容虽然和现今一些学者的考证有一定的出入，但毕竟马可·波罗所记述的事情是真实存在的，只是不够确切或全面而已。

仔细看完吴芳思书中的第四章，我认为她所写的"祭司王约翰和东方三博士"中有关宗教的内容确实有很多方面需要后人做进一步的研究和考证。但这章的内容是非常丰富的，可见吴芳思当年是花了很多时间和精力，查找了非常多的资料才写成这本书的，而且该书出版后马上在学术界引起了轰动。当今，研究马可·波罗的学者有很多，虽然"马可·波罗到底来过中国吗？"这个问题还是没办法得到肯定地回答，但吴芳思为此所做的贡献是必须得到充分认可的。第四章"祭司王约翰和东方三博士"的论述到底有哪些方面是不足的，还有待后人做进一步的研究。

参考文献

[1]（英）吴芳思著，洪允息译.马可·波罗到过中国吗？北京：新华出版社，1997.

第六章 对"第五章 《寰宇记》不是旅行日记"的释读和评价

第一节 对"第五章 《寰宇记》不是旅行日记"的释读

吴芳思认为《寰宇记》不是旅行日记的理由就是该书在记述上没有明确的旅游路线以及缺少对日期的记载，而且在对第一人称用词的引用数量上，也让人不得不怀疑它是游记这一身份。吴芳思认为《寰宇记》更倾向于是一本地理书而非旅行日记。

一、对"第五章"的释读

吴芳思在《马可·波罗到过中国吗？》的第五章主要对"《寰宇记》不是旅行日记"进行论述，作者利用了许多史料和反面材料来论证"《寰宇记》不是旅行日记"这个大论题。

（一）关于《寰宇记》的旅行路线

吴芳思在第五章中对马可·波罗的旅游路线提出了种种质疑，认为马可·波罗在《寰宇记》里记述的路线很难在他所指定的时间内走完。

1. 路线不明确

第五章中记述"该书正文从中东讲起，但记载的顺序颠三倒四；作者本人对中东的物产、居民及其信仰做了介绍，但没有记载波罗氏一行怎样从一个城市走到另一个城市""作者按照一种可能的顺序介绍中亚各城市——鸦儿看、忽炭、佩姆（音译）、车尔臣、罗布和沙洲，但此后的方向突然向北偏离——'现在我要告诉你们位于西北方向、靠近沙漠边缘的一些城市'，然后读者又被带回到沙洲，接着向正北方向转至蒙古都城哈喇和林，并继续朝北一直到某'海洋'（作者未具体说明是哪一个海洋）"。

第六章 对"第五章 《寰宇记》不是旅行日记"的释读和评价

从这些文字的记载来看，马可·波罗的记述很乱，他没有给读者理清一条明确的旅游路线，更多的是他自己想到哪儿就说到哪儿，如果马可·波罗是真的到过这些地区，那么根据他对新事物的好奇心，他会对这些异国情调的东西加以描述，而不是忽然记载这个城市，一下子又跳到另一个城市，对路线的记载含糊不清。也许马可·波罗对这些城市的认识并不是他的自身经历，很有可能是他从父亲和叔叔的口中听说的，然后把它们当作自己的亲身经历并写进了个人的旅行日记中。

吴芳思提及，亨利·裕尔爵士在十九世纪对自己能够了解其方位的一些地方的距离进行了仔细的检验，但是他不断遇到困难和各种问题，最后他不得不放弃一些原本计划好的行程。因为在当时的交通条件下，要完成马可·波罗所描述的路线是不可能的。由此，吴芳思更加坚信马可·波罗的记载不是旅行日记了。

2. 缺少日期记载

《寰宇记》中关于马可·波罗在中国境内的旅行，书中缺少日期的记载，与此有关的篇章和近东及中亚部分一样，一般都是按地区排列。所以吴芳思在《马可·波罗到过中国吗？》一书中坚持认为《寰宇记》总是在复述尽人皆知的故事，而其资料来源可能与当时频繁的中西交往、商人的叙述及导游手册之类的文字材料有关。

吴芳思坚信马可·波罗的记述中"看不到一条合乎逻辑的旅行路线"，"作者在中国境内的旅行一般都按地区排列"，且距离失当；"序言结束后极少提到波罗氏一行他们自己的情况"。因此，说它是一部地理或历史书要比把它看成是一部个人见闻录要合适得多。

（二）对第一人称的记载

在《马可·波罗到过中国吗？》的第五章里，吴芳思注意到了这一细节的地方，那就是对第一人称"我"或"马可·波罗"的运用。

可以看到在《寰宇记》整本书中提到"我"和"马可·波罗"的地方有几处：第一章有三处提到马可·波罗，第一次出现在关于波斯的一大段记述之中，这一段描写《圣经》中的"东方三博士"从（波斯的）萨韦出发时的情景，"马可先生问几个居民这些人是谁"。第二处出现在关于对火的崇拜来源于幼年基督赠送给"东方三博士"的一块石头这一段记述之后，"这是该城居民告诉马

75

可·波罗先生的"。第三处出现在记述鲁德巴地区从事打家劫舍的考阿鲁纳斯人之后,"请放心,马可先生本人死里逃生,没有被这帮强盗抓住"。接着第二章也有三处提到波罗氏一行:第一处可能表明马可·波罗曾经患病,"马可先生……用他自己的经验证明"。第二处介绍一位神秘的旅伴,"有一个土耳其同伴叫苏尔飞卡,极有才智……"。而第三处说到波罗氏一行在甘州城住了一年。第三章只有一处提到波罗氏一行。到第六章有一处提到马可·波罗,"马可·波罗逗留了五个月,等待天气允许继续航行"。第七章只有孤零零一处提到马可·波罗在马八儿国的情况。至此之后,全书没有再提到"马可·波罗"和"我"这个字眼。

吴芳思认为在除序言和以上提到的少数几处外,全书的叙事没有把波罗氏一行摆进去,这使行文具有纯客观的口气和强烈的导游手册风格,而且书中对各地的描述不是按照合乎逻辑的旅行路线的顺序,而是粗线条地按照地区进行。

写一篇个人游记,第一人称、时间、地点、路线等这些都是必不可少的要素,退一步来说,其他要素都可忽略,但是第一人称却是不可忽视的。没有第一人称,何为个人游记呢?而在《寰宇记》里,恰恰是缺少第一人称的出现,不禁要怀疑,《寰宇记》真的是马可·波罗所说的游记吗?吴芳思则认为《寰宇记》不是旅行日记,如果真的是马可·波罗的旅行日记,那么为什么他采用的第一人称那么少?根本不像是在记述自己的行程,更多的像是移植别人的记忆,然后生硬地在某一处把"我"穿插进去。这不得不让人对《寰宇记》这一旅行日记产生怀疑。

(三)《寰宇记》是一本地理书

1.《寰宇记》的归类

吴芳思认为《寰宇记》的记述在很大程度上更像是一本地理图书,其在第五章的内容里重复了四次提到"《寰宇记》类属于地理书"的观点。吴芳思认为马可·波罗在记录一些地方之间的距离时,并没有一条很明确的旅游路线和时间顺序,如:"看官应当知道从巴格达到海边的行程整整有18天","离此城(亚兹德)继续前进,游客须坐骑整整七天以越过一个平原;那里只有三个地方有人居住,游客可以在那里过夜",这些行文很像是普通导游手册里的记述方式。吴芳思坚持认为马可·波罗总是在复述尽人皆知的故事,而其资料来源可能与当时频繁的中西交往、商人的叙述及导游手册之类的文字材料有关。

第六章 对"第五章 《寰宇记》不是旅行日记"的释读和评价

如果是个人经历过的旅行,那么所写出的旅行日记不会是这样行文的。

2. 其他资料对《寰宇记》的归类

《寰宇记》介绍了东方宽广的土地和富饶的国家,引起了欧洲人对东方的向往。学术界的一些有识之士,更以它所提供的最新知识,来丰富自己的头脑和充实自己的著作。但这些有识之士并不是把它作为个人旅游日记来阅读,而是把它作为地理图志来看待。比如:

1375年(明太祖洪武八年)的西班牙喀塔兰大地图,便是冲破传统观念,摈弃宗教谬说,以《寰宇记》为主要参考书制成的。图中的印度、中亚和远东部分都是取材于这部著作,成为中世纪最有价值的地图,也是早期的《世界地图》,以后的地图多以此为依据。[1]82

1824年,法国地理学会将这个抄本作为《旅行记与回忆录文集》的第一种刊印出版,所以中文也常将巴黎国立图书馆所藏著名的B.N.fr.116抄本(抄于十四世纪上半期,所用语言为法语和意大利语的混合语),称作"地学本"或"地理学会本"。与其他抄本相比,这本的篇幅最长,在某些方面也是最好的。但这不是最早的抄本。[2]

15世纪欧洲的航海事业发展,《寰宇记》起到了推波助澜的作用。意大利的哥伦布、葡萄牙的达·伽马、鄂本笃,英国的卡勃特、安东尼·詹金森和约翰逊、马丁·罗比歇等众多的航海家、旅行家、探险家读了《寰宇记》以后,纷纷东来,寻访中国,打破了中世纪西方神权统治的禁锢,大大促进了中西交通和文化的交流。因此,可以说,马可·波罗和他的《寰宇记》为欧洲开辟了一个新时代。

3. "去契丹之路"

再来回头看看《寰宇记》第二章里提到"去契丹之路"。许多西方的探险家看过后,对这个"契丹国"充满了兴趣,但马可·波罗并没有在书中指明去契丹的路具体是往哪个方向走。由此,在西方交通史上,生出了许多去契丹之路,如余士雄在他的《〈马可·波罗游记〉历史背景及其对中西交通的贡献》一书中有重要列举:

1496年(明孝宗弘治九年),德国人瓦斯科·达·伽马沿非洲西海岸航行,过赤道,抵好望角,经印度洋而达印度西岸,其目的为访求《马可·波罗游记》的契丹国。

1496年,英国人卡勃特(Cabot)由英国向大西洋西北方向航行,抵加拿大,

解密：马可·波罗到过中国吗？

其目的也是访求契丹国。

1558年（明世宗嘉靖三十七年），英国人安东尼·詹金森(Anthony Jenkinson)和约翰逊(Johnson)兄弟二人，由俄国陆道向东旅行，直抵布哈拉城，其目的也是寻求通往契丹的商道。

1576—1578年（明万历四十六年），英国人马丁·弗罗比歇（Martin Frobisher）三次向西北航行，想绕道美洲北部，抵达契丹国。

1602年（明万历三十年），葡萄牙人本尼迪克特(Benedict Goes)自印度阿拉城北行，越帕米尔高原，经新疆天山南麓而抵中国肃州。他的目的也是为了寻访契丹国。哥伦布死后不到五十年，欧洲人开始了全球性探访，追本溯源，不能不说是受《寰宇记》的影响。[1]83-84

这些探险家们最后到底有没有去到契丹国，不得而知。但不难看出的是，在去契丹之路上，探险家们无一不把《寰宇记》当作是一本地理书，以此来引导他们到达目的地。因一部书而引起中西交通史上如此多的探访，是罕见的。

德国的马可·波罗研究专家傅海波[3]曾经说过，不管怎样，在没有举出确凿证据证明马可·波罗的书只是一部世界地理志，其中有关中国的几章是取自其他的、也许是波斯的资料（他用了一些波斯词汇）以前，只好做善意解释，假定（姑且认为）他还是到过中国。

（四）对其他史料的记载

1. 蒙古对日本的讨伐

吴芳思在第五章里提到蒙古人对日本进行的讨伐，马可·波罗在《寰宇记》中对蒙古的战舰和数量方面的描写，让人读起来饶有兴趣，但据考古挖掘出来的文物证实马可·波罗的记述并不属实。

2. 护送公主出嫁

《寰宇记》里提到马可·波罗一行护送那位出身名门并要嫁给阿鲁浑的蒙古女士，他们一直走到大不里士，把那位女士送到后就回到家乡威尼斯，其时是1295年。《寰宇记》里的这一段记载也出现在拉希德写于1306—1307年间的《世界史》中。

3. 关于马可·波罗在朝廷供职和围攻襄城

马可·波罗说他曾经治理扬州三年，但是遗憾的是没有留下一点儿踪迹。不管是扬州的地方志还是《寰宇记》，或者其他的文书记载，都没有提及马可·波罗曾经出现在扬州，也没有提到侨居扬州的其他意大利商人及家属。

4. 对出使中国周边地区的记载和在福州遇到基督教徒的记载

马可·波罗在《寰宇记》记载了他奉旨巡视出使东南亚国家，如印尼、菲律宾、缅甸、越南等，收集各地政治经济军事情报，了解民俗及物产情况。马可·波罗在对这些地区的描写中大肆渲染，更加提高了欧洲人来东方寻宝的兴趣。

《寰宇记》第五章里提到马可·波罗一行在福州遇到一群基督教徒。现在人们认为那是一群摩尼教徒，而不是基督教徒。

二、"第五章"中使用的史料分析

吴芳思在这一章里引用了许多史料，这些史料可以分为可信的史料、不可信的史料和值得怀疑的史料三个部分。

（一）可信的史料

1. 对北京的记载

马可·波罗在《寰宇记》的第三章里对北京、汉人的风俗习惯以及国家行政制度进行了详细的描述，他在他的游记中多次讲到元大都。他说："古昔此地必有一名贵之城，名称'汗八里'。此城之广袤，说如下方：周围有二十四哩。环以上土墙，墙根厚十步，然愈高愈削，墙头仅厚三步，遍筑女墙，女墙色白，墙高十步。全城有十三门，各门之上有一大宫，颇壮丽。"[4]据近年考古工作者对元大都的发掘和勘测证明，马可·波罗以上叙述的内容基本属实。

2. 护送公主出嫁

吴芳思在这一章里提及的马可·波罗一行护送公主出嫁，虽然这一段记载也出现在拉希德写于1306—1307年的《世界史》中，而且在《永乐大典》（修于1403—1408年）中，也有记述这段故事的汉语官方文本，且中国的历史学家也认为这个故事被《永乐大典》收入是马可·波罗到过中国可信性的重要证明。但是无论是汉文的记述还是拉希德的记述，都没有提到任何欧洲人或意大利人陪同那位公主前往。对于这个史料的记载，到底是马可·波罗亲自护送的，还是拉希德表明他对欧洲人抱的一种偏见，又或者这个故事是马可·波罗从别处抄来的，则不得而知。

杨志玖先生在他的《百年来对〈马可·波罗游记〉的介绍和研究》（下）里说道：公文主要涉及口粮供应的问题，当然不会提到波罗一家，连阔阔真这一女主角也不提，更不论波罗这一小人物了。但波罗记这三使臣的名字与《站赤》所记完全一致，又和他们一家离开中国的机缘完全对口，无疑他们是在这一年的年末或次年初离开中国的，向达师对此文的评价是："这一发现证明两点：一、马可所记他们陪同波斯阿鲁浑汗使者是事实，元代官书可以证明。虽然《站赤》中没有提到马可诸人，但是波斯使者的名字和马可所记完全一致，这就够了。二、阿难答的奏章是1290年的阴历八月，提到本年阴历三月的事，请示圣旨。这说明马可诸人离开中国应该是1290年阴历年底或1291年阴历年初，为《马可·波罗游记》中的年月问题提出了极其可靠的证据。"[5]由此可见，马可·波罗护送公主出嫁之事这段史料可信。

（二）不可信的史料

1. 蒙古对日本的讨伐

吴芳思在第五章里提到蒙古人在日本进行时运不济的讨伐事件，但一位精通中国和日本历史，而且还经常到日本考察的意大利考古学家指出，通过对历史的考证和历史文物的发掘，他们发现，《马可·波罗游记》中失真的地方还不少。

最明显的是书中对于1274年和1281年间，元世祖忽必烈两次远征日本的描述，存在前后矛盾和不精确之处。首先是马可·波罗将两次事件搞混了，将发生在第一次远征日本和第二次远征时的事件混杂在一起。根据马可·波罗的记载，在第一次远征中，从朝鲜起航的蒙古舰队登陆前在海上遭遇大风暴，几乎全军覆没。但事实上这一事件发生在第二次东征日本。[6]如果真像马可·波罗自己说的那样，他是当时事件的亲历者，在朝廷担任重要职位的官员，怎么可能会将这两个相隔七年的事件混淆在一起呢？这可能解释为马可·波罗在这一事件上有可能是道听途说的，然后按照自己的零星记忆讲述出来，而并非是他自己亲历过并记录在个人旅行日记中的。

2. 关于马可·波罗在朝廷供职和围攻襄城

马可·波罗在游记中提到他曾经治理扬州三年。扬州是中国当时最富裕的地区之一，垄断了全国的制盐业，是国家财政收入的重要来源，马可·波罗自我吹嘘治理扬州三年的时候，他没有想到中国有着世界上最严谨的记录历史和地方志的悠久传统，通过查阅史书和地方志，可以给历史上在扬州当过官的人开出一长串的名单，这个长长的名单上唯独没有马可·波罗的名字。

对于他和他父亲、叔叔献计攻下襄阳这一事件，就更不可信了。事实上，襄阳战役发生在1273年，从波斯来的回人亦思马因贡献回回炮（即抛石机）一事，中国的《元史》和波斯的《史集》都有记载，而马可·波罗一家在1275年夏天才到达上都，这座城市是在马可·波罗到达中国前三年就被攻下的。[7]12 马可·波罗公然将这一众所周知的事冒为己功，也说明书中存有失实之处。

3. 对出使中国周边地区的记载和在福州遇到基督教徒的记载

马可·波罗在《寰宇记》中记载了他奉旨巡视出使东南亚国家，如印尼、菲律宾、缅甸、越南等国，收集各地政治经济军事情报，了解民俗及物产情况。但是，从《寰宇记》对这些地域的记述来看，这些是全书中最不可信的段落，因为这些记述表明书的作者根本就没有到过东南亚这些地区。此外，一个蒙古皇帝不可能把如此重任委派给一个外国人，蒙古人对使用外国人是非常谨慎的。蒙古人的确聘用外国人担任过顾问或官员，但不会派他们出国。[7]12

再如，在第五章的最后一处提到马可·波罗一行在中国的情况很有趣，原来他们在福州"发现了"一群基督教徒。经过学者研究，这些人实际上是元代被视为"邪魔歪道"而被禁止的摩尼教徒。马可·波罗这样一位虔诚的基督教徒，竟会犯将教义完全不同的摩尼教误认为基督教的错误，如果马可·波罗真的在当地遇到过摩尼教徒，以他的经历，不可能分辨不出那些人不是基督教徒。

（二）值得怀疑的史料

1. 对杭州的记载

吴芳思在本章里论述马可·波罗在杭州的经历是不可靠的。马可·波罗记述了"王国的王后"给攻取该省的蒙古将领伯颜的一封信，他对该信的内容的记述不可靠，所引用的部分像是介绍杭州布局和管理情况的导游书。马可·波罗还记载了他见过的一条搁浅鲸。但据史料记载，1282年有一条几乎三十米长的鲸搁浅在岸边，而蒙古人是在1276年攻陷杭州的。除非马可·波罗在杭州逗留了相当长的时间，否则时间很难对得上。而到底马可·波罗在杭州停留了多久？他有没有亲身经历过伯颜攻城？这也是值得读者怀疑的问题。

综上所述，吴芳思认为《寰宇记》不是旅行日记，主要是从《游记》的路线、第一人称和史实等方面来进行验证的。吴芳思更加肯定地认为《寰宇记》不是一本旅行日记，从它记述的各方面材料来看，更倾向于一本地理书。作者还对《寰宇记》里面记载的蒙古远征日本、马可在扬州任职、围攻襄阳等史料进行考证来验证《寰宇记》不像旅行日记的风格。虽然《寰宇记》没有一条合乎逻辑的旅行路线，没有对历史事物详细地进行描写，并且对一些史实的记载存在着许多错误，但这本书客观上更多地反映了一个商人对世界的看法，而不是一个从事创作的作家对世界的看法。

参考文献

[1] 余士雄.《马可·波罗游记》历史背景及其对中西交通的贡献 [J]. 读书 1980-4-15

[2] 龚缨晏. 马可·波罗对杭州的记述 [J]. 杭州大学学报 1998-1.35:28(1)

[3] 杨志玖. 马可·波罗到过中国 [J]. 历史研究,1997,(3)：107—121

[4] 庞嘉裕.700年前的中国之旅.马可·波罗和《马可·波罗游记》[J]. 时间隧道.科技潮 1998-12-5:41

[5] 杨志玖. 百年来对《马可·波罗游记》的介绍和研究（下）.[J]. 天津社会学.1996，(2):54—55

[6] 徐地天.《马可·波罗游记》掺假了吗？ [J]. 大科技（科学之谜）2012-3-5

[7] 李希光. 马可·波罗到过北京吗？（上）[J]. 科技潮 1996-7-5

第六章 对"第五章 《寰宇记》不是旅行日记"的释读和评价

第二节 对"第五章 《寰宇记》不是旅行日记"的评价

吴芳思书中的第五章"《寰宇记》不是旅行日记",对马可·波罗是否到过中国进一步提出质疑,达到了自己的选题目的"马可·波罗未到过中国",但其论述没有提供足够的、可靠的、更具说服力的材料来证明马可·波罗有没有到过中国,还存在一些不足之处。然而,尽管《寰宇记》不是旅行日记,但也不能证明马可·波罗没有到过中国。

一、吴芳思达到了选题的目的

吴芳思在《马可·波罗到过中国吗?》的第五章中论述了《寰宇记》并没有提供马可·波罗旅途见闻的一条合乎逻辑而连贯的旅行路线和日期,以及极少提到波罗氏一行他们自己的情况;并认为《寰宇记》并不是旅行日记,而更像一部地理书或历史著作。吴芳思进一步论证马可·波罗未到过中国,达到了自己选题的目的,具体体现在以下几个方面:

吴芳思论述《寰宇记》是普通的地理书而并非一部旅行记录,达到了自己的选题目的"马可·波罗未到过中国"。她在《马可·波罗到过中国吗?》第五章中指出,《寰宇记》并不是一天天所写的旅行日记,而且书中对各地的描述不是按照合乎逻辑的旅行路线的顺序,旅行路线缺乏连贯,而是粗线条地以大块地区为单位进行叙述。"尽管马可·波罗的书的一些流行文本往往被冠以《行记》这样的书名,细读序言后面的正文却看不到一条合乎逻辑的旅行路线。书中记述的路线大体上是从西方到东方,然后又回到西方,而且作者是以大块地区为单位进行记述,不是写一天天的旅行日记。"[1]37 吴芳思在此书第五章中还指出,"作者对中东的物产、居民及其信仰作了介绍,但没有记载波罗氏一行怎样从一个城市走到另一个城市。其实,与其说它是旅行的记录,远不如说它是普通地理书来得恰当。"[1]38 吴芳思指出《寰宇记》描述了区域的地理环境等内容,而没有详细记载马可·波罗一行的旅行过程,即旅行的具体路线。因此,她认为《寰宇记》是普通的地理书要比把它看成是一部旅行的记录要合适的多。

为了进一步论述《寰宇记》不是旅行日记,吴芳思指出《寰宇记》书中缺

解密：马可·波罗到过中国吗？

少马可·波罗一行的日期记载，马可·波罗在中国境内的旅行路线也是粗线条地以地区为单位进行叙述。如"关于作者在中国境内的旅行，书中缺少日期记载，与此有关的篇章和近东及中亚部分一样，一般都按地区排列。作者在从一个城市走到另一个城市所需的时间方面提供了某些细节，如：'从太原府向西（其实是向南）骑行七天就到平阳府'。"[1]38 此书虽提供了从一个城市走到另一个城市所需的时间方面的某些细节，但也不能说明《寰宇记》是一部旅行日记。

吴芳思论述了《寰宇记》并不是旅行日记，不属于旅行日记那一类文体，此书不像旅行日记文体那样来描述马可·波罗一行，而且也极少提到波罗氏一行他们自己的情况。由此，吴芳思认为马可·波罗并没有到过中国，没有记录下此行的旅行日记，从而达到了自己的选题目的"马可·波罗未到过中国"。她在《马可·波罗到过中国吗？》第五章中还提到，"整本书除了不存在一条旅行的路线外，还有一点使人感到十分奇怪：序言结束后极少提到波罗氏一行他们自己的情况；因此，说它是一部地理书或历史书要比说它是一部个人见闻录合适得多。"[1]41 吴芳思指出，《寰宇记》除了不存在一条旅行的路线外，其序言结束后就极少提到马可·波罗一行他们自己的情况，如：第一章"中东"只有三处提到马可·波罗；第二章"去契丹之路"也有三处提到波罗氏，其中一处表明陈述者"我"可能就是马可·波罗；第三章"忽必烈汗"只有一处提到波罗氏一行，其余部分介绍北京、汉人的风俗习惯以及国家行政制度；第四章"从北京到朋加喇"出现了第一人称，但按这一章地域描写的顺序当作马可·波罗的查访路线，却难以用四个月的时间完成从北京出发的单程旅行；第五章"从北京到厦门"只有两处提到马可·波罗，而大篇幅地介绍"旅行者"可能希望看到的东西；第六章"从中国到印度"只有一处提到马可·波罗；第七章"印度"只有一处提到马可·波罗在马八儿国的情况；第八章"阿拉伯海"没有提到波罗氏三人的情况；第九章"北方"大约只有18句话是用第一人称写的。由此，吴芳思论述说："它是一部地理书或历史书要比说它是一部个人见闻录合适得多[1]41"。

吴芳思论述《寰宇记》所写的内容可能是根据一本导游手册编成的，进一步怀疑马可·波罗到过中国，从而达到了自己的选题目的"马可·波罗未到过中国"。例如，她指出，"除序言和上面提到的少数几处外，全书的叙事没有把波罗氏一行摆进去，这使行文具有纯客观的口气和强烈的导游手册

第六章 对"第五章 《寰宇记》不是旅行日记"的释读和评价

风格。"[1]45"作者提到了一些地方之间的距离——'看官应当知道,从巴格达到海边的行程整整有18天';'离此城(亚兹德)继续前进,游客须坐骑整整七天以越过一个平原;那里只有三个地方有人居住,游客可以在那里过夜'——但是这种行文很像是在普通导游手册里见到的。"[1]38因此,她认为《寰宇记》不是旅行日记,而怀疑此书是根据一本导游手册编成的,从而进一步怀疑马可·波罗到过中国。

芳芳也在《马可·波罗未到过中国》中指出,"(吴芳思)她说:'根据威尼斯的存档记载,马可·波罗家族没有任何显示与中国有任何直接关系的证据。在他们家族的遗产中没有找到任何来自中国的物件。另外,他的书里面大约只有18句话是他用第一人称写的,你会发现他的书中极少会使用诸如'亲眼看见'之类的表述。相信与其说这是一个人写的游记记述,更倾向于认为这是一本中世纪风格的摘抄本,记载着当时那个时代欧洲人对于远东的看法。'"[2]60

谭晓琳在《新一轮的质疑与回答——〈马可·波罗到过中国吗?〉所引发的论战及思考》中分析指出,"作者不惜笔墨,列举了许多该时代的传教士、商人、宗教使节的旅行、经历及留下的有关记录,意在为马可所依据的'波斯文导游手册'及时代背景制造充分的历史环境。从第5章开始,吴芳思集中力量着重从以下几个层面,充分阐述其观点及论据:1.《寰宇记》并非旅行日记。从其记述中'看不到一条合乎逻辑的旅行路线';'作者在中国境内的旅行一般都按地区排列'且距离失当;'序言结束后极少提到波罗氏一行他们自己的情况'。因此,说它是一部地理书或历史书要比说它是一部个人见闻录合适的多。"[3]22"如前所述,集大成者吴芳思的专著不仅使以往一些较为笼统、模糊的提法更明确、更系统,而广泛收集相关资料,使这些观点的论证更加充分,并加入了自己的观点使之更趋完善,使否定论更深入一步,从怀疑走向否定。……坚持认为'(马可·波罗)总是在复述尽人皆知的故事',而其资料来源可能与当时频繁的中西交往、商人的叙述及导游手册之类的文字材料有关。"[3]23从这几段话可以看出,谭晓琳认为吴芳思论证《寰宇记》并非旅行日记,意在为马可·波罗所依据的"波斯文导游手册"及时代背景制造充分的历史环境,进一步论述马可·波罗是否到过中国这个疑问。

综上所述,吴芳思论述了《寰宇记》并没有提供马可·波罗旅途见闻的合

85

乎逻辑而连贯的旅行路线和日期，以及此书极少提到波罗氏一行他们自己的情况，从而进一步论证《寰宇记》不是旅行日记，怀疑马可·波罗到过中国，达到了选题的目的"马可·波罗未到过中国"。

二、"第五章"中存在的不足

吴芳思广泛收集与使用相关材料，使"《寰宇记》不是旅行日记"的论证更加充分，并加入了自己的观点使之更趋完善，使否定论更深入一步，从怀疑走向否定，从而否定马可·波罗到过中国。然而，即使《寰宇记》并非旅行日记，但也不能证明马可·波罗没有到过中国。吴芳思对该章节的论述没有提供足够的、可靠的、更有说服力的材料来达到自己的选题目的，还存在不足之处，主要有以下几个方面：

1. 吴芳思在论述"《寰宇记》不是旅行日记"该章节时，内容论述有点儿混乱，前后内容难以衔接，以致不能更好地、层层递进地论证马可·波罗未到过中国。如吴芳思在第五章第一自然段"虽然现在还有人'沿着马可·波罗的足迹'继续进行考察，一些卓越的旅行家在有人向他们详细询问时承认，在波斯地区一步不差地沿着马可·波罗的足迹旅行实际上是不可能做到的事。"[1]37 之后又在第五自然段中提到"亨利·裕尔爵士曾在19世纪末对其方位的一些地方的距离进行了仔细的检验，当时中国的交通工具差不多还是和13世纪时一样。他在检验中不断遇到问题。"[1]39

2. 没有提供足够的、可靠的、更有说服力的材料来达到自己的选题目的。吴芳思提到，"对一些中国历史学家来说，阿鲁浑与未来新娘的故事被收进汉语官方文书是马可·波罗到过中国可信性的重要证明。这个令人激动的发现所存在的唯一问题是，无论是汉文的记述或是拉希德的记述都没有提到有任何欧洲人或意大利人陪同那位公主前往。这个缺漏一向是用两个方法加以解释：不是马可·波罗作为在忽必烈大汗麾下供职的人员夸大了自己的重要性，就是拉希德表明他对欧洲人抱有的一种偏见。但是也可以做这样的解释：这段故事是从别处抄来的。"[4]40-41 从这段话中可以看出，吴芳思认为《寰宇记》中的这段故事是从别处抄来的，论证马可·波罗并未到过中国。但是她并没有提供足够的、可靠的、更有说服力的材料来论述自己的观点，只是认为这段故事可能是从别处抄来的，却没有继续使用材料加以论证。

第六章 对"第五章 《寰宇记》不是旅行日记"的释读和评价

3. 对于吴芳思在《马可·波罗到过中国吗？》中提出"马可·波罗是否到过中国"的质疑，引起了国内一些学者的坚决反驳，并撰文提出了自己的意见，对其论证表示不能同意，从而展开了一场针锋相对的史学论战。

吴芳思在《马可·波罗到过中国吗？》一书中分析指出，《马可·波罗游记》误导了一些追踪马可·波罗足迹的追随者，不是游记，而只是一部《寰宇记》。然而，罗依果在《马可·波罗到过中国》中分析提出，"（马可·波罗）他的书既不是《鲁布鲁克东游录》，也不是《商业手册》，诸如吴芳思有关《寰宇记》中旅行路线、日期及其缺乏这些内容、纯客观的叙述风格、矛盾和错误之类的批评，其最终根源是个人的错误估计和书的性质。"[5]5

梁生智就《马可·波罗游记》后记分析指出，"在《马可·波罗游记》中，马可·波罗的确有一些夸张失实、记载错误、疏失遗漏、行文单调、路线不明之处。但千万不要忘记马可·波罗是在身陷囹圄，手中既无资料，精神又受摧残的环境下凭记忆而讲述其故事的，因此难免有偏颇之处。再者，本书是一本'见闻'而非'旅行日记'，所以完全不必苛求作者必须按顺序记录事件。而且，马可·波罗作为欧洲人，在中国接触的主要是波斯人、蒙古人和色目人，而很少接触作为'下等人'的汉人。因此，他在地名上使用波斯语是完全可以理解的，不能因此就说他的游记是根据波斯的导游手册编写的。"[6]296 因此，梁生智认为，《马可·波罗游记》是一本'见闻'而非'旅行日记'，不必苛求作者必须按顺序记录事件。虽本书的确有一些夸张失实、记载错误、疏失遗漏、行文单调、路线不明之处，但不能因此就说马可·波罗的游记是根据波斯的导游手册编写的。

庞嘉裕在《700年前的中国之旅——马可·波罗和〈马可·波罗游记〉》中提到，"《马可·波罗游记》主要是一部关于中国的旅行记，也介绍了往返中国途中所经过的中亚、西亚和东南亚等地区许多国家的情况，特别是关于中国的部分，如同是元初社会的生动写照。国史书中没有记载或记载不详细的，《马可·波罗游记》却记载下来了，因而它是中世纪保存至今的珍贵的第一手材料，具有很大的学术价值和史料价值。"[7]40

谭晓琳在《新一轮的质疑与回答——〈马可·波罗到过中国吗？〉所引发的论战及思考》中指出，杨志玖对新一轮质疑进行反驳，以反证法证明吴芳思观点的不可靠性。如："吴芳思著作广为流传的同时，《历史研究》1997年第

解密：马可·波罗到过中国吗？

3期发表了杨先生的第一篇反驳文章《马可·波罗到过中国——对〈马可·波罗到过中国吗？〉的回答》，作为对新一轮质疑的反驳，其主要观点在于：……5.对于吴芳思提出的'马可·波罗的旅行路线'给予澄清，并进一步重申指出两条为《行记》所独有而西方同期其他文献所未见的关键史料：元代法律中笞刑数目与马薛里吉思教士在镇江的建寺。同时指出吴芳思所认为的'波斯文旅行指南'根本不可能有如此细致近乎烦琐的记载，而只能归于子虚乌有！以反证法证明吴芳思观点的不可靠性，明确回答：'马可·波罗到过中国！'"[8]123

杨志玖在《再论马可·波罗书的真伪问题——剖析怀疑论者的论据和心态》中指出，"马可·波罗书中记载了大量的有关中国的政治、经济、社会情况，人物活动和风土人情，其中大部分都可在中国文献中得到证实，随着研究的深入，还可以继续得到证实。[8]其中不免有夸大失实或错误等缺陷，但总体上可以说是'基本属实'，为什么单抓住他没有提及的事或个别错误记载而全盘否定其真实性呢？"[9]74

罗依果在《马可·波罗到过中国》中提到，"如果《寰宇记》的旅行路线和时间缺乏一致性和确切性，并常常完全不可信，这是因为对马可来说，他所叙述的个人插曲远比严格坚持空间和时间的确切性更重要。结果就是描述的事件和人名大体上正确，细节却不是。[5]3 一定不要忽略这个事实，即在马可·波罗返回威尼斯以后，检查众多细节，尤其是有关数字（距离、数量等）的细节是不可能的。也必须考虑这些因素：如对多年前丰富多彩的生活中的见闻及活动的记忆错误和模糊回忆；马可对从他掌握的丰富内容中选择大量要叙述的信息的明显偏好；明显出于人性弱点来夸大他自己的角色；以及完全忽视他所使用的'资料基础'，即个人回忆，有或没有外来帮助、旅行日记或其他记录、书籍，等等。[10]"，[5]5

在《详编不列颠百科全书》中提到，"马可·波罗有可能基本上按照旅行的路线记事，但他每写完一个地方往往离开旅行的路线根据传闻写起他没去过的城市来了；他对自己的所见基本上是做如实的描述，但书中所闻部分有夸张失实的地方；他爱说大话的毛病可能和他的社会地位较低而又想往上层社会爬有关；他的浪漫主义文风有可能和当时的骑士文学的风格有关……"。《不列颠百科全书》以权威而称著，对马可·波罗本人及其游记的这些看法和观点，应该是比较客观与公允的。

从以上资料可以看出，吴芳思在论述"《寰宇记》不是旅行日记"时，其论述仍存在一些不足之处，没有提供足够的、可靠的、有说服力的材料来论证自己的观点，引起了国内一些学者的反驳，展开了一场针锋相对的史学论战。

《马可·波罗游记》对史学和地理学具有重大的贡献，丰富了欧洲人的地理知识，打破了中世纪西方神权统治的禁锢和传统的"天圆地方"说，对十五世纪欧洲航海事业起到了巨大的推动作用。意大利的哥伦布、葡萄牙的达·伽马和英国的卡勃特、安东尼·詹金森等众多的航海家、旅行家、探险家，阅读了《马可·波罗游记》之后，纷纷东来寻访中国，大大促进了中西交通的发展和文化的交流。

虽然吴芳思确实没有足够的证据来证明马可·波罗没有到过中国，她的观点也仅仅是作为一种假说向传统观点提出挑战，提出自己的见解和质疑。但这样有利于促进学术界的学者们从不同角度去深入研究与探讨马可·波罗学，以及激发学者寻找更多可信的、更具说服力的史料及论据来解决马可·波罗是否到过中国这个疑问。总而言之，"马可·波罗是否到过中国"这个疑问的最终解答仍有待于更多可信史料的证明。

参考文献

[1]（英）吴芳思著，洪允息译.马可·波罗到过中国吗？[M].北京：新华出版社，1997.

[2] 芳芳.马可·波罗未到过中国[J].科学大观园，2011,18:60.

[3] 谭晓琳.新一轮的质疑与回答——《马可·波罗到过中国吗？》所引发的论战及思考[J].蒙古学信息，1999，3.

[4] 金佰宏.马可·波罗所走过的道路[M].北京版，1989.

[5]（澳）罗依果著，赵琦译.马可·波罗到过中国[J].蒙古学信息，2000，3.

[6]（意）马可·波罗著，梁生智译.马可·波罗游记[M].中国文史出版社，1998-09:296.

[7] 庞嘉裕.700年前的中国之旅——马可·波罗和《马可·波罗游记》[J].科技潮，1998，12:40.

[8] 杨志玖.马可·波罗到过中国——对《马可·波罗到过中国吗？》的回答[J].历史研究，1997，3:123.

[9] 杨志玖.再论马可·波罗书的真伪问题——剖析怀疑论者的论据和心态[J].历史研究,1994,2:74.// 陆国俊,郝名玮,孙成木主编.中西文化交流先驱——马可·波罗[M].北京:商务印书馆,1995:29.

[10] 伯希和.马可·波罗注释[M].第1卷,3.

第七章 对"第六章 代笔人和第一个马可·波罗迷"的释读和评价

第一节 对"第六章 代笔人和第一个马可·波罗迷"的释读

吴芳思的《马可·波罗到过中国吗?》一书堪称是对马可·波罗到过中国的否定和怀疑论的集大成。其对马可·波罗是否到过中国而持的否定态度及其为此所做的多方面考证,以及她论战而不失风趣的文风均给人一种深刻的印象。第六章中吴芳思主要论述了代笔人和第一个马可·波罗迷两个方面的内容。

一、对"第六章"的释读

许多学者认为《马可·波罗游记》只不过是马可·波罗根据波斯的导游手册,以及到过中国地区的商旅的叙述,再加上记录者鲁思梯谦诺先生生动的想象力及其天赋而创造的历史上最成功的"克里空"(即所谓虚假报道)。[1]下面就这两个方面的内容进行释读与理解。

1. 关于代笔人鲁思梯谦诺,吴芳思从以下几个方面来论述和介绍。

(1)关于鲁思梯谦诺的情况。他是比萨人,因为在比萨人和热那亚人的海战中被俘,所以和马可·波罗同狱。但关于鲁思梯谦诺,人们对他的了解不多,他一生的很多时间不是在意大利度过的。笔录者鲁思梯谦诺从小学习法语,后来还到法国留学,研究骑士文学。[2]他的两部《亚瑟王传奇》是用法文写的,鲁思梯谦诺曾陪同爱德华王子参加十字军远征至阿迦,所以就可以解释他的著作使用法文来写的原因。

(2)关于鲁思梯谦诺的文风。他的叙事风格是全文不采用第一人称,只是简单的记述。他写《亚瑟王传奇》的文风也渗透到了《寰宇记》里,所以《寰宇记》具有鲁思梯谦诺的写作特点。由于鲁思梯谦诺精通法语和骑士文学,《游

解密：马可·波罗到过中国吗？

记》的最初版本是用法文写成的，笔调也带有浓厚的骑士文学色彩。以致当时和此后很长一个时期，有人认为它是虚构的文学作品，甚至认为它可能是"无中生有"——凭空捏造出一个马可·波罗，而且把子虚乌有的牛皮吹嘘到了遥远的东方亚洲和中国。[2]《游记》的引言中有这么一段："所有的皇帝、国王、公爵、侯爵、伯爵、勇士、议员以及不论你们任何人，凡是愿意知道世界上各种人物、各种不同精彩的人，都可以取此书念给你们听听，你们在此中可以找到东方各地如波斯、鞑靼、印度，同其他很多国家的一切壮观奇事。"这样的开头，有的研究者认为，与其说它是威尼斯旅行家马可·波罗的叙说，不如说是鲁思梯谦诺骑士文学的笔法。再如，有人认为《游记》中"有关战斗场面的某些精彩叙述，有声有色，气势非凡，也可以见出描写骑士征战的能手鲁思梯谦诺的手笔。"[2]可见对于代笔人的问题，鲁思梯谦诺是值得认真考证的，或者说可以再找出史料来证明他的地位。

2. 关于第一个马可·波罗迷的问题，作者主要从以下几方面进行论述。

（1）关于马可·波罗与鲁思梯谦诺之间的合作问题。令人感兴趣的一个问题是：这个合作是怎样进行的？在马可·波罗最早的出版商和最早的马可·波罗迷中有一个人叫乔瓦尼·巴蒂斯塔·赖麦锡（死于1557年），他说马可·波罗是故事大王。[3]对于他们之间的合作有很多不同的看法，赖麦锡先生对于马可·波罗是"百万先生"的探讨，从而引出马可·波罗与鲁思梯谦诺之间的合作，传奇作家对天之涯海之角的巨大财富和神奇故事激动不已，他不禁提出合作写书的建议。克雷格·克鲁纳斯认为马可·波罗在他设想到过中国的二十年以后，在热那亚当战俘的时候，才开始记下他的那些旅行故事。他那时和比萨的一位知名的冒险故事作家鲁思梯谦诺关在一起。《马可·波罗游记》恐怕要大大归功于这位讲故事人鲁思梯谦诺生动的想象力和其天赋。[4]唐锡仁先生提到，马可·波罗因为从东方回来名声很大，虽然禁锢在监狱里，监内监外，仍不断有人找他谈东方的事情，而马可·波罗为了消磨时光，也经常向同狱的人叙述各国的奇风异物。他的叙述，特别引起了同狱人鲁思梯谦诺的注意。他觉得马可·波罗的游历见闻很有意思，如不写成书，那是非常可惜的，于是他征得马可·波罗的同意，将他的口述，用当时在欧洲流行的法兰西语记录了下来，这就是现在《马可·波罗游记》最初的本子。[5]吴芳思在书中第57页写道："有一部法语写本是送给法国国王'美男子'腓力的儿子夏尔·德·瓦卢瓦的；附在这个写本上的一

第七章 对"第六章 代笔人和第一个马可·波罗迷"的解读和评价

条按语里有一个日期,表明这是时间最早的本子。"这就与唐锡仁先生认为的《马可·波罗游记》最初的本子是用法兰西语写的相通。所以对于游记最初的本子所采用的语言的差异是因为抄本从一种语言翻译到另一种语言的问题而造成的,这是可以理解的。

(2)对于马可·波罗的外号——百万先生的由来。马可·波罗一说到中国地大物博、人口众多、物产丰富,还有各种奇闻逸事,以及王室的产业,总爱用"百万""几十个百万""几百个百万"来形容;又由于他从中国带回百万钱财,成为威尼斯最大的富翁,因此,大家叫他作"马可百万",叫他的家"百万宅",马可·波罗成了威尼斯"百万级"的著名人物。[2]是不是说因为有"百万先生"的称呼就可以断定马可·波罗是故事大王呢?在余文雄先生的研究中,他说:"《马可·波罗游记》这部书在意大利叫《百万》,从字面上看,似乎没有什么联系,但它却包含了丰富的内容。这是因为马可·波罗回国后念念不忘他在中国度过的美好岁月,在他应来访者之请,讲述他在中国见闻时,总爱用'百万''几十个百万''几百个百万'来描述中国的地大物博、人口众多。加上他从中国衣锦荣归,腰缠万贯,成了威尼斯一大富翁,人民因此就管他叫'百万',管他的住所叫'百万宅'。还有一个重要的原因,就是这部回忆录的内容并不是旅行的故事,而是世界上,特别是亚洲大部分地区的国家和城市的百事万物的珍贵记录。"[6]

(3)关于马可·波罗与鲁思梯谦诺在狱中的问题。吴芳思说到他们的监禁条件和有关马可·波罗的传闻轶事不相一致,她说同时代的人认为马可·波罗是个讲故事的能手。关于这个问题,在第一个马可·波罗迷赖麦锡的描述中,描写到波罗氏一行从东方回到威尼斯时,说他们身穿鞑靼式服装,衣衫褴褛,容颜全变;除了缝在大袍里的红宝石和翡翠外一无所有。但是,另一种说法是:马可·波罗十七岁离家,回家时已经四十三岁了。家人不让他们进屋,马可·波罗再三解释,人们还是将信将疑,直到他们剪开蒙古长袍的边缝,取出从中国带回来的各种各样的珍宝,从行李中拿出许多自中国携归的物品,才使亲朋、邻里相信他们讲的故事不是凭空编造的,他们的确是从中国游历回来了。[2]马可·波罗回到家乡后,向他们讲述了他的所见所闻,使人们的好奇心更重了,觉得他就是一个讲故事的能手,但马可·波罗的见闻只讲了一半而已。1324年,马可·波罗在临终前就有人请他删除他游记中说的"一些似乎不可相信的事",

他的答复是:"还没有说出自己所见所闻的一半。"[7]

(4)关于《马可·波罗游记》的最早文本和抄本的问题。人们通常说《马可·波罗旅行记》的"原稿"已佚,所以很多的传抄本之间有很大的差异,使得出现了错误或者重复,以及更多的添加了本来没有的内容等问题。这样,马可·波罗的抄本就更多了,也产生出更多的疑问。这也就是很多学者争论的关于版本的问题。吴芳思在其书第六章对《寰宇记》版本进行论述时,征引了有关学者运用计算机对有关资料进行分析的结果,并由此得出"可能有第二个代笔人在写作的某一阶段把作品接过去重写"导致文本窜乱的结论,并进一步声明:"在计算机分析的文本中,没有一部是'原本'。显然,国外学者在新技术运用方面确已走到了前面。据杨先生介绍,目前流传的《寰宇记》稿本有120部(种)之多,而吴芳思则说达143种。"这部回忆录在1298年问世以后,辗转传抄,不胫而走,手抄本层出不穷,到了十九世纪七十年代,据统计,约有抄本八十种,到了二十世纪七十年代,已有抄本一百四十种。随着德国人谷登·堡创制的铅合金活字于1450年排印了《四十二行圣经》等书之后,《马可·波罗游记》也于1470年首次在德国排印,出版了德文本。此后,各国相继出版铅印翻译本。二十世纪二十年代,仅欧洲就印行了七十多种翻译本;七十年代末期,译本已出版了一百二十种;八十年代中期,铅印译本接近于抄本之数。[6]《马可·波罗游记》的版本或译本确实很多。据穆尔与伯希和的统计,在二十世纪三十年代末已有抄写稿本及印刷本一百四十三种,吴芳思说还有七种分散的有关版本。她说:"这些本子所用语言或方言不同,出现时代从1351年到十九世纪,而原始的稿本即马可·波罗和他的笔录者鲁思梯谦诺签名的那本早已失传,其中既有抄录者的错误,又有辗转抄写者的以讹传讹,使之愈加混乱。而从一种语言译成另一种语言及一些稀奇的域外名称,随着时间的流逝,距当初的事件及原稿年代的悠远,更使现存的百多种稿本内容极不一致。"穆尔、伯希和在为《马可·波罗寰宇记》写的"绪言"中也有类似说法。他们指出:"《马可·波罗游记》的真版(原版)是个奇异复杂的问题。此书可能流行一时,颇有声誉,但这一声誉不仅未使它得到珍藏保护,反而毁了它,以致没有一本遗存的稿本称得上是完整的或正确的。不仅如此,经过检查的稿本中,都有一些错误和遗漏;似乎这些稿本都来源于一个稿本,但非原稿,而是一个早已残坏的稿本。甚至不得不承认,即令原稿完整,也可能有(实际上也有)一些严重的未经改

第七章 对"第六章 代笔人和第一个马可·波罗迷"的解读和评价

正的笔误,它是用粗陋的、夹杂着不少意大利文的法文写的,连当时译者也有些困惑难解。因而每个抄写者由于受其个人观点和切身利益或意图的影响,从一开始就自以为是,对该稿加以省略、摘录、意译,造成不少错误和错译。结果是,在检查过的近一百二十部稿本中,没有两部是相同的,这并非夸大其词。"当然,《马可·波罗游记》经过后人辗转抄写,笔误、遗漏、增添等情况也可能有,但总是少数,不会影响本书存在的主体结构和内容,更不会抹杀本书存在的真实性。

　　早期文本的文字记录问题已经随着"原稿"的已佚很难考证,但是也有关于这方面的研究。关于《马可·波罗游记》最初用什么文字笔录的,由于原稿和根据原稿抄录本都已失传,各家看法不一。马可·波罗考据家拉穆学认为最先用拉丁文笔录,马斯登则认为是意大利土语。以后经各家考证,确认为法文,拉丁文为第二次所用的文字,意大利土语为译本。但所用法文并非巴黎的标准法语,而夹杂了意大利土语。所以用法文,是因为十三世纪法国语言文学在西欧流传很广,英国宫廷和牛津大学也都通用法语。[2] 意大利人马可·波罗是中世纪欧洲对后世影响最大的旅行家,而其《马可·波罗游记》自问世起,就引起了持续不息的争议。由于游记所述超出了中古时代欧洲人的常识,近代以前的欧洲人大多把马可·波罗之书看成《天方夜谭》之类的神异故事是在常理之中的,而对于《马可·波罗游记》的狂热,各国不断的传抄,以致许多版本的出现和各种不同语言的译本的存在也是正常的。只是需要知道哪一本是最接近最初的版本和流传得最广的版本,可以根据现有的版本进行研究,从而进行一个系统的总结。

　　第一个马可·波罗迷赖麦锡,他对马可·波罗的兴趣来源于他对游记和探险书的研究,所以在他看来,《寰宇记》是一本游记或者说是一本导游书,这本书之所以能引起人们的热烈追求是因为公众对游记和探险感兴趣。所以,在大约四百年的时间里,《马可·波罗游记》的赖麦锡译本一直是最生动有趣的一个本子,是由于他对《马可·波罗游记》从不同的角度进行了翻译,而不是一般的从史学的角度进行研究,他大多是把它当成自己在游记题材方面的一个研究。这样就能更好地理解赖麦锡为了书的内容能更加丰富和达到效果,对《马可·波罗游记》进行了添加,加进大段的故事是对他所崇拜的人的一个帮助。复旦大学王颐指出:"一方面抄本在流传过程中可能出现添加,但另一方面也

95

解密：马可·波罗到过中国吗？

有可能原先有比较完备的版本，却在传抄中出现散逸。而且即使是游记中后来被添加的材料，有的也是根据较早的其他人的叙述，也依然具有相当的史料价值。"

二、"第六章"中使用的史料分析

1. 可信的史料

关于马可·波罗的"百万先生"的称呼是可信的。赖麦锡探讨过"百万先生"这个称呼的由来，他说那是因为马可·波罗每次谈起蒙古汗王的巨大财富，都说他们拥有数以百万计的金币。余文雄先生在《〈马可·波罗游记〉的外文版本和中文译本》中也提到马可·波罗在应来访者之请，讲述他在中国见闻时，总爱用"百万""几十个百万""几百个百万"来描述中国的地大物博、人口众多。加上他从中国衣锦荣归，腰缠万贯，成了威尼斯一大富翁，人民因此就管他叫"百万"，管他的住所叫"百万宅"。唐锡仁先生在《马可·波罗和他的游记》一文、庞嘉裕先生在他的论文《700年前的中国之旅——马可·波罗和〈马可·波罗游记〉》对于"百万先生"也有同样的论述，所以这个史料是可信的。

2. 不可信的史料

（1）在这些轶事中，最著名的是十六世纪赖麦锡所描写的波罗氏一行从东方回到威尼斯时的情景，说他们身穿鞑靼式服装，衣衫褴褛，容颜全变；除了缝在大袍里的红宝石和翡翠外一无所有。但是，庞嘉裕先生在《700年前的中国之旅——马可·波罗和〈马可·波罗游记〉》一文中写道："马可·波罗17岁离家，回家时已经43岁了。家人不让他们进屋，马可·波罗再三解释，人们还是将信将疑，直到他们剪开蒙古长袍的边缝，取出从中国带回来的各种各样的珍宝，从行李中拿出许多自中国携归的物品，才使亲朋、邻里相信他们讲的故事不是凭空编造的，他们的确是从中国游历回来了。"对于马可·波罗在回到威尼斯时的描述有不一样的说法，所以这个史料的可信度还有待研究。

（2）吴芳思在结论部分，重提《寰宇记》缺乏连贯的旅行路线，并自问是否它不能归因于马可·波罗的代笔人——比萨的鲁斯梯谦诺的"文章风格"，而在本章的论述中，吴芳思又认为，《寰宇记》是鲁斯梯谦诺文风的体现，有他的特色，这会不会相冲突。吴芳思的第六章论述在编辑《马可·波罗游记》

第七章 对"第六章 代笔人和第一个马可·波罗迷"的解读和评价

时,比萨人鲁思梯谦诺的角色及《寰宇记》原文历史等棘手问题时,认为:"很可能《寰宇记》的文风主要具有鲁思梯谦诺的特色,叙事者的语调常常有些含糊其词也可能与此有关。"吴芳思在这部分没有对《寰宇记》的各种版本进行新的分析,只做了简明扼要的叙述,但我更愿意让读者了解当代中世纪历史学中两种权威却大不相同的观点,我认为这些本该在吴芳思的书中被予以考虑,即:1. 约翰·克里奇利的论述,大意是:比萨的鲁思梯谦诺是否是马可·波罗的代笔人并不重要。F本是否代表一种鲁思梯谦诺与马可·波罗在热那亚狱中撰写的文本或鲁思梯谦诺从某种文本译成法文的文本,这也不重要。鲁思梯谦诺创作"亚瑟王"的背景可以忽略。除非有很好的理由将这种可能性变为不可能,否则,暂定的假设应该是 F 本代表着一种马可·波罗本人的声音、意见和个性。2. 巴巴拉·韦尔的论点是:(1)马可·波罗在热那亚被囚禁时口述《寰宇记》的故事,是鲁思梯谦诺的编造;(2)鲁思梯谦诺重新加工了一个马可·波罗自己写的、已失传的威尼斯文本,改变其风格,并在结尾处加上新材料,并且是在他的雇主英格兰爱德华一世的授意下这样做的;(3)最能反映失传的《寰宇记》的最初文本的现存本是庇庇诺(FraPipino da Bologna)的拉丁译本。正如韦尔教授所说,《寰宇记》文本历史的进一步研究必须解决其中一些问题。吴芳思在运用史料时并没有对她引用的内容做出很好的解释,所以很容易造成读者的不理解,这也是史料材料在引用时被认为不是很可信的原因。

在中西文化交流史上,七百多年前来到中国的意大利旅行家马可·波罗是一位先驱者。其所著《马可·波罗游记》(也称《东方见闻录》)问世后,先后在法国、意大利以至整个欧洲流传,被称为"世界一大奇书"。《游记》首次向西方打开了神秘的东方世界的大门,第一次较全面地向欧洲人介绍了发达的中国的物质文明和精神文明,将地大物博、文教昌明的中国形象展现在世人面前。吴芳思在本章主要讲了代笔人鲁思梯谦诺和第一个马可·波罗迷两方面的内容,她的观点主要是证明《马可·波罗游记》的不真实性,从而否定马可·波罗到过中国。但是她的论据存在很多的缺陷,不足以支持她的观点。

参考文献

[1] 马可·波罗. 马可·波罗游记 [M]. 梁生智译. 北京：中国文史出版社，1998:308.

[2] 庞嘉裕. 700年前的中国之旅——马可·波罗和《马可·波罗游记》[J]. 科技潮：1998，12：37—41

[3]（英）吴芳思著，洪允息译. 马可·波罗到过中国吗？[M]. 北京：新华出版社，1997.

[4] 杨志玖. 元史三论 [M]. 北京：人民出版社,1985: 131

[5] 唐锡仁. 马可·波罗和他的游记 [J]. 世界历史：1979，3：89—92

[6] 余文雄《马可·波罗游记》的外文版本和中文译本 [J]. 江西师范大学学报：哲学社会科学版，1989，4：109—114

[7] 谭晓琳，弓建中. 新一轮的质疑与回答——《马可·波罗到过中国吗？》所引发的论战及思考 [J]. 蒙古学信息，1999，3：20—26

[8] 杨志玖. 马可·波罗到过中国——对《马可·波罗到过中国吗？》的回答 [J]. 历史研究，1997，3:107—121

[9] 王晓欣，邓晶龙. 马可·波罗与十三世纪中国国际学术讨论会综述 [J]. 历史研究，2001，4：178—182

[10]（澳）罗伊果. 马可·波罗到过中国 [J]，赵琦译. 蒙古学信息，2000，2：1—14

第七章 对"第六章 代笔人和第一个马可·波罗迷"的解读和评价

第二节 对"第六章 代笔人和第一个马可·波罗迷"的评价

《马可·波罗到过中国吗？》一书的作者吴芳思，在该书的第六章"代笔人与第一个马可·波罗迷"中提出，"人们总把《寰宇记》看成马可·波罗的作品，该书的书名页上也没有其他人的名字，因此乍看上去，人们无法知道这本书原来是由当时一位通俗传奇作家代笔的。"这位代笔人就是鲁思梯谦诺。马可·波罗回到家乡威尼斯后，在城邦战争中被俘并关进热那亚监狱，由于他的名声大、朋友多，热那亚对他也优待，监狱内外经常有人要马可·波罗讲述他在中国的见闻。有一名狱友叫鲁思梯谦诺，是位小说家，精通法文，劝他写书，把他1271—1295年周游世界二十四年间所见所闻记录下来，流传后世。于是，由马可·波罗口述，鲁斯梯谦诺笔录，于1298年写成了一部奇书《马可·波罗游记》。

一、吴芳思没有达到选题的目的

在《马可·波罗到过中国吗？》的第六章"代笔人和第一个马可·波罗迷"中，吴芳思通过对代笔人，各种繁多且不一的译本，还有第一个马可·波罗迷赖麦锡的论述，试图否定马可·波罗来过中国。虽然她的论述让读者觉得鲁思梯谦诺不可靠从而产生怀疑，但吴芳思在描写代笔人鲁思梯谦诺的时候，并没有很多的论据来证明《马可·波罗游记》是鲁思梯谦诺和马可·波罗编造出来的故事。在论述第一个马可·波罗迷赖麦锡时，似乎也和代笔人一样没有足够的证据，论述的也不是很有力。所以，吴芳思并没有达到她的选题目的。第六章由于缺乏有关鲁思梯谦诺和赖麦锡的史料而使她的论点不够有力。

（一）从《马可·波罗到过中国吗？》整体角度评价

吴芳思在《马可·波罗到过中国吗？》的前言里提出："当今那些文字贫乏但画面丰富的儿童读物几乎总是设法利用以马可·波罗为代表的中古时代中国和欧洲这个题材，似乎那些把欧洲和北京分开来的巨大差异，特别是山重水复、苍茫大漠和文化变异，都可以通过马可·波罗这个人物轻而易举地加以超越。"[1] 马可·波罗就这样成为家喻户晓的名字，但德国一位最杰出的蒙元史学家已经对他的声望提出了非常严肃的挑战。

解密：马可·波罗到过中国吗？

马可·波罗是在十三世纪到过中国的大旅行家，这是中国绝大多数历史学家对马可·波罗的共识，一般人都会对此深信不疑。尽管在马可·波罗生前就有人对此持有不同的看法，但是从根本上怀疑他到过中国的人并不多。而吴芳思的《马可·波罗来过中国吗？》就对马可·波罗是否来过中国提出了质疑，当然，她不是第一个提出此问题的人。1966年，德国慕尼黑大学教授福赫伯就在一篇报告中指出，"马可·波罗是否到过中国，还是个没有解决的问题"。1979年，美国学者约翰·黑格尔通过检读《马可·波罗游记》的全文发现很多矛盾和可疑之处，也发表文章指出，"马可·波罗只是到过北京，对于中国其他各地的记载都是在北京听来的"。《马可·波罗到过中国吗？》的作者吴芳思是第三个提出这个质疑的人。他们提出问题，向他们认为有一定缺陷的传统观点挑战，这种勇气是可贵的。

吴芳思的《马可·波罗到过中国吗？》一书从不同的方面对马可·波罗是否来过中国提出质疑。她是西方马可·波罗学研究领域中怀疑论的集中表现，她以一百八十二页专著的形式，援引论著九十七种，除导言和结语外，还用十五章阐发她的宏论，集此前怀疑和否定论者之大成。吴芳思集中力量着重从以下几个层面充分阐述其观点：

1. 《寰宇记》并非旅行日记。从其记述中看不到一条合乎逻辑的旅行路线，马可·波罗在中国境内的旅行一般都按地区排列，且距离失当；序言结束后极少提到波罗氏一行他们自己的情况。因此，说它是一部地理或历史书要比把它看成是一部个人见闻录要合适的多。

2. 现存《寰宇记》文本的芜杂而其代笔人鲁思梯谦诺的传奇性文风。

3. 《寰宇记》中的语言广泛使用波斯语、阿拉伯语或突厥语的专有名称及其与拉施特《史集》在用词和错讹方面的巧合。

4. 《寰宇记》记载中国风物挂一漏万。

5. 中国食物的烹调法、面条与冰淇淋问题与马可·波罗无关。

6. 马可·波罗对中国城市及万里长城的错误记述及遗漏。

7. 马可一行与攻陷襄阳无关，他们也不是忽必烈汗所见到的头一批"拉丁人"（甚至不是第一批欧洲人），与大汗共同生活十七年似乎也有吹牛之嫌。

8. 马可出身、金牌之争及其家世的疑点。

9. 马可取道回国路线的可疑，其返乡后的情形、遗产的情况似乎亦与中国无关。

10. 马可·波罗一行事迹在浩繁的汉文文献中的缺失，不见经传，耐人寻味。

如前所述，集大成者吴芳思的专著不仅使以往一些较为笼统、模糊的提法更明确、更系统，而且广泛收集相关资料，使这些观点的论证更加充分，并加入了自己的观点使之更趋完善，使否定论更深入一步，从怀疑走向否定。

（二）从《寰宇记》的代笔人的角度评价

在第六章中，吴芳思似乎想用鲁思梯谦诺的性格与他的传奇性文风来说明《马可·波罗游记》是他们一起编出来的故事，试图论证马可·波罗没有来过中国。而这样的论述使读者不信任鲁思梯谦诺的同时，产生了"马可·波罗来过中国吗？"的疑问，显然吴芳思这样的论述是成功的

大多数的人看来，总认为《马可·波罗游记》是马可·波罗本人的作品，其实不然，《马可·波罗到过中国吗？》一书的作者吴芳思博士在该书的第六章"代笔人与第一个马可·波罗迷"中就提出，"人们总把《寰宇记》看成马可·波罗的作品，该书的书名页上也没有其他人的名字，因此乍看上去，人们无法知道这本书原来是由当时一位通俗传奇作家代笔的。"[1]这位代笔人就是鲁思梯谦诺。马可·波罗回到家乡威尼斯后，在城邦战争中被俘并关进热那亚监狱，由于他的名声大、朋友多，热那亚对他也优待，监狱内外经常有人要马可·波罗讲述他在中国的见闻。有一名狱友叫鲁思梯谦诺，是位小说家，精通法文，劝他写书，把他1271—1295年周游世界二十四年间所见所闻记录下来，流传后世。于是，由马可·波罗口述，鲁思梯谦诺笔录，于1298年写成了一部奇书《马可·波罗游记》，被誉为"世界奇观之书"。

有关鲁思梯谦诺的情况，大家所知甚少。鲁思梯谦诺是比萨人，艾萨克迪斯雷利在一部现在早已被人遗忘的作品《文学的乐趣》中称鲁思梯谦诺是一个唯利是图的人，一旦"受到慷慨的赏金和漂亮的别墅的激励"就会颂扬英国朝廷的慷慨大方。鲁思梯谦诺的一生似乎很多时间不是在意大利度过的。据了解，鲁思梯谦诺曾随爱德华王子参加十字军东征至阿迦（1270—1273年）[1]。1284年比萨人与热那亚人进行海战，吴芳思觉得"他显然是在那次海战中被俘的。"[1]鲁思梯谦诺被俘后与马可·波罗关在同一个监狱里，在监狱里的时光是非常难熬的，马可·波罗是个讲故事的能手，而马可·波罗的故事无疑成为各位狱友的消遣之物。鲁思梯谦诺这位通俗传奇小说家为了打发那难熬的时光，就把马

解密：马可·波罗到过中国吗？

可·波罗口述的传奇经历全部笔录下来了。鲁思梯谦诺至今传世的有关亚瑟王的故事有两部，吴芳思觉得"鲁思梯谦诺的亚瑟王传奇故事的文风也渗透到《寰宇记》里，特别是该书的序言里面对读者的致意语，'君主、皇帝和国王；公爵和侯爵；伯爵、骑士和市民们……'和他的侠义故事的开头一摸一样。"因为《马可·波罗游记》是马可·波罗口述，鲁思梯谦诺笔录的，所以游记中一会儿体现鲁思梯谦诺的文风，一会儿又用第一人称，流露出个人的语气"这是自己见到的"。这就体现了二人合著的特点。

对马可·波罗的第一个听众鲁思梯谦诺来说，马可·波罗所讲的这些是那么陌生令他感到不可思议却又惊叹不已，天之涯海之角的巨大财富和神奇的故事可能使这位传奇作家激动不已。吴芳思从现存《寰宇记》文本的芜杂而其代笔人鲁思梯谦诺的传奇性文风中提出了"马可·波罗是否来过中国"的质疑。

（三）从《马可·波罗游记》的各种译本角度评价

吴芳思试图从繁多不统一的译本中论证马可·波罗没有来过中国，认为由于当时的条件限制和各种原因，《马可·波罗游记》不能完整的流传也属正常。

吴芳思指出马可·波罗对世界的描述以及对自己旅行的记述有一个最伤脑筋的问题，那就是本子种类繁多。一位专家说，在这些本子中，多数西欧的语言都被采用，连爱尔兰语也没有排除在外。到目前为止已鉴定出一百四十三种不同的抄本和印本。各种本子所采用的语言包括罗曼语（即法意混合语）、宫廷法语、拉丁语、威尼斯语、托斯卡纳语、德语、西班牙语、波希米亚语、阿拉贡语、家泰罗尼亚语、葡萄牙语、爱尔兰语和英语。这些本子的年代跨度从1351年到十九世纪，许多本子在内容上有惊人的差别。

《马可·波罗游记》现今流行甚多，各种文字皆有译本，但原本最初用何种文字，则众说纷纭。赖麦锡最先指出是用拉丁文，马斯敦(Marsden)揣测为意大利土语，亨利·玉尔考证是法国古代土语。

《游记》现流行版本，可分五种：

第一种是法国地理学会版，或名老法文版。1824年法国地理学会刊印。玉尔认为这是马可·波罗在狱中口述，鲁思梯谦诺所记录的。文字文法，皆可以证明其为最初未经修改的原本。其书不分卷，共二百三十二章。现今这种版本多已不全，唯巴黎图书馆所藏本是完整的。意大利克路斯加等版本，皆源于此。

第二种是改定的五种法文写本。五种写本，三种皆存于巴黎图书馆，一种

第七章 对"第六章 代笔人和第一个马可·波罗迷"的解读和评价

藏于瑞士首都伯尔尼,一种藏于牛津大学伯得雷恩图书馆。其中有两本,证实为1307年马可·波罗亲自赠给迪博的。经法国学者鲍梯考证,此类版本都是得到马可·波罗亲自改定,或得其允许而改定的。鲍梯依据这五种改定本,校订《游记》,于1865年在法国出版。

第三种是皮庇诺拉丁文译本。此类写本中节略删除之处,比第二种版本多。皮庇诺的翻译,成于马可·波罗晚年。意大利研究《游记》者认为,马可·波罗当时知道这种译本,并加以改订。

第四种是赖麦锡意大利文版。这种版本,与上面三种版本完全不同,其来由至今尚未明了。书中地名多经更改,被删除多章,而又新增加阿合马一章及其他版本所无之事。全书章卷分段,亦与其他版本不同。该版本刊于1559年。玉尔认为,这种版本是汇合数种版本翻译润色而成的。近代各种版本,大多是由第二种与这种版本参酌而成。

第五种是"Z写本"。二十世纪二十年代初,佛罗伦斯市意大利国立地学委员会委任拜内戴拖教授编辑一种新版《游记》。他游历全欧洲,一共走访了五十多个图书馆,研究了所有知悉的各种写本。在米兰市安白洛襄图书馆发现了一种拉丁文新写本。这个写本现今称为"Z写本"(取藏书者蔡乐达的首一字母)。它是1975年从红衣主教蔡乐达所藏的十四世纪或十五世纪的一种写本抄下来的。这是从法文、意大利文译文渊源而来的。戴尼森·罗斯指出:"'Z写本'比老法文版本及相似的各版本(称为第一系统)均好。它虽然武断地将老法文版本删节了三分之一,但却忠实地转录了三分之二。另外,还有两百段为第一系统诸本所无,这两百段中有五分之三见之于赖麦锡本,故赖麦锡编书时,似有此'Z写本'之'兄弟'本在身旁。"

《马可·波罗游记》最初之本,不分卷,而大略可分两部。第一部叙述个人历史,第二部篇章甚多,长短不一,记述各地情形。皮庇诺译为拉丁文,将其内容分为三卷,后世学者亦多从之。鲍梯又将其分为四卷,以后注释者,皆仿其例。近代各国对此书研究甚勤,善本迭出:英文先有马斯敦本,继有玉尔、考狄本,校勘译注,皆颇精审。1928年拜内戴拖意大利文新本《游记》问世,增佚文颇多。1935年毛尔与伯希和《马可·波罗寰宇志》合订本在伦敦出版,有一百四十三种版本对照表。伯希和遗著《〈马可·波罗游记〉注释》,七十年代已由法国出版社出齐,卷性浩繁,史料丰富,考释全面,成为中外学者翻

103

译研究《游记》的"标本"。[2]

（四）从最早的马可·波罗迷赖麦锡的角度评价

吴芳思通过对赖麦锡及赖麦锡的译本介绍，试图说明因为赖麦锡对探险和游记书的兴趣而使他的译本变得生动有趣，吴芳思试图用这个理由来否定马可·波罗来过中国。这不够有说服力。

马可·波罗的最早出版商和最早的马可·波罗迷是赖麦锡，他说马可·波罗是故事大王。"百万先生"显然是别人在马可·波罗生前赠给他的称呼（后来为了纪念他，这个称呼又被用在马可·波罗一家威尼斯的居所的名称里"百万先生寓所"）。赖麦锡探讨过"百万先生"这个称号的由来，他说那是因为马可·波罗每次谈到蒙古汗国的巨大财富，都说他们拥有数以百万计的金币。有关马可·波罗本人的传奇故事首先是赖麦锡宣传的，他死于1557年。他坚持说他是根据一部大约成书于1438年的《寰宇记》早期拉丁文写本编纂的，但是他所出版的译本的内容和皮庇诺的译本很不相同。赖麦锡对马可·波罗产生巨大的兴趣源自他对游记和探险书的研究。吴芳思觉得赖麦锡的译本一直是最生动有趣的一个本子，因为它收进了"用最动人的天方夜谭的风格"叙述的有关马可·波罗本人的故事，包括他的言过其实的谈话以及他怎样回到威尼斯的传奇故事。

二、"第六章"中存在的不足

吴芳思在该章节的论述中存在几点不足：1. 在代笔人的问题上的论述让读者觉得鲁思梯谦诺不可靠从而产生怀疑，但吴芳思在描写代笔人鲁思梯谦诺的时候并没有很多的论据来证明《马可·波罗游记》是鲁思梯谦诺和马可·波罗编造出来的故事。2. 在论述第一个马可·波罗迷赖麦锡时，似乎也和代笔人一样没有足够的证据，论述的也不是很有力。所以，第六章由于缺乏有关鲁思梯谦诺和赖麦锡的史料而使她的论点不够有力。

尽管人们不断地对马可·波罗来过中国提出质疑，但《马可·波罗游记》直接或间接地开辟了中西方直接联系和接触的新时代，也给中世纪的欧洲带来了新世纪的曙光。事实已经证实，《马可·波罗游记》给这个世界带来了巨大的影响，其积极的作用是不可抹杀的。

第七章 对"第六章 代笔人和第一个马可·波罗迷"的解读和评价

马可·波罗的游记在十三世纪末年问世后,一般人为其新奇可喜所动争相传阅和翻印,成为当时很受欢迎的读物,被称为"世界奇观之书",其影响是巨大的。它打开了中古时代欧洲人的地理视野,在他们面前展示了宽阔的土地,富饶的国家和先进的文明,引起了他们对东方的向往,也有助于欧洲人冲出中世纪的黑暗,走向近代文明。学术界的一些有识之士,更以它所提供的最新知识来丰富自己的头脑和充实自己的著作。如1375年的西班牙喀塔兰大地图,便是冲破传统观念,摈弃宗教谬说,以马可·波罗的游记为主要参考书制成的,图中的印度、中亚和远东部分都是取材于《马可·波罗游记》这部著作,成为中世纪有很高科学价值的地图,以后的地图多以此为依据。《马可·波罗游记》让西方人了解了"东方",对东方充满向往,也为资本主义扩张提供了理想上的对象。

参考文献

[1]（英）吴芳思著,洪允息译.马可·波罗到过中国吗？[M].北京：新华出版社,1997.

[2] 张跃铭.《马可·波罗游记》在中国的翻译与研究[J].江淮论坛,1981,3.

第八章 对"第七章 书稿的语言"的释读和评价

第一节 对"第七章 书稿的语言"的释读

吴芳思在《马可·波罗到过中国吗？》的第七章"书稿语言"中主要围绕《马可·波罗游记》书中最初手抄本和马可·波罗翻译外国名称及术语所用语言两大论题对马可·波罗是否来过中国提出了质疑。她认为现存稿本是后人增添的，马可·波罗翻译外国名称及术语所用语言，不管拼写如何，都是以波斯文词汇为依据，借以否定《马可·波罗游记》的真实性，进而否定马可·波罗到过中国。

一、对"第七章"的释读

（一）《寰宇记》最初手抄本所用语言

鉴于简略论及的这本书编辑环境的不确定性，即是马可·波罗口述给鲁思梯谦诺，后者用法文记下来，而不是马可·波罗用意大利文（威尼斯文）写下的最初文本。对这一问题还没有得出满意的结论。而导致这种情况发生的原因有以下几点：

1. 在鲁思梯谦诺写书时期，法语尚未获得充分的发展，这种语言是介于法语和意大利语之间的"法意混合语"，早期的翻译家翻译这本书存在困难。

2. 吴芳思推测是因为鲁思梯谦诺在语言的运用方面显得不正统。她引用了两位学者对多种版本做的电脑分析结果：一位学者就语汇的极端分歧，认为可能有另一位代笔人；另一位学者则认为有一串人根据其惯用的语词参与工作。吴芳思说，由于《马可·波罗游记》原稿早已遗失，这些被分析的版本都非原著，其分析结论还难以绝对证实，但随着时间的推移与人们对中世纪东方认识的迅速扩展，只能得出这一结论，即现在残存的版本中，有许多人在原版的基础上增添了不少窜改的东西。

（二）马可·波罗翻译外国名称及术语所用语言

第二个论题，马可·波罗翻译外国名称及术语所用语言。伯希和和英国人阿瑟克·里斯托·弗摩勒合作出了一部《寰宇记》新译本，伯希和的贡献是写了两卷诠注，对各种写本和印本中出现的人名和地名做了注释。他发现在文字拼写方面存在着严重的差异，这导致了混乱。但是他得出最有意思的结论是，各文本所采用的人名和地名，不管拼写如何，都是以波斯文词汇为依据。他将诠注按照字母的顺序排列，每条诠注都先列出在不同抄本中发现的一二十个变异变法，如"facfur"举出不同文本中的拼法。而这些不合理的变异拼法说明用抄本的方式使一部书流传于世存在种种问题，因为抄写粗心必定会使意思走样，或者造成严重的混乱。但是对当时的读者来说，这些陌生名称都是不带意义的外来词。

1. 书中广泛使用波斯语、阿拉伯语和突厥语的专有名称

广泛使用波斯语、阿拉伯语和突厥语的专有名称是马可·波罗的书首先令人迷惑不解的一个大难题。元朝是由蒙古人所创，而不用蒙古语和汉语，是件很令人困惑的事情。对于马可·波罗不使用汉语和蒙古语的推测可能是：

（1）中古时代人们都使用各种通用混合语。在以东方向更远的地区，直至蒙古腹地，波斯语和突厥语似乎都被当作通用混合语来使用，因为当时穿越中亚细亚商路上都是说波斯语和突厥语的商人和修士。研究马可·波罗的多数作者一致认为书中的专有名称以波斯语为主。莱奥尔纳尔多指出，波斯语不像突厥畏兀儿语那样享有官方语言的地位，它是那些为蒙古人工作的异邦人所使用的语言。一般人认为马可·波罗可能懂波斯语，对一个到克里米亚甚至更远的地方经商的家庭来说，这是一个有用的技能，因此书中使用波斯文也就成了一件平常的事了。吴芳思提到一个文本中有关马可·波罗提出一位"聪明的撒拉逊人"带他在福州观光，推测他们运用波斯语交流。

（2）有关口译。现存贵由汗致罗马教皇的书信，即是波斯文本。而贵由的王室和朝廷都信奉聂斯托利派基督教，这些人很可能在拉丁语和蒙古语的对译活动中扮演着语言学家的角色，因为他们的原籍大都是近东地区，对拉丁语和蒙古语一定很熟悉。波罗氏一行有可能与信奉聂斯托利派基督教的翻译或其他波斯人一同旅行，这可以解释为什么行记中充满波斯语或突厥语词汇。

（3）早期的欧洲语言是向波斯人借来的。伯希和探讨了书中相当多用来

指称物品的名词,当时翻译这些名词是采用欧洲现成的专门名词。而这些名词本身又往往是早期欧洲语言向波斯语借来的,反映了最早把那些物品带到了欧洲去的商人语言。而欧洲人使用的物品名称相当混乱。

2. 书中的汉人人名

人名,尤其是书中提到的中国人和蒙古人的姓名,特别有趣。由伯希和考证的大约六十来个人名中,只有三个隐隐约约地像汉人的姓名,其他人名大都是蒙古人名。而这些人名的翻译往往与波斯历史学家拉希德(1247—1317)以及普兰诺·卡尔皮尼和鲁不鲁乞的译法一致。希拉得和马可·波罗两人的书在用词和错讹之处纯属巧合,但是这两本书好像表明当时已通行蒙古人名的波斯文译法。三个汉人的名字分别有李檀、王著、冯三津,而这三个人也是具有不确定性的。

(1)李檀。对李檀事件的描述存在着时间上的误差,同时将地名搞错了,而关于李檀是和一个叫 Nangiatai("南加台"——音译)的人一起被处死,更令人迷惑不解,这跟《元史》中的记载是有出入的。由此推测马可·波罗可能把人名搞混了。

(2)王著。王著只在赖麦锡的译本中出现,威妥玛式音标为"范楚"。他因为在1282年和另外一个汉人共谋杀死忽必烈麾下最强势的大臣阿合马而成名。而在这个故事中,人名、人物和事件的混淆程度严重到几乎无法澄清的地步。

(3)冯三津。书中第三个"汉人"的名字是 Vonsamcin("冯三津"——音译),伯希和把这个名字解释为"范文虎",一名降蒙的将领。据他解释"范文虎"和"冯三津"这两个名字相距甚远是因为后者是个混合名,由范文虎的姓(Fan——Von)和他的一个官衔 canzheng(samcin——参政)组成。马可·波罗虽生动地描述了这次征伐的灾难性结局,但他把人名搞错而破坏了描述的效果,说范参政是在 Abakan("阿八坎"——音译)陪同征讨的。在《元史》卷208有证:"六月,阿剌罕以病不能行,命阿塔海代总军事"。但是未能找到确切的反证。

对这三个汉人都没有确切的证据证明,只有一个有可能为波罗氏一行所知——如果阿合马被刺时(1282年)他们正在北京的话。但他们在云南、缅甸和南方之行的记述没有日期,不可能知道当时他们是否正在北京。李檀举兵反叛及被杀是在波罗氏一行到达中国之前,而权威人士都认为他们从来没有去过日本，他们只能从传闻和别人的记述中了解到冯三津的未获得预期结果的征讨。

3. 书中的地名和方位

《寰宇记》中的地名既存在翻译问题，也存在方位难查的问题。例如这部作品的起句是"让我从亚美尼亚开始"，其内容涵盖从君士坦丁堡经印度和中亚细亚至苏门答腊的所有地方。地理范围这么大就出现了大量的地名。其中许多地名的译法一定是马可·波罗的同时代人中经验较丰富、游历较多者所熟悉的。伯希和把马可·波罗的地名译法和现代地图上的地名以及现代旅行家所使用的地名进行了比较研究，有许多地名仍然可以辨认。在大家不那么熟悉的地名中有中国的地名，其中有些地名使伯希和摸不着头脑，他指出许多地名的译法是"讲波斯语的人所熟悉的"，那些用拉丁字母拼写的中国地名很少是马可·波罗的拼法，而往往反映了波斯人对中国地名的发音。这一类型的实例包括：以 Chemeinfu 表示 Kaipingfu（开平府），以 Pianfu 表示 Pingyangfu（平阳府），以 Quengianfu 表示 Xi´anfu（西安府），而大量这样的地名以类似的方式出现在拉希德的作品里。这证实了伯希和的理论：那些拼写的形式是以讲波斯语的人所通用的拼写形式为依据的。这种拼写形式一并出现在拉希德和鲁不鲁乞的作品中。

同时几个专有名称被用来指称中国本身。波罗和他的许多同时代人一样，用 Catai 或 Cathay 来指中国北部，马可·波罗以及拉希德和其他旅行家常常称中国南部为 Manzi 或 Mangi，马可·波罗还把中国称作 Cin，这是欧洲人所知的中国的两个名称之一，一般认为这个名称来源于秦朝。

马可·波罗用 Cambaluc（"坎八拉"——音译）来称呼北京，而这个词源来自突厥语中的"皇城"，同一名称也出现在拉希德、约翰·孟德高维诺 1291—1293 年与德里十四世纪二十年代的作品之中，从而得知这显然是当时中亚细亚人对北京的流行叫法。而北京被波罗氏一行那时的中国人叫作"大都"。还有北京的胜景之一位于宛平的长石桥，中国人（现在）把它叫卢沟桥，马可·波罗把它叫作 Pulisanghin（"普利桑金"——音译），伯希和认为"普利桑金"的词源带有强烈的波斯语色彩。综上，所有这些都不能反映当时的基本情况，故此认为马可·波罗没有到过中国。

《游记》中存在一些地名位置的错误。伯希和认为 Cacionfu，即河中府，但是马可·波罗把该府错放到黄河对岸去了。而将地方搞错的还有拉希

109

德，如拉希德对西南行省云南等地的记述同样不准确，他们对于云南某地的Gaindu（"甘都"——音译）的记述很难让人找到方位，还有他们对一个叫Iaci（马可·波罗的拼法）或Yaci（拉希德的拼法）的地方的记述亦是如此。吴芳思将这看作是另一个由于距离太远导致的难以解决的问题，其实这是一个从波斯语译成汉语的非正规说法。

二、"第七章"中使用的史料分析

针对书稿的版本，吴芳思使用了默里的中古法语，她以意大利学者巴尔德利·博尼对当时仍遗存的法语和意大利语写本进行比较，表明第二类即意大利语写本讹误迭出。究其原因，她引用了两位学者对多种版本做的电脑分析结果。

针对马可·波罗翻译外国名称及使用语言，使用伯希和《马可·波罗书译注》中得出各文本中所采用的人名和地名，不管拼写如何，都是以波斯文词汇为依据的。针对不使用蒙语和汉语，究其原因，一、使用莱奥纳尔多·奥斯基的波斯语为东方的通用混合语做论证，同时使用伯希和译本中的一个聪明的撒拉逊人带马可·波罗在福州观光，推测波罗可能懂波斯语。二、关于口译问题，吴芳思采用了在梵蒂冈档案馆拉丁文译件中的一份波斯文译录，和罗依果研究的宗教问题作为论据。三、伯希和运用的早期欧洲语言是向波斯人借来的。

针对书中的三个汉人人名，一、李檀。吴芳思以《辞海》中记载的李檀事件为依据，针对马可·波罗记载的"南加台"，以《元史》中记载的南加台作为例证，提出了质疑。二、王著。王著只在赖麦锡的译本中出现，威妥玛式音标为"范楚"。以《元史》作为基本，认为王著叛乱事件论述有误。关于书中的沈楚，伯希和和摩勒推测不是人名而是称号。三、冯三津。伯希和把这个名字解释为范文虎，一名降蒙的将领。由范文虎的姓（Fan——Von）和他的一个官衔canzheng（samcin——参政）组成，伯希和说范参政是由Abakan陪同征讨。在《元史》卷208有证："六月，阿剌罕以病不能行，命阿塔海代总军事"。

针对书中的地名和方位，吴芳思以《寰宇记》中的地名存在的一些问题作为引线，伯希和的"不那么熟悉的地名"中有中国的地名，许多地名的译法是"讲波斯语的人所熟悉的"，以拉希德和鲁不鲁乞的作品的拼写形式为例证。在书中表示古中国的名称如Catie、Mangie、Cin，伯希和鉴定出地名位置的错误，同时指出拉希德也存在这样的问题。

第八章 对"第七章 书稿的语言"的释读和评价

（一）可信的史料

1. 吴芳思利用两位学者对多种版本做的电脑分析结果，在某种程度上是可信的。杨志玖指出："应当承认，吴芳思这些说法有些是可以接受的。"穆尔、伯希和在为《马可·波罗寰宇记》写的"绪言"中也有类似的说法。他们指出："《马可·波罗游记》的真版（原版）是个奇异复杂的问题。此书可能流行一时，颇有声誉，但这一声誉不仅未使它得到珍藏保护，反而毁坏了它，以致没有一本遗存的稿本称得上是完整的或正确的。不仅如此，经过检查的稿本中，都有一些错误和遗漏；似乎这些稿本都来源于一个稿本，但非原稿，而是一个早已残坏的稿本。甚至不得不承认，即令原稿完整，也可能有（实际上也有）一些严重的未经改正的笔误，它是用粗陋的、夹杂着不少意大利文的法文写的，连当时译者也有些困惑难解释，因而每个抄写者由于受其个人观点和切身利益或意图的影响，从一开始就自以为是，对该稿加以省略、摘录、意译，造成不少错误和错译。"[1]112 穆尔、伯希和在认为原稿已佚、现稿有误这一点上，意见是一致的。但着重点不同：前者强调的是现存稿本是后人增添的；后者则认为，现存稿本有许多遗漏和错误。前者的目的在于否定《马可·波罗游记》的真实性，后者的目的在于填补该书的缺遗和订正其错误。

2. 吴芳思引用莱奥纳尔多·奥尔斯基的中古时代在以东方向更远的地区，直至蒙古腹地，波斯语和突厥语被当作通用混合语来使用，而波斯语是为蒙古人工作的异邦人所使用的语言推测马可·波罗可能懂波斯语。这种观点得到一定学者的认同。杨志玖认为："马可·波罗是商人，他关心的是各地的物产、工商业和一些奇风异俗，以他的文化水平，很难顾及文字尤其是难识的汉字，虽然他在使用纸币时也会看到上面印的汉字。"[1]114 当时在各官府中一般设置翻译人员，有译史，从事笔译，有蒙古译史和回回译史（为西域人翻译）；有通事，从事口译，蒙古语称怯里马赤。因此，不通汉语或汉文并不妨碍一个外国人在中国从事各种活动。大蒙古国早期与欧洲的交往中，便以波斯文为媒介，现存贵由汗致罗马教皇的书信，即是波斯文本。元代来中国的中亚以至欧洲的各族人中，波斯语乃是通用的语言，并且随处可以方便地译为蒙古语或汉语。所以，马可·波罗只要学会波斯语，便可以在中国各地畅行无阻。[2]179 因此，就当时的通用语言和马可·波罗的职业来说，书中使用波斯语就成了一件不足为奇的事情。

111

解密：马可·波罗到过中国吗？

3. 吴芳思主要利用法国最著名的汉学家之一——伯希和对各种文本的语言进行大量研究的工作成果作为论据。伯希和和英国人阿瑟克·里斯托·弗摩勒合作出版一部《寰宇记》新译本，当时刚刚发现了十五世纪初叶的拉丁译本，可以补充和发现《游记》中问题的所在。伯希和早年师从汉学家夏瓦纳、考尔迭等人学汉语，而且早年曾像波罗氏那样长途跋涉穿越中亚细亚地区，他举出的观点有一定的价值。

4. 伯希和认为书稿中的词汇很多是纯近东的语言，而这些语言是向波斯语借来的，吴芳思认为这个说法还是比较可靠的。元朝时的中国在当时的世界是一个大国，当时交通上并不便利，中亚地区是当时中西交往的一个重要地点。《寰宇记》出来后，在西方国家掀起了一股"黄金热"，足以说明书中的语言能被欧洲人所接受并理解。在一定程度上这个说法可以说得过去，如果当时欧洲人没有读懂马可·波罗的文字，必然会引起很多疑惑，而当时的欧洲人读的时候并没有任何问题。

5. 李檀。吴芳思以《辞海》中记载的李檀事件为依据，针对马可·波罗记载的"南加台"，以《元史》中记载的南加台作为例证，提出了质疑。而伯希和推测可能他把人名搞乱了。吴芳思以这些材料作为例证，是具有说服力的，至少在没找到确切证据前。

6. 关于伯希和和摩勒推测的范楚是称号而不是人名，伯希和的这个推测是对的。1943年邵敦正指出马可·波罗书中，cenchu（qianhu——汉语拼音）是官职"千户"，而不是人名，这个千户官是王著。摩勒称另一个谋反者"范楚"是一个"万夫之长"（统领1万个士兵），这个名字是"wanhu"这个词的另一个拼法。摩勒的看法也是对的，并和邵敦正教授的观点一致。但这个万户不是王著，因《元史》卷205称"益都千户王著"。

7. 针对书中的地名和方位，吴芳思以《寰宇记》中的地名存在的一些问题作为引线，伯希和的"不那么熟悉的地名"中有中国的地名，许多地名的译法是"讲波斯语的人所熟悉的"，以拉希德和鲁不鲁乞的作品的拼写形式为例证。吴芳思的这些史料还是比较可信的。就当时的国际通用语言，以及中西方的贸易往来，都跟波斯语扯上千丝万缕的关系。同时马可·波罗只是一位商人，他对这些关注度不高，出现失误是合乎常理的。

第八章 对"第七章 书稿的语言"的释读和评价

（二）值得怀疑的史料

1. 针对书稿的版本，吴思芳使用了默里的中古法语，她以意大利学者巴尔德利·博尼对当时遗存的法语和意大利语写本进行比较，表明第二类即意大利语写本讹误迭出。语言随着时代而丰富、发展，不能就此断定版本是出自法语。

2. 关于口译问题，吴芳思采用了在梵蒂冈档案馆拉丁文译件中的一份波斯文译录，和罗依果研究的宗教问题作为论据。

3. 吴芳思针对赖麦锡译本中的王著叛乱事件提出质疑，然而一些学者却持肯定观点。杨志玖指出："王著叛乱事件，《元史》、元人文集、拉施特《史集》以及马可·波罗书中都有记载，是一桩轰动朝野、尽人皆知的大事。因此事发生于元世祖至元十九年三月十七日丁丑夜间（1282年4月16日），正是马可·波罗一家在中国之时，他虽未参与此事，但当时在大都，会听人（西域人或蒙古人）向他转说；他的记载虽不及《元史》翔实，但比之《史集》所载并不逊色且有其独到之处。"[1]110 另外一些学者持相反的观点。以阿合马事件为例，至元十九年（1282年）三月，中书平章政事阿合马专权横暴、贪赃枉法，被益都千户王著与高和尚等所杀。阿合马是中亚花刺子模(Knwarism)细浑河（今锡尔河）畔的费纳克武城人，此事在当时轰动中外。而处理这一事件的元枢密副使李罗，于翌年奉旨出使波斯伊利汗国，被阿鲁浑留用。因此，马可·波罗在华期间，李罗已将阿合马事件传到了波斯。由此，精通波斯文的马可·波罗，即使当时不在大都，也有可能了解到阿合马事件的真相。[3] 至于孰是孰非，有待史料进一步考证。

4. 冯三津。引用伯希和对这个名字的解释，伯希和认为范参政是由Abakan陪同征讨的，根据《元史》卷208有证："六月，阿刺罕以病不能行，命阿塔海代总军事"。但是未能找到确切的反证。

吴芳思在《马可·波罗到过中国吗？》一书中对马可·波罗到过中国提出了怀疑，在书中第七章针对《马可·波罗游记》中的书稿语言提出质疑。主要环绕两个论题——《寰宇记》最初手抄本所用语言（页49-50）和马可·波罗翻译外国名称及术语所用语言（页51-63）展开。就马可·波罗翻译外国名称及术语所用语言来说，根据前人的研究成果，书中广泛使用波斯语、阿拉伯语和突厥语的专有名称，对当时马可·波罗是否来过中国提出怀疑。通过论述马可·波罗他并不是在中国土生土长的外国人，当时的一个国际上的通用语言又

113

是以波斯语为主，对于书中广泛使用波斯语、阿拉伯语和突厥语可以做出一定的解释，但是不能据此论证马可·波罗一定到过中国。在采用《马可·波罗游记》中的观点时需保持慎重的态度，当然，也要承认它的重要史料价值。经事实证明，《马可·波罗游记》给世界带来的影响是巨大的，其积极作用不可抹杀。

参考文献

[1] 杨志玖. 马可·波罗到过中国——对《马可·波罗到过中国吗？》的回答 [J]. 历史研究，1997.

[2] 蔡美彪. 试论马可·波罗在中国 [J]. 中国社会科学，1992.

[3] 王育民. 关于《马可·波罗游记》的真伪问题 [J]. 史林，1988.

第八章 对"第七章 书稿的语言"的释读和评价

第二节 对"第七章 书稿的语言"内容的评价

吴芳思的《马可·波罗到过中国吗？》一书第七章"书稿的语言"中，她通过对《马可·波罗游记》的语言进行研究和分析，得出马可·波罗的语言很多都是以波斯文为依据，假设马可·波罗到过中国，并且在中国生活了十七年，那么，为什么连中国的地名都是用波斯文拼写呢？由此，吴芳思就对"马可·波罗到过中国"这一说法产生了怀疑。不过，她的有些论据和论点存在不足的地方，甚至有些牵强附会。

一、吴芳思达到了选题的目的

既然《马可·波罗到过中国吗？》一书的目的是证明马可·波罗可能没有到过中国，所以，吴芳思在书中所写的第七章"书稿的语言"也就是要对"马可·波罗到过中国"这一观点提出质疑，那么，第七章的选题目的就是证明马可·波罗或许没有到过中国。通过对第七章的分析，作者达到了她的选题目的。

（一）语言用法和文字拼写

1. 语言用法与文字拼写存在混乱现象

为了证明马可·波罗或许没有到过中国，吴芳思在第七章"书稿的语言"中研究发现，虽然各文本在文字拼写中存在着严重的差异，但是各文本所采用的人名和地名，不管拼写如何，都是以波斯文词汇为依据的。因此，吴芳思提出了自己的疑问，马可·波罗的书广泛的使用波斯语、阿拉伯语或突厥语的专有名称令人疑惑不解，如果马可·波罗到过中国，那么他为什么不使用汉语和蒙古语呢？

曾经有一位专家对《游记》的各种文本进行了计算机分析，分析的结果显示，作者对词汇的用法是极其多变的，但是因为原稿已经遗失，所以要准确的理解多变的语言用法是极其困难的。法国的著名汉学家伯希和也对《游记》的语言进行了研究，不过在对《游记》的各种文本的语言进行研究后，他发现了这样一个现象，不管拼写如何，各文本所采用的人名和地名都是以波斯文词汇为依据。[1]68 同样，研究马可·波罗的多数学者也一致认为书中的专有名称以波斯语为主。

115

2. 没有使用汉语与蒙古语

那么，马可·波罗为什么不使用汉语和蒙古语呢？吴芳思提出了自己的疑问，最后，她认为马可·波罗不使用汉语和蒙古语的一个原因很可能是中古时代人们都是使用各种通用的混合语。而在中世纪，法语实际上是欧洲很多地方的通用语言。多数学者认为《游记》的原稿语言是一种"法意混合语"，也就是介于法语和意大利语之间的一种语言；在东方向更远的地区，直至蒙古腹地，波斯语和突厥语似乎也是被当作通用的混合语来对待，因为当时在穿越中亚细亚的商路上，来来往往的都是说波斯语和突厥语的商人。并且，莱奥纳尔多·奥尔斯基也指出："虽然波斯语不像突厥语那样享有官方的语言地位，不过它是那些为蒙古人工作的异邦人所使用的语言，由此，可以看出波斯语在当时也是一种比较流行和通用的语言。"[1]69-70

因此，应该可以理解为什么马可·波罗书的语言很多都是依据波斯语来拼写的，马可·波罗为什么不使用汉语和蒙古语了。另外，吴芳思还认为马可·波罗等人有可能是与信奉聂斯托利派的基督徒的翻译或者其他波斯商人一同旅行，这样就可以解释为什么《游记》中充满了波斯语或者突厥语的词汇了。聂斯托利派的基督徒很可能在拉丁语和蒙古语的对译活动中扮演着重要的语言者的角色。

通过这些分析，作者达到了她的选题目的，对"马可·波罗到过中国"这一说法提出了质疑，就像很多怀疑马可·波罗到过中国的怀疑论者一样，认为马可·波罗只是到过中亚的一些伊斯兰国家，那里有许多的波斯商人，《游记》的许多内容或许是从他们那里听回来的，也有可能是借鉴了当时欧洲所流行的一种介绍亚洲的《导游手册》或者是其他的一些记载有关中国的波斯文文献而编造出来的。

（二）对有趣的名称的分析

接着，吴芳思列举了书中的有趣的名称来进行分析，从这些名称的分析中来验证马可·波罗或许没有到过中国的正确性，这就更进一步地达到了她的选题目的。

在第七章中，吴芳思博士就原书所采用的一个有趣的名称 porcelain（"波司来恩"）来进行分析。Porcelain 一词在马可·波罗书中包含着两种解释，一种解释是"子安贝贝壳"，所谓"子安贝贝壳"就是一种非洲和古代中国用来当作硬币的一种东西,听说云南在十三世纪还在使用这种"子安贝贝壳"的硬币;另外一种解释就是中国的陶瓷。马可·波罗用同一个词语来表示"子安贝贝壳"和瓷器;同样的,在欧洲,这两样东西的名称也是相同的。西欧好像在《游记》成书之前就已经进口了"子安贝贝壳",大约在 1250 年出版的《大海的安慰》一书中就有了"子安贝贝壳";九世纪时,阿拉伯旅行家苏莱曼在记述瓷器的时候就是用了 porcelain 这个词语,这就有些巧合了。另外,法国汉学家伯希和对《游记》中相当多的指称物品的名词进行研究和探讨后,他发现当时翻译这些名词是采用欧洲现成的专门名词。这些名词本身往往就是早期的欧洲语言向波斯语借来的,反映了最早把那些物品带到欧洲区的商人的语言。[1]71-72

吴芳思还指出,书稿中有一些和蒙古人有关的词语曾经被威廉·鲁不鲁乞和约翰·普兰诺·卡尔皮尼所使用。就好像 kumis("库米斯")一词是指蒙古人所喝的一种发了酵的马奶,这个词就以不同的拼写形式出现:charanis, guemis, chemins, chenus, 等等。这些可都是突厥语 qimiz 一词的拼法,蒙古人把它叫作 asuk(阿速克)或者 usuk(乌速克),但是突厥语中这个词很早就已经进入波斯语和阿拉伯语了。[1]73

如果按照吴芳思这样的分析,就会得出马可·波罗真的很有可能没有来过中国,《游记》也很有可能是道听途说和虚构得来的了。

(三)对人名的分析

1. 人名也普遍存在着混乱的现象

《马可·波罗游记》中的人名主要是以波斯文来拼写和翻译的,其中以蒙古人名为主。人名中存在一些混乱现象,从这样的现象中,不经意中会对马可·波罗来过中国的说法产生怀疑了,这也就符合了吴芳思的选题目的。

在书中,吴芳思讲到,尽管马可·波罗在中国侍奉了大汗十七年,而在伯希和所考证的大约六十多个人名中,只有三个人名隐隐约约地像是汉人的名字,其他的人名大多数是蒙古人名,而这些蒙古人名的翻译又往往与波斯历史学家拉希德以及威廉·鲁不鲁乞和约翰·普兰诺·卡尔皮尼的译法一致。威廉·鲁不鲁乞和约翰·普兰诺·卡尔皮尼对那些关于蒙古人名的记载是比《游记》要早的,而拉希德则是马可·波罗同时代的人。

虽然吴芳思没有明确的说明《游记》是借此而编写出来的,但是吴芳思提出的疑问,无疑是对"马可·波罗到过中国"这一说法持怀疑态度的。同时,

解密：马可·波罗到过中国吗？

读者看了这样的分析之后也会对"马可·波罗到过中国"这种说法产生怀疑。

那三个看起来像是汉人名字的分别是 Li Tan（李璮），Wang Zhu（王著） Vonsamcin（冯三律——音译）。关于在《游记》所记载的人名中这三个看起来像是汉人的名字，吴芳思认为，这些人名和人物事件的记载存在着非常混乱的现象。通过这些现象，是不是可以对马可·波罗所说的事情的真实性持怀疑的态度呢？那么对于"马可·波罗来过中国"一说是不是又可以产生质疑了呢？

2. 李璮

首先，让我们来了解一下 Li Tan（李璮）这个人。李璮是马贩子李全之子。李全曾经为北宋王朝作战，所以，在1218年被赐官职，借此开始发展个人的割据势力。1227年，蒙古军入侵中国北方，他向蒙古军投降，蒙古人因此也就赏他山东行省一职。1231年，南宋军队攻打扬州时死于该城。他的儿子李璮就继承了他在山东的官职，但是在1262年，因为整军经武，被处死于济南。而关于此处的记载，《游记》在时间上却说是1272年，时间相差了十年，并且地点也是错误的，说是在东平府被处死的，而且一起被处死的还有一个叫作 Nangiatai（南加台）的人。关于 Nangiatai 这个人，连伯希和也很难给出解释。

3. 王著

王著这个人，他只是在赖麦锡的译本中出现过。吴芳思认为王著这个人有点儿神秘莫测。他是因为在1282年和另外一个汉人共同谋杀阿合马而成名的。吴芳思还认为在关于王著的这段故事中，人名、人物和事件的混乱程度到了无法澄清的地步。因为阿合马专权暴横，还强占美女，人们对此非常的痛恨，于是有两个汉人就决定在忽必烈离开都城时将阿合马除掉。这两个人分别就是 Cenchu（沈楚）和 Vanchu（范楚）。据马可·波罗记述，Cenchu（沈楚）的母亲、女儿和妻子都被阿合马所玷污，但是根据现有的资料，无法找到 Cenchu（沈楚）这个人。于是，伯希和就推测这不是人名而是一个称号，即 qian hu（汉语的意思是"千人"或者"千户"）也就是"千夫之长"——1000个士兵的统领者。据此，吴芳思就又有疑问了，Vanchu（范楚）这个词的汉文拼法是"wan hu"，也就是万人，万夫之长的意思。但是根据汉文的记载，"王著"是一个千夫之长而不是万夫之长。除此之外，王著和那位千户都被试图阻挠他们行刺的一个皇宫守卫杀死。拉希德称此人为"图尔干"或"塔尔干"，赖麦锡的译本则写作"科噶台"。对此，伯希和教授也不能很好地给出解释，他只能推测"科噶台"这个人名是误用。此

118

第八章 对"第七章 书稿的语言"的释读和评价

外,根据汉文资料,当时可能在场的其他蒙古人有博敦和姜九思。所以,吴芳思认为在有关王著的这段故事中,人名、人物和事件的混淆严重程度到了无法澄清的地步。对此,就引发了对"马可·波罗到过中国"一说法的怀疑。

4. 冯三津

最后,关于 Vonsamcin(冯三津——音译)这个人名,伯希和把他解释为范文虎。范文虎是降蒙的将领,后来奉忽必烈之命于1281年率领军队征讨日本,因台风受阻而归。但是范文虎和冯三津这两个人名相差太多了。同时,马可·波罗还说在范参政征讨时还有一个人是陪同他一起征讨的,那就是 Abakan("阿八坎")。对于"阿八坎"这个人名,伯希和没有给出很好的解释,不知道是否真的有这么一个人,而且就算是真的有这么一个人,他的名字真的叫"阿八坎"吗?

为了达到选题目的,吴芳思对这三个人名进行探讨和解释并且认为,用汉名提到的三个汉人中,只有一个可能为马可·波罗一行所知——如果阿合马被刺时,他们刚好也是在京城的话,那就是王著了。但是,吴芳思博士又提到,由于马可·波罗一行人去云南、缅甸和南方之行没有日期的记述,所以并不知道他们当时是否在京城。另外,李璮举兵反叛及被杀是在马可·波罗到达中国之前的事情,所以马可·波罗一行对于李璮这一人物的记述很有可能是听回来的。同时,权威人士都认为马可·波罗没有到过日本,他只能从传闻和别人的记述中了解范参政没有获得预期结果的征讨。综上所述,吴芳思认为马可·波罗或许是没有到过中国的,他的这些记载很有可能是听回来的或从别人的记述中了解得到的。

(四)对地名的分析

最后,吴芳思通过论述《游记》中的地名既存在翻译问题又存在方位难查的问题引发思考,如果马可·波罗来过中国,并且在中国生活了十七年这么久,那么他怎么就对中国的地名如此的不熟悉呢?由此,就引发了对"马可·波罗到过中国"一说的思考和怀疑,这样,吴芳思达到了她的选题目的。

1. 翻译问题

在《游记》中关于君士坦丁堡、印度、中亚细亚、苏门答腊,这些地名的翻译大家都很熟悉了,但是在大家不怎么熟悉的地名中出现了中国的地名。伯希和指出,许多地名的译法是讲波斯语的人所熟悉的,那些用拉丁字母拼写的

解密：马可·波罗到过中国吗？

中国地名很少是马可·波罗独有的拼法，而这些拼法又往往反映了波斯人对中国地名的发音。就好像用 Chemeinfu 表示 Kaipingfu（开平府），以 Pianfu 表示 Pingyangfu（平阳府），以 Quengianfu 表示 Xi'anfu（西安府）等。另外，在拉希德的著作里，有大量的地名也是以类似的形式出现，包括东平府、扬州和涿州。[1]79 关于中亚与西亚地区的地名，《游记》的记载是相当清楚的，而对于中国的地名的记载和翻译确实比较模糊，而且中国地名的拼法是以波斯文为依据的，对此，人们难免会对"马可·波罗到过中国"一说产生怀疑。

此外，还有一些专有名称是指中国的北部，Catai 和 Cathay，这来源于契丹。契丹是建立辽，并于 907—1125 年统一中国北方的一个阿尔泰语系部族。中国的南部则是 Mangi 和 Manzi（蛮子）。这个名称来源于汉语里的"蛮夷"一词，通常蛮夷是指南方的野蛮人，所以马可·波罗他们就称中国的南部为蛮子。另外，关于中国京城北京的称呼，马可·波罗把它称作 Cambaluc（坎八拉）。据研究，用 Cambaluc 一词来表示北京也出现在拉希德和约翰·孟德高维诺的作品中，是中亚细亚人对北京的流行说法。[1]80

经过对这些地名翻译的分析和其中存在的一些翻译问题，可以知道，马可·波罗对中国的地名翻译是以中亚地区人们对中国的认识为依据的。由此，或许可以判断马可·波罗到过亚洲的部分地区，但是，"马可·波罗到过中国"一说就值得怀疑了。如果马可·克波罗真的到过中国，并且在中国生活了十七年那么长的时间，怎么对中国地名的拼写几乎都是依据波斯语和中亚的流行说法拼写的呢？

2. 方位问题

马可·波罗将中国的一些位置弄错了。对此，吴芳思列举了以下范例：河中府，马可·波罗将其放到了黄河的对面；盖州也有说是阶州或江州，马可·波罗也将它的位置弄错了；延平以及梧州等也是这样。有趣的是，把地方弄错的作者不仅仅是马可·波罗一人，拉希德也弄错了，而且与马可·波罗犯的错误是相同的。拉希德关于云南等地的记述存在的错误与马可·波罗记述中的错误也是一模一样的。[1]81

拉希德写的不是游记而是蒙古帝国，并且他是依据二手资料来编写的。拉希德是马可·波罗同时代的人，这就容易让人产生怀疑。马可·波罗与拉希德书中的很多的名词都存在着一样的翻译问题，这些在上文中都有提到过，同时，马可·波罗与拉希德论述中关于云南地名位置的错误几乎也是一模一样，或许还有其他相似错误的地方没有被发现。那么，对于这些问题应该怎么解释呢？就因为存在这样的一些问题，对马可·波罗到过中国的说法产生了怀疑，由此，吴芳思达到了自己的选题目的。

二、"第七章"中存在的不足

吴芳思的部分论点存在不足之处。

首先，在论述马可·波罗的书广泛的使用波斯语、阿拉伯语或突厥语的专有名称是让人疑惑不解的一个大难题时，吴芳思能理解马可·波罗为什么不使用汉语和蒙古语（基于原因在前文也已经讲了，这里就不说了），既然他能够理解，同时也认为马可·波罗一行在旅途中有可能与信奉聂斯托利派基督教的翻译或者其他的波斯商人在一起，所以他的游记才会充满那么多的突厥语或者波斯语，那么，这样看来，吴芳思是不是不会对马可·波罗的书广泛的使用波斯语、阿拉伯语或突厥语的专有名称这一点产生不解呢？

接着在关于王著的这段故事中，吴芳思觉得人名、人物和事件的混淆程度严重到几乎无法澄清的地步。可是如果吴芳思看了邵循正的《语言与历史——附论〈马可·波罗游记〉的史料价值》一文就不会觉得王著的这段故事，人名、人物和事件的混淆程度严重到几乎无法澄清的地步了。西南联合大学的邵循正在一次题为《语言与历史——附论〈马可·波罗游记〉的史料价值》的学术报告中指出："马可·波罗在此章中所称的 Cenchu 应译"千户"是官号而非人名，其人即《元史》中的王著；至于 Vanchu 应译"万户"，不是王著。"邵先生认为可能是阿合马的同党崔总管。总之，马可·波罗所指的两个主谋人，一个是千户官，一个是万户官，原文已说得很清楚，他并不知道这两个主谋人的真名。汉译者由于知道刺杀阿合马的首领是王著，遂先入为主，用威妥玛译汉音法，把 Vanchu 译为王著，而另一个 Cenchu，则《元史》并无其人，只能随意而译了。[2]75 其实，早在 1927 年，英国学者穆尔就指出，Cenchu 是千户译音，即指王著；Vanchu 是万户译音，即指其同谋者高和尚。这就和《元史》记载基本一致了。[3]110

关于马可·波罗对中国地名记载混乱的问题，其实没有必要那么纠结，毕竟，《游记》的原稿已经遗失了，而且在传抄和翻译的过程中难免会遇到各种各样的错误，抄写错误和翻译错误是很难避免的，所以，有一些中国地名的记载错误是可以原谅的。当然了，吴芳思对此提出疑问也是无可厚非，毕竟要更进一步地研究《游记》是一件很严肃而又很艰辛的工作。

总而言之，在第七章"书稿的语言"中，吴芳思达到了她的选题目的。通过对《游记》的语言主要是以波斯文为依据拼写的；《游记》中的语言与欧洲、波斯等国所通用的语言大致是一致的；《游记》中对于中国的人名和地名存在着很多的混乱现象，但是对于其他中亚和伊斯兰国家的地名却是比较清楚等这些方面来进行分析和论证，由此，引发了读者对"马可·波罗到过中国"这一说法的思考和怀疑，这样也就达到了吴芳思的选题目的。当然，吴芳思在论证马可·波罗或许没有到过中国的过程中，还有需要完善的地方，比如关于《游记》的语言以波斯语为主，王著的那段故事以及中国的一些地名等方面。总的来说，论据是比较充分的，分析的还是比较到位的。在未来，要真正地弄清楚《游记》和对马可·波罗进行更进一步的研究还需要漫长的一段路。

参考文献

[1]（英）吴芳思著，洪允息译.马可·波罗到过中国吗？[M].北京.新华出版社.1996.

[2] 杨志玖.百年来国对马可·波罗的介绍和研究（上）[J].天津社会科学，1996，1:75.

[3] 杨志玖.马可·波罗到过中国——对《马可·波罗到过中国吗？》的回答[J].历史研究.1997，3:110.

第九章 对"第八章 挂一漏万"的释读和评价

第一节 对"第八章 挂一漏万"的释读

吴芳思《马可·波罗到过中国吗？》的第八章"挂一漏万"，她主要从语言、瓷器、纸（纸币）、书法（汉字）、妇女缠足和鸬鹚捕鱼活动这几方面探讨马可·波罗是否到过中国这个具有强烈争议的问题。最后对马可·波罗到过中国表示很怀疑。而对于她使用的材料，既有令人信服的，也有让人怀疑的，甚至有不可信的材料。

一、对"第八章"的释读

"挂一漏万"一章给人的感觉是很想探究挂了什么，漏了什么，具有很强的研究性，也很值得去深入了解。本章在该书中所占的比例不算少也不算多，总共二十七个自然段，包括注释在内近十五页。在这十几页内容中，吴芳思就马可·波罗在中国生活十七年的一些所见所闻该记而没有记录下来的东西产生了疑问，以至于怀疑他是否到过中国。吴芳思从七个方面来阐述，分别是：对陶瓷的记述过于混乱（更是不能理解为什么马可·波罗对陶瓷的具体产地的记录在今天会找不到），马可·波罗有写家用物品——煤，没有记录当时在欧洲人看来应该是很惊奇的事——纸币的流通，对中国书法不为所动，马可·波罗对茶不置一词，抛弃有关异邦女性及缠足的奇风的记述，对鸬鹚捕鱼这项活动不感兴趣或没有注意到。而吴芳思对每个方面的阐述，目的都在于从这些漏洞中论证马可·波罗是否到过中国的真实性。

在这一章里，吴芳思一开始就说到马可·波罗不会说汉语和蒙古语地名是一个谜，对马可·波罗不好奇周围的语言感到疑惑。马可·波罗对他所看到的地方和事情显然感到好奇，但是他好奇的范围显然没有扩大到包括他从四周听到的多种语言。这使吴芳思很难相信马可·波罗到过中国，毕竟一个人无论在

解密：马可·波罗到过中国吗？

什么地方生活了十几年，就算对其语言不感兴趣但也应该能知道几个地名吧。例如说到陶瓷部分时，吴芳思论述马可·波罗记述陶瓷时似乎确定其产地在福建省，他指出瓷器是在 Tjngui 城（"丁久"——音译）生产的，而这个地名是一个谜，因为没有一个生产青瓷的城镇的名称是和"丁久"十分接近的。这也是马可·波罗的著名研究者伯希和同样感到困扰的地方。

紧接着吴芳思说伯希和对马可·波罗的语言进行了复杂的研究工作，结果对马可·波罗语言的准确性和他所论述的事物的依据提出了许多怀疑。德国蒙元史学家福赫伯就马可·波罗语言的准确性所提出的怀疑，部分是根据《马可·波罗游记》中的内容，特别是根据他记述中国时漏写的一些极其引人注目的东西。下面来逐一看看他漏写了什么引人注目的东西。

（一）马可·波罗对瓷器的记述用语混乱

瓷器是汉族劳动人民的一个重要创造，它的特质是当时欧洲所使用的比较粗大的陶质和石质器皿所没有的，瓷器更因其制作方法鲜为人知而具有更大的吸引力。那么当时在中国的马可·波罗应该会对其有很强烈的好奇心，下面看看马可·波罗是怎么样记述瓷器的。

1. 瓷器的吸引力

在马可·波罗记述的事物中，瓷器是当时刚刚开始在欧洲为人们所知晓的。它胎体薄轻，造型优美，结构坚硬，这些特质都是马可·波罗在欧洲所使用的比较粗大的陶制和石制器皿所没有的，瓷器更因其制造方法鲜为人知而具有更大的吸引力（欧洲的制陶工匠曾经错误地以贝壳粉和骨粉为原料试制瓷器 500 年未果，后来才发现秘密所在）。

2. 瓷器的产地

吴芳思说马可·波罗记述瓷器时似乎确定其产地在福建省，但在其论述中出现了一些问题，即马可·波罗指出瓷器是在 Tjngui 城（"丁久"——音译）生产的，而这个地名是一个谜。因为没有一个生产青瓷的城镇的名称是和"丁久"十分接近的。而根据他描述的瓷器的加工过程、瓷器的颜色和形状，也不能确认瓷器的产地。

另一方面，吴芳思又说历史上有案可查的最早到欧洲的瓷制器皿之一是一个青白瓷花瓶，现在专称"丰特希尔瓶"。这个花瓶大约是在 1300 年到欧洲的，几乎和马可·波罗回国是同一个时期。"丰特希尔瓶"有可能为马可·波罗所

第九章 对"第八章 挂一漏万"的释读和评价

记述的制造瓷器的地方提供线索，因为这个瓷器跟前面马可·波罗所描述的瓷器相似，如果是的话，变通一下地名的音译，那么一个可能的产地是 Tongan（同安），也在福建。吴芳思也说该地在宋元两代就生产青瓷和青白瓷，这正如马可·波罗所说的。

从以上信息似乎知道了瓷器的产地，但是吴芳思又谈到另一件与此有关的瓷器"马可·波罗罐"。据说这是十三或十四世纪时的产品，但它和马可·波罗的关系只是一种传说，这和他回国时除了身上穿的衣服外一无所有相矛盾。有趣的是这个罐子是在福建的德化而不是同安的窑洞制造的早期"白瓷"器皿，因此它不符合马可·波罗所指的青瓷或者青白瓷。综上所述，还是不能确定瓷器的产地。

（二）马可·波罗有写家用物品——煤

虽然奢侈品充斥马可·波罗关于国外产品的记述之中，他也把一些比较奇特的家用物品写进了书中，比如煤的使用。在这里吴芳思说："在马可·波罗对煤作记述以前，中国用煤做燃料已有 2000 年的历史。"这是不正确的。《寰宇记》对煤做了十分准确的描述："一种像挖矿脉那样从山里挖出来的能像木材那样燃烧，又能像木炭那样烧尽的黑色大石块。"吴芳思认为这样的描述比阿拉伯旅行家伊本·拔图塔描述的好些。拔图塔说煤具有黏土那样的颜色和坚硬性（并称煤可以用来制作瓷器），他也把煤和木炭做了比较。

（三）马可·波罗对纸币的流通竟然没有感到惊奇

1. 纸

纸币的流通是中国在宋代和元代的一项了不起的创举。吴芳思认为这是异乎寻常的事，同样异乎寻常的还有纸币本身，因为在马可·波罗写书时纸在欧洲刚开始为人们所知。意大利在十三世纪初才掌握造纸术，而且考虑到纸质脆薄易碎不能耐久，于 1221 年宣布禁止用纸来制作官方文书。因此，当马可·波罗在中国的时候，纸一定是稀有商品。既然欧洲人把纸当作信不过的材料，他们发现纸被用作通货一定感到特别惊奇，但是马可·波罗似乎不为所动。

2. 期票、钞票

同时，吴芳思还写到期票或汇票（称为"飞钱"）和钞票。印制而成的期票首先是在九世纪的中国由商人和官府使用，期票制依靠已树立声誉的商人们的商会得以推行，在金融交易中用纸制"期票"取代通常使用的铜钱或体积巨大的金银元宝，为走远路的商人提供方便。真正的"钞票"于十一世纪初叶问世。

解密：马可·波罗到过中国吗？

蒙元时代发行过几种不同票面的钞票，制作钞票的方法是用刻有反体汉字的版本印在面积很小、颜色微黑的纸张上，最后盖上红色蒙古文御玺表示准许流通。《寰宇记》对钞票的兑换和相对价值做了详尽的记述，但没有考察雕版印刷的错综复杂性，对纸币的描述只说是"盖了章的"。吴芳思还举例说明纸币的流通对欧洲人来说是寻常的，即鲁不鲁乞比马可·波罗早三十年左右就在蒙古看到了纸币并有记述："契丹日常流通的货币是用纸做的，其面积有手掌那么大，上面印有蒙哥汗御玺上的条纹形字体……"。而马可·波罗对此一字不提，这就让吴芳思很不解。

（四）马可·波罗对中国的书法不为所动

与马可·波罗差不多同时代的欧洲访问者对蒙古人和汉人也有所记述，马可·波罗的文本和这些记述相比就有一些极其重要的缺漏。鲁不鲁乞对纸币做了描述之后立刻介绍了中国的书法，他认为书法是中国最具特色的事物之一，但马可·波罗似乎不为所动。

1. 书法

对于马可·波罗对中国书法的不为所动，莱奥纳尔多·奥尔斯基为其辩护。他认为这种文字对马可·波罗这样"一个缺乏写作或宗教方面的热情……的异邦人"来说是无法理解的。对此吴芳思的解释是即使这种文字对他是无法理解的，他没有注意到这种文字想必也是很不容易做到，因为当时连蒙古人自己都被汉字吓唬住了。吴芳思还提到忽必烈对古汉文不能应用自如，但他的一些继承者已是日益汉化，越来越擅长汉字的书法和写作。连蒙古人都被汉字吓到了，但《寰宇记》却没有提到这种特别异乎寻常的文字，这不仅让吴芳思不解，也让我们不解。

2. 书面语言

让吴芳思不解的还有中国人广泛使用的书面语言竟然也没有引起马可·波罗的注意。对此吴芳思说即使是一个对衙门的公务漠不关心的旅行者，要对汉字视而不见也是困难的。在这个发明了纸并几乎比任何别的国家都更加尊崇书面语的国度里，一个人，即使他是异邦人，竟然可以声称自己曾在衙门供职但没有注意到蒙文和汉文的书面体系或者认为这些东西无足轻重，这是难以想象的事。虽然《寰宇记》在有些地方提到供举行葬礼时焚烧用的纸人、打扮得华丽的纸马和纸骆驼以及冥钞，该书却没有提到木版印刷的广泛应用。在马可·波罗所记述的城市和市场里，有成本低廉的印本通俗小册子和琳琅满目的小说，以及有书商云集的地方，可马可·波罗记述时只提到有食品和丝织品出售，并未提及纸张。如果马可·波罗到过中国，那么这是令人费解的。

（五）马可·波罗对茶不置一词

马可·波罗对杭州市面上陈列的食品以及御宴中供应的琼浆美酒杯有相当大的兴趣，但令人感到诧异的是他对茶不置一词。茶从汉代起就成为中国南方的饮料，而茶在中国北方真正成为广为普及的饮料是在八世纪末叶，此后茶就成为全中国的标准饮料。

《寰宇记》所记述的许多地方以出产不同品种的茶叶闻名于世，比如福建的乌龙茶和杭州地区的龙井茶。马可·波罗到过的旅游胜地，如杭州和苏州，满城都有不同档次的茶馆：简易的茶馆设在肉市附近，比较高雅的茶馆则设在较好的商业区。吴芳思认为如果马可·波罗一行果真如他所说的那样交游甚广，那么肯定会有人请他们进这些茶馆款而待之；即使没有人款待他们，那些沿街而设的茶馆不引起他们的注意也是很难的。可能有人辩解说，虽然在中国学会喝茶的阿拉伯人和波斯人喜欢喝茶，用开水沏茶不会引起马可·波罗的欧洲读者的兴趣。对此吴芳思说在中国逗留了十七年而不知这种饮料广受欢迎，这是难以想象的。

（六）马可·波罗抛弃有关异邦女性及缠足的记述

吴芳思认为对于马可·波罗对茶不置一词可以有人这样辩解：代笔人鲁思梯谦诺认为用开水沏茶不可信或者意思不大，所以把这段材料摒弃了。但是很难想象一个传奇作家会抛弃有关异邦女性及缠足奇风的记述。

缠足是在宋代的上层阶级中开始流行的，那时小女孩要让人把她们的脚趾压弯到脚底，然后用湿布带缠住，这样就形成了前部很尖的小脚。这种习俗后来流传得越来越广，特别是在十二世纪初叶，可是蒙古人并没有接受这一习俗。因此吴芳思认为可以对《寰宇记》中较少讲到妇女，甚至没有一处提到缠足的习俗做这样的辩解：在波罗氏一行正在中国的蒙元时期，缠足之风没有广泛流行，外国旅行者有可能见不到那些不能走远路的缠足妇女。还可以有另一种辩解：妇女居家不出户使马可·波罗看不到几个汉族上层妇女。而对于马可·波罗对一些商人的妻子做这样的记述，说福建妇女非常漂亮，杭州商人的妻子用绫罗绸缎和珠玑翠玉打扮自己。吴芳思认为有人会有这样

解密：马可·波罗到过中国吗？

的说词：商人一向被人藐视，他们的儿子被禁止进入官僚阶层。因此商人之妻或许没有立即受到上层阶级缠足之风的影响，并有可能因到街上炫耀财富而被外国人瞧见。而且在传统的中国，异邦人或外地人后来难得见到良家女子，除非是女仆。但是在蒙古人统治时期，这些习俗规范比较放松，马可·波罗有可能在中国城镇的街道上遇不到缠足的妇女。

从上面的猜测看马可·波罗没有提到缠足习俗是很正常的，但是吴芳思又说从1320年起在中国各地旅行，并于1330年口授回忆录的和德里却一面描写当时男子修留特长指甲的风尚，一面对中国南方妇女的缠足有所记述。同时还提到约翰·曼德维尔爵士在十四世纪中叶写游记时几乎逐字抄袭和德里关于缠足的那一整段文字："那里的妇女是否高贵以缠足为标志，所以她们一旦降生于世，两脚就被紧紧裹住，使它们不能正常发育。"对此吴芳思很不解，她认为声称自己进入了上流社会的马可·波罗没有看到缠足妇女，而没有进入上流社会的虔诚的修士和德里却对缠足做了详细的描述，在短短五十年不到的时间里，社会风尚的变化竟然如此迅速，这实在是难以想象。

（七）没有注意到鸬鹚捕鱼或者对这项生产活动不感兴趣

马可·波罗没有注意到的或者不感兴趣的现象除了有关妇女的情况外还有利用鸬鹚捕鱼这项生产活动。吴芳思说今日的旅行家若是从桂林泛舟顺流而下，他们目击的一景就是渔民利用驯服的鸬鹚捕鱼。吴芳思还提到以马噶尔尼为首的访华使团的一些成员曾入迷地观看此景："这种鸟很像是另一种鹈鹕……或通常所说的鸬鹚。它们可以逮着并衔住和它们一样重的游得飞快的鱼……"。和德里修士也注意到这种鸟，他说鸬鹚"捕获大量的鱼，而且它们一旦衔住鱼，就会自动地把鱼放进篮子里"。这是最早传到欧洲的对鸬鹚的记述。

通过以上几个方面的漏洞和疑问的论述，吴芳思还是没有解决关于马可·波罗是否到过中国的问题。因为她在最后又说有人提出理由支持马可·波罗，反对德国蒙元史学家的观点。他们说，从马可·波罗在华生活到他写《寰宇记》，其间相隔多年，有些事情他可能都记不起来了。另外有些事情，比如饮茶的习俗，他有可能告诉了鲁思梯谦诺，但被后者认为不会引起公众的兴趣而予以割弃；也有可能由于文本千变万化和抄写者的人数众多而被删除。马可·波罗也许和鲁思梯谦诺一样，对中国文化缺乏兴趣或者只具有狭隘的欧洲人的观点，因此对书法之类的东西不感兴趣，尽管他在序言里声称自己至少掌握了蒙古文，曾直接和忽必烈汗对谈。在这些争论中，吴芳思还是感到疑惑的，最奇怪的一点是没有记述缠足，因为这几乎是后来的旅行者首先看得入迷的习俗。如在马嘎尔尼使团时期，巴罗曾于1793—1794年见到缠足并予以记述；斯汤顿在该使团的实录中也对缠足有所说明。吴芳思曾经见过伦敦人类博物馆所收藏的中国文物，根据她的印象，其中为数最多的手工艺品就是为缠足女人制作的小绣鞋。这说明缠足应该是欧洲人所感兴趣的，可是马可·波罗并没有记述，这不得不让人对他到过中国的真实性感到困惑。

最后吴芳思对本章节做了这样的总结：西方人所想象的象征着中国的三样东西——茶、汉字和缠足，在被公开宣布为广受欢迎的文本中竟然一无所见，这是令人迷惑不解的事。除了漏写这些东西，吴芳思还提到筷子也没有引起马可·波罗的注意。吴芳思并没有明确地告诉人们马可·波罗到过或者没有到过中国，之所以有这样的总结可以理解为吴芳思在这一章中是不相信马可·波罗到过的中国的。

二、"第八章"中使用的史料分析

吴芳思在文章中使用了很多材料，包括传说、引用别人书籍的话、实物等，根据史料的真实度将文章所使用的史料分成可信的、值得怀疑的、不可信的这三种。

1. 可信的史料

在对马可·波罗语言的准确性上吴芳思使用了德国蒙元史学家福赫伯的观点，即"德国蒙元史学家福赫伯就马可·波罗的准确性所提出的怀疑，部分地根据他的书的内容，特别是根据他记述中国时漏写的一些极其引人注目的东西。下面逐一看看他漏写了什么引人注目的东西"[1]88。这是可信的，这出自福赫伯的《蒙古帝国时期中国与西方的关系》，载于（英国）皇家亚洲学会香港分会会刊，因为是原始史料，并且被如此有声誉的会刊转载，说明可信度高。

吴芳思在提到"丰特希尔瓶"时说"这个花瓶在19世纪中叶为爱尔兰国立博物馆所收藏"，还说"宋代和元蒙时代的青白瓷碎片已在德化窑址发现"和"青白瓷早于乳白色的'白瓷'"以及"同安在宋、元两代就生产青瓷和青白瓷"。这些史料也是可信的，因为这些都是史实性的东西，不是个人理论，所以认为可信。另外对于"马可·波罗罐"是否存在，我认为这种罐是存在的，不仅因为它出自约翰·艾尔斯的《白瓷》（载入《东方陶瓷界交易》），更因为吴芳思说出了它的具体情况，所以认为可信。

在描写煤时，《寰宇记》是这样写的："一种像挖矿脉那样从山里挖出来的能像木材那样燃烧，又能像木炭那样烧尽的黑色大石块"[1]91。我认为这也是可信的，因为煤就是这样的。

吴芳思在说关于纸的时候采用了钱存训的《纸和印刷》中的相关观点，"当马可·波罗在中国的时候，纸一定还是稀有商品"。认为这是可信的，因为这是被人们认可的史实。另外，吴芳思在讲到纸币流通的"盖章"时，引用了鲁不鲁乞的记述，"契丹日常流通的货币是用纸做的，其面积有手掌那么大，上面印有蒙哥汗御玺上的条纹形字体……"[1]93。还有说到书法时，吴芳思也引用了鲁不鲁乞的话，"他们用画家所用的那种刷子写字，每写一个汉字都要写出构成一个词的几个字母"[1]93。我认为这些也是可信的，因为这是文献史料，也是鲁不鲁乞对于他亲身经历的事情的记录，所以可信度高。

吴芳思在写到汉字的"威力"时引用了莫里斯·罗萨比《忽必烈汗》的"蒙古人到了13世纪初才有自己的文字体系"，还有"蒙古人的智商可能比汉人的高，因为他们的文书是先用蒙文写，然后又译成汉文"。[1]94另外，吴芳思还引用了福赫伯《蒙古皇帝能否写读汉文？》，载于《亚洲学刊》中的"忽必烈对古汉字还不能应用自如，但他的一些继承者日益汉化，越来越擅长汉字的书法和写作"。[1]94这些也都是可信的，因为这是被大家认可和接受的，所以可信度高。

吴芳思提到纸时，引用《寰宇记》里记载的"在有些地方提到供举行葬礼时焚烧用的纸人、打扮得华丽的纸马和纸骆驼以及冥钞。"和"在南宋都城杭州的17个市场中就有一个书市，而'桔园亭'一带则是书商云集的地方"。[1]95这些都是可以考证的，所以这些材料是可信的。

吴芳思为了说明马可·波罗在中国时茶的盛行，她引用了雅克·热而内的《中国被蒙古征服前的日常生活》中的"有人在1275年记述杭州时对漆器茶盘、瓷茶杯、不同品种的茶叶以及装饰茶馆的字画、花卉和盆景都有所描述"[1]96。这是有依据的，因为人们知道茶在当时的中国是很盛行的，特别是在杭州这个繁华的南方城市。

吴芳思在说到缠足时使用了帕特里夏·巴克利·埃布雷伊的《从内宅看宋代中国妇女的婚姻和生活》中对缠足的表述："缠足是在宋代的上层阶级中开

第九章 对"第八章 挂一漏万"的释读和评价

始流行的,那时小女孩要让人把他们的脚趾压弯到脚底,然后用湿布带缠住,这样就形成了前部很尖的小脚"[1]96。另外,吴芳思提到约翰·曼德维尔爵士在十四世纪中叶写游记时几乎逐字抄袭和德里关于缠足的那一整段文字:"那里的妇女是否高贵以缠足为标志,所以她们一旦降生于世,两脚就被紧紧裹住,使它们不能正常发育"[1]98。这跟今天人们所了解的缠足方法和目的相差不大,所以是可信的。

在说到鸬鹚捕鱼这项活动时,吴芳思使用了两则史料,即以马噶尔尼为首的访华使团的一些成员曾入迷地观看此景:"这种鸟很像是另一种鹈鹕……或通常所说的鸬鹚。它们可以逮着并衔住和它们一样重的游得飞快的鱼……"。和德里修士也注意到这种鸟,他说鸬鹚"捕获大量的鱼,而且它们一旦衔住鱼,就会自动地把鱼放进篮子里"。[1]98 这是他们亲眼所见,也确实存在这项活动,所以这种说法可信度高。

2. 值得怀疑的史料

吴芳思在说明瓷器的制造方法具有很大的吸引力时,使用了玛格丽特·梅德利《中国的制陶工匠》里的"迈森工厂的伯特格尔终于在18世纪中叶试制瓷器获得成功"[1]100。在这里玛格丽特·梅德利并没有说试制瓷器500年未果,而吴芳思却说"欧洲的制陶工匠曾经错误地以贝壳粉和骨粉为原料试制瓷器500年未果,后来才发现秘密所在"[1]89。这让人感到怀疑,甚至觉得其不可信。

吴芳思在说明马可·波罗对瓷器的记述用语混乱时说:"他(伯希和)的鉴定使辨认生产这种瓷器的城镇变得越加困难,因为没有一个生产青瓷的城镇的名称是和"丁久"十分相近的。"[1]90 这是值得怀疑的,因为这是译注《马可·波罗寰宇记》的译者注的,且原文是"马可·波罗在书中似乎提到两个不同的 Tingiu:一个在江苏,是产盐的城市;另一个在福建,是产瓷器的城市。在福建的'丁久'从其发音来看和'汀州'比较接近。据说闽南方言中的'州'和普通话的'久'同音"[1]100。且《寰宇记》本来就是马可·波罗在狱中向鲁思梯谦诺以口传授的行迹,离马可·波罗在中国的时间很久,而人们一直对马可·波罗到底有没有到过中国这一问题议论不一。所以以此作为史料是令人怀疑的。

吴芳思在说到莱奥纳尔多·奥尔斯基为《寰宇记》没有提到文字辩护时,引用了莱奥纳尔多·奥尔斯基说的对于"一个缺乏写作或宗教方面的热情……

131

的异邦人"来说是无法理解的。[1]93 对此吴芳思很怀疑马可·波罗真是如此一个人吗？莱奥纳尔多·奥尔斯基的辩解令人怀疑。

3. 不可信的

在论述唐朝用纸数量时，吴芳思用了这样的例子，"据估计，在唐朝，光一个部每年为征税对财产进行评估所需的纸就达 50 万张"[1]94。这还有待考证，因为这里没有说纸张的大小，也很难考证张数，所以这样的史料是不可信的。

通观全文，可以得出以下结论：吴芳思既没有说马可·波罗到过中国，也没有说其没有到过中国，最后只是说"西方人所想象的象征着中国的三样东西——茶、汉字和缠足，在被公开宣布为广受欢迎的文本中竟然一无所见，这是令人迷惑不解的事"。对于吴芳思在第八章使用到的材料，就其真实度而言，既有可信的，也有不可信的，同时还有值得怀疑的。

参考文献

[1]（英）吴芳思著，洪允息译.马可·波罗到过中国吗？[M].北京：新华出版社，1997.

第二节 对"第八章 挂一漏万"的评价

吴芳思《马可·波罗到过中国吗？》第八章以马可·波罗没有提及茶、女子缠足等一些中国特有的事物为由而进一步提出质疑。怀疑论派的观点和看法不是没有道理的，《马可·波罗游记》本身的内容确实存在着大量漏写和混乱的地方。但是怀疑论派没有任何证据来证明马可·波罗是否到过中国这一关键性的问题，只是针对《马可·波罗游记》挂一漏万而提出质疑。因此，对于马可·波罗是否到过中国这个问题，在没有确切的证据以前，任何单方面做出的结论，都是值得商榷的。

一、吴芳思没有达到选题的目的

第八章中，吴芳思认为由于马可·波罗没有提到一些被认为是中国所特有的事物，其中最为突出的是茶和女子缠足等，所以马可·波罗不可能到过中国。真的是这样吗？吴芳思真的达到了自己的选题目的了吗？下面来看看吴芳思的具体论据。

（一）瓷器

严格意义上来说，其实瓷器并不算是《马可·波罗游记》"漏写"事物中的一部分。这里稍微有一些混乱，因为吴芳思在此章论述前还引用了马可·波罗对瓷器的描述，尽管马可·波罗对瓷器的记述用语很混乱。马可·波罗讲到福建刺桐（泉州）附近有一名"Tingiu"城出产一种碧蓝色（azure）瓷器，远销世界各处。这说明《马可·波罗游记》已提及中国的瓷器，吴芳思却将azure当成是青瓷器，与Tingiu这一地名对不上号，而茶、瓷器（汉字）、妇女缠足三者都被遗漏，令人困惑不解。

（二）印刷

吴芳思认为马可·波罗提到纸币，但未提及印刷术。又说，马可·波罗讲到行在（杭州）风俗时，提到人死后其亲属用纸制人、马、骆驼、奴婢的像和纸币等焚烧以殉，但未说明这些是印刷品。马可·波罗所经城市如福建为印书中心，杭州有书商聚集的橘园亭等，马可·波罗皆未述及。

这确实令人疑惑。中国的雕版印刷术在元代时期已经普及全国，作为中国

133

解密：马可·波罗到过中国吗？

古代的四大发明之一，直到十四世纪末才由波斯传到欧洲，马可·波罗却早在一个多世纪以前就从印刷术的故乡回国，当他口述的《马可·波罗游记》还只能以手抄本缓慢地辗转传抄时，他又为什么没有想起中国的印刷术呢？这确实有可能说明《马可·波罗游记》记录的关于中国的事情只是道听途说而已。但也有可能是马可·波罗曾多次提及纸币，当时纸币是印刷品，当然说明对此并不陌生。但他是商人子弟，习惯于注意商品情况如珍贵产品及货币价值等，与作为传教士的鲁布鲁克不同。当时欧洲还没有印刷术和印刷品，怎能要求他说出印刷术这一名称呢？

（三）汉字

吴芳思说传教士鲁布鲁克的《东游记》中，曾提到中国字（汉字）的写法，但《马可·波罗游记》中却未提及汉字。意大利学者奥勒斯吉对此事的解释是，像马可·波罗这样缺乏文学的或精神方面创造力的外国人，很难接近或接受中国的语言和文字。很难想象，在一个发明了纸而文字又极受崇敬的国家中，一个自称在元朝做官的外国人，竟会不注意蒙古和中国的书法或对之毫无兴趣。其实此说与实际情况不符。据《元史·崔斌传》，至元十五年（1278年）时，江淮行省的官僚（指蒙古及西域人——引者）竟"无一人通文墨者"。元末文人叶子奇著有《草木子》，他在《杂俎篇》中说："北人不识字，使之为长官或缺正官，要题判署事及写日子，七字钩不从右七而从左转，见者为笑。"当然，有些蒙古人和西域人还是读书识字的，不过为数不多。当时在各官府中一般设置翻译人员，有译史，从事笔译，有蒙古译史和回回译史（为西域人翻译）；有通事，从事口译，蒙古语称怯里马赤。[1]114 因此，不通汉语或汉文并不妨碍一个外国人在中国从事各种活动。

而且，马可·波罗不是唯一一个提到中国纸币（印刷的），却没有论述字体的人。伊本·拔图泰也是一样，波代诺尔的鄂多立克修士提到中国的缠足风俗和纸币，也同样没有评论这种字体。[2]5 很明显，只有比马可·波罗或鄂多立克具有更高教育程度、更有文学注意力，即更聪明、更老练的旅行者才会对复杂的中国字体感兴趣。综观马可·波罗的叙述，显示出他对精神上的高水平成就或文学追求缺乏兴趣，中文字可能只是简单的距他很远。正像其他人指出的，马可·波罗是从统治者的角度看中国。由于身份不同，兴趣不一，视角有异，对所见所闻的事物自然各有侧重，记载或详或略，不能要求一致。以一方所记为准，因对方失记或误记而指责之甚至宣布其为抄袭或伪书，在情理上或逻辑上都是站不住脚的。这个解释也适用于印刷术和其他显著遗漏之处，既然中国书法在他的兴趣之外，那么，马可·波罗的沉默不该使我们过分惊奇。

虽说马可·波罗从未提及中国字的特殊性，而中国字作为不同于其他任何亚洲国家或欧洲的文字，甚至是最偶然的观察者也会对它留有印象。即使从未到过中国、只到过蒙古的威廉·鲁不鲁克，也非常正确地描述过中国字。所有这些都使人们对波罗一家长时间在中国居住的论点产生某些怀疑。但那是可能的，除非有确切的证据表明《马可·波罗游记》是对世界的描述，其中有关中国的章节可能来自一些其他的、或许是波斯的资料，我们必须相信他，并假定他就在那里。[1]111

(四) 茶

《马可·波罗游记》中没提到茶叶。吴芳思说："杭州街市中茶馆很多，他们一家应该光顾品尝，即使不去，也不应毫不提及。很难想象，一个在中国住了十七年的人竟对此大众饮料不予理会。"

关于茶的问题，迄止十三世纪七十年代，并无资料证明蒙古人与回回人已普遍饮茶，即使到了九十年代初，也很难说蒙古人与回回人已饮茶成风，[3]长期生活在蒙古人与回回人中间的马可·波罗自然就不一定能得到茶的信息，或者将饮茶当作中国特有的重要事物。这样，他在书中没有记茶也可以说是合乎情理的。

在元代，东来的中亚、西亚人士，基本上都是依其所属部族或原籍集结聚居，在广大汉人社会里，形成大分散、小集中的局面。他们始终保持自己原有的语言、习俗、宗教信仰、婚姻、服食，乃至于自有专门的义阡葬域。有变易旧俗者就会"取摈于同类"。故虽散布各地，"然而求其善变者则无几也。虽居中土也，服食中土也，而惟其国俗是泥。""虽适异域，传子孙，累世不敢异焉。"[4]94

元代旅华的西方人基本上是按民族、宗教自成聚落，分布在全国的某些地区，大分散、小集中，在汉人社会之内形成自己的小绿洲。它们与汉人社会，由于等级、宗教与民族的矛盾，造成彼此的隔阂。在这些东来的旅华人内部，同样由于宗教与民族的矛盾，也是互不相容的。把马可·波罗放到这样一个大环境来了解，这个问题便可以得到较合理的解释。

当然，也有可能是文化差异起了重要的作用。对我们中的一些人来说如此重要的调味泡汁，对马可·波罗来说却如此微小，以至于他认为不值一提，或忘记提它，正如吴芳思自己猜测的那样，蒙古人不喝茶，很可能马可也不喝茶。鄂多立克对这种中国习俗像他的威尼斯前辈一样视而不见，阿拉伯的伊本·拔图泰也是如此。这样的解释同样适用于筷子的使用。

（五）缠足

晚于马可·波罗来华的意大利方济各派教士鄂多立克曾提到蛮子省（南中国）的妇女以缠足为美，而《马可·波罗游记》却无此记载，吴芳思认为不可理解。她说："如果代笔人鲁思梯谦诺认为煮茶一事不可信或对之毫无兴趣而不予记载的话，为何对妇女缠足这一奇特风俗也置之不顾呢？"她随即对缠足史做了简述：缠足在宋代（960—1279）上层社会妇女中已盛行，至二十世纪初叶，除最贫穷农家妇女须在田间劳动而不缠外已遍及各阶层，但满族与蒙古族妇女则不缠足。她说："也许可以为马可·波罗辩解说，假定他们一家在中国的话，那时缠足还不普遍，而缠足妇女因不能远行，外国旅客很难见到；也可以说，由于汉族妇女处于封闭状态，马可·波罗很难见到上层社会的妇女，他描述的只是地位低下的不缠足的商人妇女，她们可能为在街上炫耀财富遂为外国人所见，马可·波罗可能在蒙古统治的松弛日子里见到不缠足的妇女吧。"说了这些似乎为马可·波罗开脱的话后，吴芳思话锋一转说，"尽管如此，鄂多立克却在他的回忆录中描述了中国妇女缠足的情形"。很难设想马可·波罗见不到这种情形，而虔诚的、无权进入像马可·波罗宣称的上流社会的鄂多立克反倒能略述其情。

但其实吴芳思自己说的一句话已在一定程度上对这个问题做了回答，吴芳思说："在这些争论中，最奇怪的一点是，马可·波罗没有记述缠足，因为这几乎是后来的旅行者首先看得入迷的习俗。""后来的"这一定语正是问题的关键。[5]183也就是说，对于缠足，西方"后来的旅行者首先看得入迷"，但马可·波罗是否就一定能见到这种习俗呢？吴芳思不仅不能证明马可·波罗在中国时缠足已成为普遍流行的习俗，相反，她已经意识到"在波罗氏一行正在中国的蒙元时期，缠足之风没有广泛流行，外国旅行者有可能见不到那些不能走远路的缠足妇女"。"妇女居家不出户使马可·波罗看不到几个汉族上层妇女"。遗憾的是，对于这样一个至关重要的问题，吴芳思并没有深究下去，而是将它轻易地回避过去了。

因此，可以说，在许多方面，中国，更确切地说是中国人，对马可·波罗来说仍是一本合着的书：这无疑可以说明他对缠脚这种特殊习俗的忽略。如果他与中国社会没有密切联系——显然他没有——他将发现调查这种行为很困难，这种行为被限制在一个对他来说很陌生的社会阶层中，并且远离公众的眼睛。[2]6 顺便提一句，伊本·拔图泰也没有注意或记录缠足，而鄂多立克做到了。

（六）鸬鹚捕鱼

鸬鹚捕鱼，鄂多立克记录了而伊本·拔图泰没有记录；也可能由于疏忽，也被马可·波罗的叙述忽略了。我们必须记住，尽管《寰宇记》很丰富，但它不是百科全书，偶尔会有有趣的话题被遗漏，正像我们看到的一些引人注目的题目被其他旅行者的叙述所忽略一样。

引用德国著名科学家洪保德的话说，在西班牙巴塞罗纳市的档案里没有哥伦布胜利进入该城的记载，在马可·波罗书中没有提及中国的长城，在葡萄牙的档案里没阿美利加奉皇命航行海外的记载，而这三者都是无可否认的事实。如果只以一部游记没有记载它可以记载的某些事实而否定其真实性为标准，那就几乎可以否定任何一部游记；反之，如果以《马可·波罗游记》中所特有而其他游记则无的记载为准则，是否可以否定其他游记的真实性呢？当然不能。[1]108 那是对作者的一种苛求，要求一部旅行记或地理志事无巨细、小大不弃一一记录下来，是一种不切实际的苛求。以此为标准判断一本书的真伪，未免过于轻率。

吴芳思是她在认为没有足够的材料证明马可·波罗到过中国的情况下提出她的看法。她也感到自己的看法是不成熟的，还有待史料的证明。她的看法仅仅是作为一种假说，向她有怀疑的传统观点提出挑战。正如它的中译者所说的那样，其"内容主要是一些持类似的学者的论点的综合，书中并没有作者本人很多独创的新见解"。

由上可见，对于马可·波罗没有提到茶和女子缠足等这些被认为是中国所特有的事物，而对马可·波罗是否到过中国提出质疑，虽然有一定的道理，但是，同样的，也存在许多疑惑，因而吴芳思尚未完全达到自己的选题目的。

二、"第八章"中存在的不足

（一）没有解释马可·波罗著作中关于中国的大量记述的正确性

马可·波罗固然"漏写"了一些中国的事物，但与这些事物相比，书中更多的则是对中国的正确描述。如果否定马可·波罗到过中国，那么，怀疑论者就

解密：马可·波罗到过中国吗？

必然会面临着这样一个难题：如何合理地解释马可·波罗著作中关于中国的大量记述的正确性，特别是那些具体细节的正确性。对此，怀疑论者很少有人给予正面的讨论，只有福赫伯提出《马可·波罗游记》可能是从某个波斯文导游手册中抄来的，但关键是，迄今为止，谁也没有发现有这样一本导游手册。

（二）没有注意到当时的社会地理大环境

这个大环境的特点就是当时旅华的西方人基本上是按宗教、民族各成聚落，且互相矛盾，彼此隔绝的。具体到马可·波罗，他是来自意大利的罗马天主教徒，他只身东来，必须有所投靠，而在宗教上和他最亲近的恐怕只能是主要由阿速人、钦察人等基督教徒所组成的小群体。这就决定了马可·波罗在中国逗留的时间哪怕长达十七年之久，然而他的人事活动范围却只能很小，因此对汉文化完全隔绝是必然的。这一点，我们从同时代的西欧来华人士所留下的记述中可以得到证明。孟德科儿维诺是1293年左右来华的，在大都留居三十五年，约于1328年死在他的大都大主教任上；彼烈格林约在1313年抵大都，长期任刺桐主教，1322年死去；继任刺桐主教的是1313年与彼烈格林同抵大都的安德鲁，他们都曾长期生活在中国。1342年，又有一个包括有马利诺里（Marignoli）在内的天主教使团从陆路来大都，前后停留了三年，再循海道西返。前述的三位主教都留有给罗马教皇的信件，报告他们在中国传教的情况，马利诺里也有此行的报告。这些材料内容都很简单，而且主要限于宗教活动，所有这些报告在完全看不到汉文化气息上则是毫不例外的。[4]98

（三）忽略了马可·波罗会"漏写"一些关于中国的事物的可能原因

我们认为，要说明为什么马可·波罗会"漏写"一些关于中国的事物，首先就必须考察这些事物在当时是否存在；如果存在的话，又是什么样子；它们当时是不是已成为中国的重要标志，是不是必然会引起外来旅行者的特别注意。只有在进行这样的考察和研究之后，才能合理解决所谓"漏写"的问题。

据说马可·波罗临死前，有人要他声明他在书中所说的都是无稽之谈，但马可·波罗却回答："我所说出来的还不到我所见到的一半。"长期以来，许多人都用马可·波罗的这句临终遗言来解释马可·波罗为什么没有提到那些所谓"漏写"的事物，也就是说，马可·波罗还没有来得及将这一切说出来。也许，就有些中国事物而言，马可·波罗确实看到了但没有来得及告诉世人；或者，还有一些中国事物，马可·波罗根本就看不到，即使看到了也不会留下特殊的印象。我们以为，怀疑论者所列举的那些"漏写"的事物，大都属于这一类。例如，关于茶的问题，我们早已说过，迄止十三世纪七十年代，并无资料证明蒙古人与回回人已普遍饮茶，即使到了九十年代初，也很难说蒙古人与回回人已饮茶成风，长期生活在蒙古人与回回人中间的马可·波罗自然就不一定能得到茶的信息，或者将饮茶当作中国特有的重要事物。这样，他在书中没有记茶也可以说是合乎情理的。

对于"马可·波罗到过中国吗？"的疑问，应该说，这原是一个在不同程度上长期存在争议的问题；也是一个如果再没有新的原始资料发现，恐怕是两造之间都很难提出确证，可以让对方完全信服的问题。原因很简单，无论是怀疑者还是肯定者都只能根据其《马可·波罗游记》所记述的材料立论。而《游记》一书的确有很多破绽漏洞，个别地方甚至可以肯定有冒伪之处，足以启人产生他是不是真曾亲历中国的怀疑。因此，问题看来远谈不上解决。

综上所述，鉴于马可·波罗没有提到茶和女子缠足等这一些被认为是中国所特有的事物，而对马可·波罗是否到过中国提出质疑，是有一定的道理。但是，只是通过漏写的这几样东西就判断马可·波罗没有到过中国，未免过于轻率。在没有确切的证据以前，任何对此做出的结论都是站不住脚的。如果再没有新的原始资料发现，恐怕马可·波罗是否到过中国将依旧是一个谜。

参考文献

[1] 杨志玖. 马可·波罗到过中国——对《马可·波罗到过中国吗？》的回答 [J]. 历史研究, 1997, 3:106—122.

[2] 罗依果, 赵琦. 马可·波罗到过中国 [J]. 蒙古学信息, 2000, 3:5—23.

[3] 黄时鉴. 关于茶在北亚和西域的早期传播——兼说马可·波罗未有记茶 [J]. 历史研究, 1993, 1:141—145.

[4] 周良霄. 元代旅华的西方人——兼答马可·波罗到过中国吗？ [J]. 历史研究, 2001, 3:91—100+190—191.

[5] 黄时鉴, 龚缨晏, 杭州大学历史系. 马可·波罗与万里长城——兼评《马可·波罗到过中国吗？》[J]. 中国社会科学, 1998, 4:169—184.

第十章 对"第九章 冰淇淋和意大利式实心面条"的释读和评价

第一节 对"第九章 冰淇淋和意大利式实心面条"的释读

吴芳思《马可·波罗到过中国吗？》的第九章"冰淇淋和意大利式实心面条"，主要探讨了面食、饺子、冰淇淋的起源，从烹饪方面入手，来探讨马可·波罗有没有到过中国的问题。最后她认为马可·波罗只是意大利和中国文化交流的轻便桥梁，忽略了阿拉伯这个关键点。而对于吴芳思使用的材料，既有可信的，也有让人怀疑的，甚至有不可信的。

一、对"第九章"的释读

"冰淇淋和意大利式实心面条"这个章节的题目给人的第一感觉就是有趣，具有很强的吸引力让人去细细品读。虽然这一章所占页数并不多，总共十一个自然段，包括注释在内字数也就三千多，可就在这短小篇幅内，吴芳思以自己独特的角度表述了马可·波罗对意大利或者说对中国的烹饪艺术有何影响这一问题，并把这个问题分成四个方面来阐述，分别是：意大利和中国都以自己的烹饪传统而自豪，面食的真正首创者是波斯人，小方饺是意大利北部地区的发明创造，冰淇淋在中国唐代就已见雏形。而每一方面又从多角度展开，目的在于从饮食（主要是面条、饺子、冰淇淋）方面来论证马可·波罗到底是不是两个相距甚远而又不相同文化之间轻便的桥梁。下面我们逐一看看。

（一）意大利和中国都以自己的烹饪传统而自豪

这是吴芳思在这章中第一个论述的问题，为了论述这问题，吴芳思从马可·波罗对中国的烹饪记叙少、意大利和中国食物具有相似性、怀疑文化传流论观点这三个小方面进行说明。

第十章 对"第九章 冰淇淋和意大利式实心面条"的释读和评价

1. 马可·波罗对中国的烹饪记叙少

吴芳思说马可·波罗在记叙杭州市场上的商品时,种类是多种多样的,可是记叙他自己吃过的食物时就没那么详细,甚至对提到过的面条、米饭和各种肉,也从来没有描写过这些食物的烹饪方法和怎么端到客人面前的。吴芳思是对马可·波罗的《马可·波罗游记》颇有研究的人,注意到马可·波罗对中国这么一个"民以食为天"的国度的烹饪方法描写得却如此稀少。另外,吴芳思列举了在第一个英国访华使团中担任马嘎尔尼勋爵副官的埃涅阿斯·安德森所著的《英国访华团实录》里对中国食物做法的描写,这让吴芳思感到犹如发现了新大陆般的喜悦。因为《实录》中记叙了中国菜炒肉的笼统做法,即使埃涅阿斯·安德森并没有记叙那道菜肉和菜需要的分量,或者说酱油、醋等佐料要多少,装在怎么样的碟子里等。埃涅阿斯·安德森记录了中国人的主食是米饭,而不是面包。这样的细节描述在吴芳思看来是在马可·波罗的记叙中见不到的,是难能可贵的。也正因为马可·波罗对中国的烹饪方法记叙得少,两国的民族自尊心都很强,所以吴芳思才会觉得对于意大利和中国到底谁影响谁更深这个问题令人难以揣摩,而十九世纪的文化传流论者兼历史学家以马可·波罗为寄托,认为马可·波罗是两国之间文化的传播者。

2. 意大利和中国食物具有相似性

意大利和中国都是民族自豪感很强的国家,对于自己的烹饪传统更是引以为傲。吴芳思提出了一个自己的疑惑,也是大家不解的一个问题,那就是两国食物之间竟有惊人的相似之处。吴芳思在文中列举了意大利式面食和中国式面食。中国的面食确实有不同的形状,比如片的、块的,但就如吴芳思所说的那样,中国的面条通常是细长的,比如我们常见的寿面、拉面。吴芳思提到的意大利式面食呈蝶形或者贝壳形是中国所没有的,应该犹如现在超市里所卖的"蝴蝶粉"。所以意大利人会认为是马可·波罗把意大利式实心面条引进中国,中国人经过"吸收消化"变成中国式面食;而中国人又会认为是马可·波罗把中国式面食带到意大利,意大利结合当地特色改造成意大利式实心面条。这就是"公说公有理,婆说婆有理"。李毅的《美国教科书里的中国》中有过类似的争论。李毅在一个欧裔美国女人面前说意大利的通心粉是中国面条的变种,是马可·波罗当年从中国带回去的,结果就引起那个女人唾沫四溅的反驳。

3. 怀疑文化传流论观点

吴芳思说过，文化流传论的持有者认为所有文化的类似点均由于传播而产生，不同民族文化之间的相似性证明历史上两者间有过接触。同时吴芳思也说过，十九世纪的文化传流论认为任何事物都只有一个来源。虽然吴芳思在某些程度上肯定文化传流论的观点，这可以从她所举的例子——造纸术是通过阿拉伯从中国传流到西班牙和意大利中看出。但对于文化传流论的观点，吴芳思是持怀疑态度的。因为吴芳思在后面补充了关键的一句，说："但是用文化传流论来说明其他技术就容易低估人类善于创造发明的特性。"[1]105

（二）面食的真正首创者是波斯人

在中国和意大利相争面食是自己的发明创造，是自己的传统这个问题上，吴芳思在前面没有给出明确的答案，可是接下来，我们却可以从字里行间领会到吴芳思隐藏其中的观点，即吴芳思认为面食是波斯人创造的。

1. 阿拉伯位于意大利和中国之间

吴芳思可能从文化传流论中的"传播"观点得到启发，在地图上发现阿拉伯世界恰好位于意大利和中国中间，并且当时两国的物资交流有很多都掌控于善于经商的阿拉伯商人手中。吴芳思用地理位置作为突破口，似乎想证明阿拉伯对于意大利和中国文化的重要性，而确实也如此。吴芳思提到，在烹饪书方面具有一定权威的克劳迪拉·罗登和研究中国早期食品制作的考古学家们在"面食的真正首创者是波斯人"这个观点上保持一致态度。因为吴芳思没有确切证据证明事情的真相，在说两国的面食得益于阿拉伯人时加上了"似乎"两字，我们可以理解为这是吴芳思在众多权威意见前表达自己看法的一种方式。

2. 阿拉伯带来的影响

制作意大利式面食的主要材料是硬粒小麦，而这种小麦从何而来了？吴芳思认为是一支阿拉伯军队在827年占领西西里时引入意大利的，然后这种用硬粒小麦制作面食的方法又流传到了北方甚至全国。这是吴芳思提到的阿拉伯带来的影响之一。另一方面就是从阿拉伯语中看影响。《寰宇记》中广泛采取波斯语这一事实与其有着有千丝万缕的关系，而在西西里的意大利式实心细面条叫"伊特利亚"，在热那亚的像意大利式卤汁面条那样的方形小面片称"曼迪立—迪—希亚"，热那亚的意大利式扁面条叫"特利亚"，这些称呼是阿拉伯语或与阿拉伯语相关的。这就说明，意大利式面食的确受阿拉伯的影响，应该也可以证明面食的真正首创者是波斯人。

（三）小方饺是意大利北部地区的发明创造

在中国叫"饺子"的食物，在意大利叫"小方饺"，两者都是用硬粒小麦制作而成，也都被认为得益于阿拉伯人的影响，事实真是这样吗？

1. 小方饺的来源

意大利式小方饺和中国式饺子很相似，这一点是毋庸置疑的。吴芳思提到目前出土的最早的饺子遗存是在中国地区发现的，现在藏于吐鲁番博物馆。如果单看这些字眼，也许我们会推测原来饺子起源于中国，其实不然。吴芳思还强调了饺子最早出现在八世纪时期，并且是在当时阿拉伯文化处于支配地位的戈壁沙漠中挖掘出来的，这就表明吴芳思不认为饺子是中国发明的。这里，吴芳思直截了当地说："实际上它们是意大利北部地区的发明创造"，[1]106 这就耐人寻味了。为了让自己的观点更明确，吴芳思又表明，小方饺虽然使用的仍然是阿拉伯人传来的硬粒小麦，但小方饺是热那亚在烹饪技术或者说制作面食上的创新，这与有制作带馅面食传统的波斯没有什么关系，因为没有人敢肯定马可·波罗当年在狱中向看守所里的女人传授了起源于波斯的中国式饺子，即意大利式小方饺没有间接受波斯的影响。

2. 饺子本身不是中国食品

吴芳思列举了两篇对蒙古帝国的一本题为《饮膳正要》的饮食书的词汇进行分析的文章，一篇是劳延煊译为《正当合宜和必不可少的饮料与膳食》的于1969年在台湾发表的，另一篇是福赫伯教授于1970年在威斯巴登发表的，两者时间相近但地域相隔甚远。吴芳思引用福赫伯教授的结论："一个蒙古字可能是蒙文借自突厥文的外来字，也可能是借自波斯文或阿拉伯文的突厥字，还有可能是通过波斯文转借自阿拉伯文的突厥字。"[1]107 结合面条、小方饺和其他类似的面食的名称都是突厥语这一事实，说明饺子等面食原本就不是中国发明的食品，是从西方引进并加以改造的结果。

（四）冰淇淋在中国唐代就已见雏形

夏日炎炎，有冰淇淋在口，让人倍感舒爽，今天我们经常看到享誉全球的"意大利冰淇淋"，被其诱人的样子吸引。那冰淇淋是否是意大利发明的呢？其实吴芳思并不那么认为，她认为冰淇淋是中国人创造的。

解密：马可·波罗到过中国吗？

1. 冰淇淋早就在中国出现

有传说说马可·波罗当年在中国看到有人制作冰淇淋，然后把制作方法带回了欧洲，对于这个传说，马可·波罗是给予否定的，因为在《马可·波罗游记》中并没有看到关于冰淇淋的蛛丝马迹。正所谓"三人行，必有我师焉"，吴芳思在与写冰淇淋权威作品的罗宾·韦尔交流探讨中，看到了中国可能在唐朝的时候就知道了冰冻奶制品的方法，而且"看到"的前面还用了"清楚地"三个字，来明确表明吴芳思的观点。吴芳思还引用了南宋诗人杨万里的一首赞扬"冰酪""冻奶"的诗，以说明起码在马可·波罗到来之前，中国就已经有了冰淇淋。

2. 制冰方法在欧洲出现晚

我们都知道，要制作冰，一定要把水的温度降到零度以下，达到冰点，这在当时可不是一件容易的事。马可·波罗是十三世纪来到中国的，而把温度降到零度以下是十六世纪才由欧洲的科学家实验成功的。两者相距三个世纪左右。欧洲到十七世纪才开始批量生产冰块和冰淇淋。[1]107-108 同时吴芳思还隐约表明，是阿拉伯人从中国把制冰的方法传播出去的，也就是说，欧洲的科学家通过阿拉伯人间接学到了中国的制冰诀窍。可见，马可·波罗与冰淇淋的传播毫无关系。

二、"第九章"中使用的史料分析

吴芳思在本章中使用了很多材料，根据史料的真实度将本章所使用的史料分成可信的、值得怀疑的和不可信的三种。

1. 可信的史料

在挖掘最早到过中国的旅行者关于中国饮食的记录时，吴芳思引用了在第一个英国访华使团中担任马嘎尔尼勋爵副官的埃涅阿斯·安德森的实录中的记叙，"他们做肉的方式是把它切得很细，然后和萝卜白菜之类一起用油炒。他们用大量酱油和醋作为佐料添加在菜肴里""面包的最佳替代食品"等，这些是可信的，因为实录是文献史料，也是埃涅阿斯·安德森对于他亲身经历的事情的记录，所以可信度高。

对于十九世纪的文化传流论观点，吴芳思是部分赞同的，赞成有些技术是可以通过传流而产生的，于是她就举了一个实际例子，"造纸技术是通过阿拉伯世界从中国传流到西班牙和意大利的"[1]105。造纸术是我国古代四大发明之一，这一点毋庸置疑，能证明的实物和书籍多不胜数，所以吴芳思所举的这个例子

第十章 对"第九章 冰淇淋和意大利式实心面条"的释读和评价

是真实的。

吴芳思在论证面食的真正创造者是波斯人时，使用了以介绍中东食品为其第一本烹饪书的主题、但后来因撰写关于意大利食品的书而获两项烹饪书奖的克劳迪娅·罗登在其著作《意大利的饮食》中说的话，"面食的真正首创者是波斯人"[1]105，当然只凭一本书说的话是不足以采信的，但因为作者加上了"研究中国早期食品制作的考古学家们在这一点上看法一致"[1]105，使观点顿时站住了脚。

从词汇中考据意大利面食深受阿拉伯影响，吴芳思列举了几个面食的名字。西西里的一种意大利式实心面条被称作"伊特利亚"、热那亚的意大利式卤汁面条的方形小面片被称"曼迪立—迪—希亚"、热那亚的意大利式扁面条被称为"特利亚"[1]105-106，这些名字的存在证明意大利面食和阿拉伯有着千丝万缕的关系。犹如英式英语和美式英语，虽然发音或其他方面上有着区别，可在起源上是有着密切联系的。所以，吴芳思列举对三种意大利面条的称呼来证明阿拉伯人带来的影响是可信的。

"目前仍遗存于世的最早的饺子是用面团包着香料和肉的8世纪陪葬品，它是在当时阿拉伯文化处于支配地位的戈壁沙漠这个中国地区挖掘出来的，现在仍可以在吐鲁番博物馆中看到"[1]106。需要指出，这是本章中难得出现的实物史料，有史料记载并同时能找到实物证明的，这种史料可信度是相当高的。

在说冰淇淋在唐代已经看见雏形的时候，吴芳思指出十二世纪末叶的一首诗"看来好像是关于冰淇淋的咏物诗"，它赞美该物"似腻还成爽，如凝又似飘。玉来盘底碎，雪向日冰消。"[1]107这首诗是可信的。这首诗是南宋诗人杨万里所作，赞扬的是类似冰淇淋之物的"冰酪""冻奶"。举出此例，让我们了解到在南宋之前就已经有了冰淇淋雏形的出现。

2. 值得怀疑的史料

吴芳思为表达马可·波罗记叙中国食物的数量少时，列举了《寰宇记》中提到的中国食物，"他记述杭州市场时列举了胡椒、梨、狗肉和形形色色的鱼等商品""他提到人们吃面条、米饭和各种各样的肉（包括福建的人肉）"[1]103，这些举例是值得怀疑的。因为我们都知道，《寰宇记》中的内容是马可·波罗在狱中向鲁思梯谦诺以口传授的，而人们一直对于马可·波罗到底有没有到过中国这一问题议论不一，所以以此作为史料是令人怀疑的。

145

吴芳思在本章中说"一支阿拉伯军队在827年占领西西里时把硬粒小麦引进意大利"[1]105以支撑阿拉伯人影响着意大利和中国面食这一论点。我对于阿拉伯军队在827年占领了西西里这一历史事实并不怀疑，我怀疑的是阿拉伯军队在占领西西里当年是否就把面食的制作材料——硬粒小麦带到了意大利。也许是战争时就让当地人认识了硬粒小麦，也许占领后几年才陆续在西西里广泛普及从而作为面食的主要原料。据了解，硬粒小麦虽然盛产于欧洲和亚洲中部，但由于其适应性较强，现在在我国的其他地区也有广泛的栽种。也就是说多种可能性同时存在。

为说明饺子原本不是中国的食品时，吴芳思用了两篇文章作为论据，说"有两篇文章分别于1969年和1970年发表：一篇在台湾发表，作者是劳延煊；另一篇在威斯巴登发表，作者是福赫伯教授。这两篇文章都对蒙古帝国的一本题为《饮膳正要》的饮食书的词汇进行了分析，劳延煊把书名译为《正当合宜和必不可少的饮料与膳食》"[1]106-107，以这两篇文章来说明饺子等名称源于突厥语，所以不是中国发明的食品。这是第二手史料，是对第一手史料所做的研究及诠释。第二手史料在真实度上不及第一手史料，很可能由于著者研究的不全面、研究过程中的疏忽，又或能力高低、主观思想的局限，使结论产生一定的偏差。

3. 不可信的史料

作者吴芳思在本章中三处引用了传说，开篇首段说"按照一些最流行的传说，他可能是把中国的面条、饺子和冰淇淋引进欧洲的人"[1]103，在说明文化传流论观点时，说"在战前的维也纳，攻读人类学的学生得到这样的教导：'用水烹调是一次性发明'"[1]104，最后在阐述冰淇淋问题上说"传说马可·波罗在中国看到有人制作冰淇淋，后来就把制作法带回欧洲"[1]107。这三则材料都属于口传史料，因此带有较强的主观色彩，容易在传播的过程中以讹传讹，所以我认为这些史料是不足为信的。对于这些史料，吴芳思似乎也存有疑惑，因此在行文中突出"传说""可能"的字眼儿，这不仅表明作者用字的准确性，还表明作者严谨的治学态度。

通观全文，可以得出以下结论：吴芳思认为虽然意大利和中国都以自己的烹饪传统而自豪，但是通过史料得知，面食的真正首创者是波斯人，小方饺是意大利北部地区的发明创造，冰淇淋在中国唐代就已见雏形。所以，吴芳思最

第十章 对"第九章 冰淇淋和意大利式实心面条"的释读和评价

后认为马可·波罗只是后人眼中连接意大利和中国的桥梁。对于吴芳思在第九章中使用到的材料，就其真实度而言，既有可信的，也有不可信的，还有令人怀疑的。当然，具体情况如何，还待进一步研究。

参考文献

[1]（英）吴芳思著，洪允息译. 马可·波罗到过中国吗？[M]. 北京：新华出版社，1997.

第二节 对"第九章 冰淇淋和意大利式实心面条"的评价

通过本章的论述,吴芳思没有达到通过意大利与中国的冰淇淋与面条到底是谁影响谁来论证马可·波罗是否到过中国的目的。她论证了意大利面食与中国面食受到了阿拉伯人的影响,并论述了冰淇淋和面食的问世都与马可·波罗生活的年代相距甚远,但是,这并不能作为马可·波罗没有到过中国的直接证据。本章的论述存在一些不足之处,吴芳思大量使用间接资料进行论证且未能对其进行考证,且在论述过程中,吴芳思个人论述的内容较少、引用过多。

一、吴芳思没有达到选题的目的

(一)马可·波罗可能与意大利、中国烹饪技术的传播没有关系

吴芳思想通过意大利与中国的冰淇淋与面条到底是谁影响谁来说明马可·波罗是否对意大利或者中国的烹饪技术有所影响,从而达到论证马可·波罗是否到过中国的目的。

如果吴芳思在文中成功论证了马可·波罗对意大利或者中国的烹饪技术有所影响,那就能说明马可·波罗到过中国,但她论证了意大利面食与中国面食受到了阿拉伯人的影响,没有直接论证意大利面食与中国面食谁影响了谁。而且,吴芳思论述了冰淇淋的问世与马可·波罗生活的年代相距甚远,那就是说,无论是意大利还是中国的冰淇淋与面条,都与马可·波罗无关。但是,马可·波罗虽然对这两种食物的传播看上去没起到什么作用,但不能作为他没有到过中国的直接证据。

(二)吴芳思论证了意大利面食和中国面食都深受阿拉伯人的影响,主要从制作成分的来源和制作方法两个方面进行阐述

首先,她指出意大利和中国面食的制作成分均源自西西里地区。磨成面粉的硬粒小麦最早出现在西西里地区,后来传入意大利,并成为制作意大利面食的主要成分,而且中国北方的面条和饺子也是用传自西西里的硬粒小麦制成的。意大利式小方饺是意大利北部地区发明创造的,中国式饺子则更普遍被认为是源自有制作带馅面食传统的波斯。总的来说,吴芳思认为无论是意大利实心面条、小方饺还是中国式面条、饺子都深受阿拉伯人的影响。由此可见,意大利

第十章 对"第九章 冰淇淋和意大利式实心面条"的释读和评价

和中国面食的制作成分均来自西西里地区,两者在面食制作成分的传递之间不存在必要的相互影响作用。由此可以判断,马可·波罗在这方面没有充当传播使者的角色。

其次,吴芳思论证了面食的制作方法与习俗深受阿拉伯人的影响。部分意大利实心面条在它们的名字上保留了阿拉伯人的词汇,其中一种面条至今仍以古老的阿拉伯语"伊特里亚"命名。除了意大利北部制作面食的习俗是从阿拉伯引进获得确证外,意大利南部海港城市热那亚别有特色的传统制作面食的方法也主要受益于阿拉伯人的影响。根据在中国地区最早挖掘出来的饺子来看,它是用面团包着香料和肉的,当时挖掘出该饺子的中国地区处于阿拉伯文化的支配之下。尽管这种带馅饺子的制作方法和意大利别具特色的热那亚小方饺有相似之处,但是不能由此断定两者存在着直接的相互影响作用。吴芳思认为中国和热那亚制作饺子的这种方法有可能是源于波斯,那么马可·波罗就不太可能与热那亚烹饪技术的改进有任何联系,因为他并没有对鲁思梯谦诺口述了相关内容。但是这也不能否认马克·波罗在后来对面食制作技巧的改善有所贡献,因为不能排除他曾跟监狱的女看守人传授了中国包饺子的技术。

(三)吴芳思论证了意大利面食和中国面食的问世与马可·波罗的年代相差甚远

一支阿拉伯军队于827年占领西西里时把硬粒小麦引进意大利,当时用硬粒小麦制作意大利式面食的习俗也随之逐渐流传到意大利北方直至全国。而在中国地区,最早挖掘出来的目前仍遗存在世的是八世纪用作陪葬品的饺子,它是用面团包着香料和肉的,这种带馅饺子的制作方法和意大利别具特色的热那亚小方饺有相似之处,而且与现代人们食用的饺子也很相似,我们有理由相信居住在戈壁地区的中国人在八世纪已经掌握包饺子的技术了,意大利和中国似乎都已掌握较为成熟的面食制作技巧,但由于吴芳思没有正面论证马可·波罗在两者的技术传递中有否起作用,所以就不能由此否认他曾到过中国。

(四)吴芳思对制冰的文献进行了考证,论证了制冰技术的出现晚于马可·波罗的年代

传说马可·波罗在中国看到有人制作冰淇淋,后来就把制作方法带回到欧洲,但吴芳思认为马可·波罗对冰淇淋的传递并没有起作用。

首先,马可·波罗在世的时候仍没有掌握把温度降到冰点的复杂技术,该

解密：马可·波罗到过中国吗？

方法是在距马可·波罗去世很久的十六世纪才由欧洲科学家研制成功，欧洲到十七世纪才开始批量生产冰块和冰淇淋。吴芳思通过对冰淇淋问题的研究发现，中国人可能在唐代（618—907）就知道冷冻奶制品的制作方法。这主要因为十二世纪末的一首诗看来好像是关于冰淇淋的咏物诗，它赞美该物"似腻还成爽，如凝又似飘。玉来盘底碎，雪向日冰消。" 但是并没有确切的史料能够说明中国在十三世纪已经掌握了制冰的方法。

其次，在传播制冰技术方面，阿拉伯人也可能起了作用，制冰诀窍十三世纪最早出现在阿拉伯人的医书里，欧洲的科学家在过了300年以后才懂得十三世纪阿拉伯医书里的制冰诀窍。也就是说制冰技术最早出现在印度，十六世纪的时候传到了欧洲。而且在《寰宇记》中没有一处文字可以被看作是和冰淇淋有关的，所以吴芳思猜测关于马可·波罗把制作冰淇淋的方法传入意大利的传说是起源于冰淇淋已经出现的十九世纪。在十六世纪从印度传入制冰技术之前，欧洲并没有掌握制冰方法，所以没能证明十三世纪的时候马可·波罗从中国带回有关制冰的诀窍。

二、"第九章"中存在的不足

（一）选择研究的问题的第一手资料有限或难以得到，所以大量使用间接资料，而不是直接核查第一手资料来确定自己的研究结果

在本章中，吴芳思试图通过意大利与中国的面条与冰淇淋到底是谁影响谁来说明马可·波罗是否对意大利或者中国的烹饪技术有所影响，从而达到论证马可·波罗是否到过中国的目的。但是有关面条和冰淇淋的起源及传播的第一手资料很少，而且很难查找得到，因此吴芳思在本章中引用的第一手资料很少，而是大量使用了间接资料。例如在这一节中，关于面食起源的问题，克劳迪娅的《意大利的饮食》一书中提出"面食的真正首创者是波斯人"，吴芳思引用了这个史料，但关于面食的起源问题，这个提法并不是出自第一手史料，克劳迪娅提出这个虽然得到一些中国研究食品制作的考古学家的认可，但是归根到底，真正的证据源于哪里呢？除非吴芳思能在关于中国或者意大利的古文献中找到明确提到关于这两种食品的开始与发展的问题的史料。蒙古帝国时期写的《饮膳正要》这本书，似乎能作为一手史料，因为与马可·波罗的生活年代相吻合，但是，吴芳思提到这本书，却是因为两篇文章，这两篇文章对《饮膳正要》的一些词汇做了某些分析，并不能作为原始史料去论证面食饺子本身不是中国食品。

第十章 对"第九章 冰淇淋和意大利式实心面条"的释读和评价

蒋华在《〈马可·波罗游记〉与饮食文化》[1]129-131一文中则直接引用了《饮膳正要》中关于中国挂面的具体制作成分和食用方法的史料，这样就直观的说明了在元朝时，中国确实已经掌握了面食制作的方法。而且蒋华记述了自己亲身品尝意大利餐馆的"马可·波罗面条"，证实了《饮膳正要》里记载的面条的制法和吃法一直在意大利流行到现在。

（二）未能对所引用的资料进行批评、考证

吴芳思在论证意大利面食和中国面食均受到阿拉伯世界的影响时，她指出因写关于意大利食品的书而获得两项烹饪书奖的卡劳迪娅·罗登说："面食的真正首创者是波斯人。"但吴芳思并没有标注这句话的出处，即卡劳迪娅·罗登是在什么场合或者是在哪篇著作中发表了这样的观点；吴芳思也没考证这句话的真实性，卡劳迪娅·罗登发表如此观点的依据是什么，吴芳思没有在本章中有所提及。虽然吴芳思在下文的引用中标注了是来源于卡劳迪娅·罗登的《意大利的饮食》（1989年伦敦版），但此处她并没说明卡劳迪娅·罗登"面食的真正首创者是波斯人"的这个观点同样源于此书。接下来吴芳思说"研究中国早期食品制作的考古学家们在这一点上看法一致，所以中国式面食和意大利面食似乎都受益于阿拉伯人的影响"。但是她并没有说明她认为研究中国早期食品制作的考古学家们赞同卡劳迪娅·罗登这一观点的根据是什么，从中国考古学家的哪些言论和著作中体现了他们对该观点的赞同。因此，欠缺说服力。

吴芳思在本章最后一段引用了卞罗琳·利德尔和罗宾·韦尔在《冰制品》（1993年伦敦版）第九页中的观点："欧洲的科学家是在过了300年以后才懂得载入十三世纪阿拉伯医书里的制冰诀窍。"最早的制冰诀窍是十三世纪时出现在印度医书里，欧洲人是十六世纪从印度引入制冰诀窍的，这两个结论吴芳思都没有查找相关的第一手资料进行考证，她仅仅是引用来了卞罗琳·利德尔和罗宾·韦尔在《冰制品》一书中的观点，没有在本章中提供任何其他能支撑该观点的史料。很大程度上，吴芳思论述过程中引用的史料较为直接地说明自己的观点较少，也不明确自己引用的史料是否真实。而且，吴芳思认为中国人在唐代就知道冷冻奶制品的方法，仅仅凭着一首似是而非的咏物诗就认为冰淇淋是在那个年代诞生的，这种没有经过论证或者没有一点儿依据的提法在历史研究中是不应该出现的，就算历史研究注重大胆假设，但也不能无的放矢。既然罗宾·韦尔是研究冰淇淋历史的权威专家，那么吴芳思在与这个人交流的过程中对于冰淇淋的认识哪些是明确可靠的，哪些是两个人在讨论中假设出来的，吴芳思应该向读者交代清楚，而不是仅仅以"我通过和罗宾的交谈清楚地看到"这句话作为开始，接下来就是"可能""好像""似乎"这些词语的接连出现，这种提法是不够严谨的。

（三）不恰当地借用其他学科的概念或不恰当地用现代的概念解释历史事件

在吴芳思引用"文化传流论"这一段中，吴芳思的字里行间应该是反对文化传流论的，她并不认为世界的事物都只有一个来源，持这种观点很容易低估人类善于创造发明的特性。但是，吴芳思不论证意大利或者中国的烹饪技术各有来源，反而论证意大利和中国的面食似乎都是来源于阿拉伯世界，似乎又是在论证"世界的事物都只有一个来源"，这样的话，吴芳思想要表达的意思让人难以捉摸，而且有种自打嘴巴的感觉。那她把"文化传流论"引入到论证意大利与中国烹饪技术的关系中有何意义呢？

（四）在论述过程中，吴芳思个人论述的内容较少，引用过多

除了记述有关马可·波罗的事迹，吴芳思主要是在引用他人的观点来支撑和突出自己想要表达的观点，但引用之余，她自己的个人论述过少，没有对引用的内容进行评价，也没有表明是否赞同该观点。这样一来，吴芳思到底想要表达什么，又想要论证什么，让人不得而知。文章一开始吴芳思引入马可·波罗在杭州时提到的食品，《英国访华使团实录》的记载，并没有表达自己的观点是什么，在述说意大利与中国面食与阿拉伯世界的联系时，引用了《中国与通往中国之路》《中国文化中的饮食》的内容，吴芳思就这个问题堆砌了一大堆间接史料，却没有从自己的角度去理解她自己所引用的史料，或者对引用的史料做出有效的解释分析，这就显得吴芳思对她的观点缺乏认识，所以提取不出有效的历史信息。

根据吴芳思在本章的论述，无论意大利还是中国的冰淇淋与面条，似乎都与马可·波罗无关，所以无法通过这两者的研究去判断马可·波罗是否曾到过中国。但是本章的研究论证有多处值得商榷，如果研究方法更严谨，或许会收获比较理想的研究成果。至于马可·波罗是否到过中国，还有待进一步研究。

参考文献

[1] 蒋华.《马可·波罗游记》与饮食文化 [C] // 陆国俊.中西文化交流先驱——马可·波罗.北京：商务印书馆，1995：129—131.

第十一章 对"第十章 城郭探胜"的释读和评价

第一节 对"第十章 城郭探胜"的释读

吴芳思的《马可·波罗到过中国吗？》的第十章是以"城郭探胜"为题的。何为"城郭探胜"？"城郭"其实是指元朝的城市，"探胜"是寻访胜景。此章之意，是为了探寻元朝城市的胜景。这是一个以介绍城市为主的章节，吴芳思用了较多的篇幅来进行论述，以她独特的视角对马可·波罗所述城市有了一个新的理解。其论述的内容可以归纳为六个大方面：《寰宇记》对我们了解十三世纪东方的重要性（即《寰宇记》的价值），元大都所在的北京城，"中国的威尼斯"苏州，湖滨美城杭州，海港城市泉州以及烟花城市扬州。

一、对"第十章"的释读

吴芳思的《马可·波罗到过中国吗？》的第十章是以"城郭探胜"为题的。论述的内容可以归纳为六个大方面：《寰宇记》对我们了解十三世纪东方的重要性（即《寰宇记》的价值），元大都所在的北京城，"中国的威尼斯"苏州，湖滨美城杭州，海港城市泉州以及烟花城市扬州。对这几个城市的论述是从日常生活、商业贸易以及城市建筑等方面展开的。

（一）《寰宇记》的价值

这是吴芳思在本章中论述的第一个问题。为了论述这个问题，吴芳思从中国的传统建筑出发，指出了中国传统建筑保存的困难，几乎是没有流传于后世，处于失传的状态，所以《寰宇记》中马可·波罗对中国的通都大邑做"目击式"的记述具有特殊的重要性。那么，城郭探胜面临着哪些困难呢？

马可·波罗所记述的许多地方现在已经消失，或者已经变得面目全非了。吴芳思对此进行了详细的解释，归纳为以下三点：一是中国建筑遭到朝代更替战争的破坏，以及近代以来战火纷飞的摧毁；二是中国传统建筑以木材为主要

解密：马可·波罗到过中国吗？

材料，不能经受风雨的侵蚀和岁月的蹂躏；三是中国人缺乏视建筑为文物遗产之认识，不重视对古物的维护。

不可否认，吴芳思在书中道出的是事实。"城郭探胜"的困难，许多建筑学家也有这种感受。中国著名建筑学家梁思成在他的著作中也谈到上述建筑被破坏的原因，还谈到"中国的建筑之术，师徒传授，不重书籍"[1]1。"然匠人每暗于文字，故赖口授实习，传其衣钵，而不重书籍。数千年来古籍中，传世术书，惟宋清两朝各一部耳"[1]19。简而言之，建筑之术，师徒传授，不重书籍。这种技艺的传授法，使得很多建筑工艺、建筑手法失传，不可考。几千年的古籍中，传世的建筑术书，也就只有宋朝宋诚的《营造法式》和清朝的《清工部工程做法则例》，此中也没有专门记述元朝建筑的术书。自然侵蚀和人为破坏，使得我们只能从一些书籍零碎的描述中还原中国传统建筑的真实面貌。关于中国城市的探胜，探索最多的莫过于它的建筑。吴芳思用了两段文字叙述了马可·波罗的记述对我们了解十三世纪的东方城市的重要性，但何尝不是在告诉我们，马可·波罗记述中有很多已不可考，我们很难通过这些记述证明马可·波罗到过中国。由《马可·波罗游记》复原的元朝城市未必就是真实的。

（二）元大都北京城

吴芳思论述的第二个问题是元大都北京城。对这座城市的描述，主要是从元朝北京城的布局和桥梁建筑——马可·波罗桥这两方面展开论述的。

1. 北京城的布局

元大都是我国古代历史上最后一座全新修建的都城，也是明清两朝首都北京城的前身。[2]99 虽然元代的北京城没有完整地保留下来，但是明清两朝是在继承元大都的基础上建立都城的，吴芳思认为马可·波罗对北京城市布局的记述重现了一个可以辨认的城市，其整体布局是呈棋盘形的。如一个棋盘，城市的建筑坐落得错落有致。

吴芳思首先介绍了北京城的土城墙，它包围了全城的房屋街道。吴芳思对城墙的认知和马可·波罗所描述的有很大的差别。她认为土城墙上并没有城垛，墙面也不可能如马可·波罗所述一样，是大面积用石灰水刷白的，而且靠城墙围起来的北京城并不是呈正方形的，而是呈长方形的。吴芳思的这些认知是对马可·波罗所记述的北京城的一个颠覆，事实上，如吴芳思所述，据现今可考的城墙，建筑材料主要是夯土，且都城是采用汉人的设计方案的，因此，大面

第十一章 对"第十章 城郭探胜"的释读和评价

积白色的城墙并不符合汉人的审美观。其次，吴芳思认为北京城的街道在这棋盘形的格局里显得尤为突出，建造房屋的地皮是事先由街道的布局决定的。在这点上，吴芳思认为马可·波罗对街道和民居的记述完全符合中国传统的城市规划，北京的街道整齐划一，民居的地皮一般是按街道所预留的地皮而建。不过，吴芳思觉得有所不足的是，马可·波罗对民居建筑没有详细的记述。吴芳思还提到马可·波罗记述的蒙古特有的建筑风格，即庭院中建有高于四周地面的小径。当然，论述北京城必然少不了对君主宫殿的记述。马可·波罗重现了忽必烈的宫阙，但很不幸的是这座宫阙被明朝皇帝所毁，其描述的辉煌，我们只能在脑海中补充完整。吴芳思认为其中有些记述带有中国传统特色，如后宫妇女居所不得外人进入，这和北京四合院的设计相似，四合院的私宅位于后部，外人和非眷属是不得进入的。最后，在北京城区土地的使用情况上，马可·波罗记述官府处决犯人一般在郊区，而在明清两朝，一般是在闹市"菜市口"处决犯人。吴芳思认为这与明清两朝的做法大相径庭。

2. 马可·波罗桥与现存的卢沟桥不符

马可·波罗口中北京城的建筑，至今犹存的是"马可·波罗桥"，即今天的卢沟桥。俗话说："卢沟桥的狮子多得数不清。"难道真的数不清吗？这明显是夸张的说法。吴芳思考证这座桥有 11 个拱门，120 根栏杆支柱，每个柱头上雕刻着小狮子，桥的两端各有一只石雕大象。而吴芳思认为马可·波罗对这座桥的描述过于夸张，很多细节描述都与事实不符，并引用了很多版本的《寰宇记》来论证她的观点，其中有十四、十五世纪拉丁文本和赖麦锡文本。在这些文本中，论述马可·波罗桥的拱门数达 24 个之多，石柱达 600 根，石刻狮子有 1200 个，这无疑是一个巨大的数字，与实际数目相差过大，而且，狮子的雕刻位置描述的也与今不符。吴芳思想通过考证马可·波罗桥是否是另外一座桥来证明马可·波罗是正确的，她引用了裕尔先生的注释，认为可能是另外一座叫琉璃河上的桥，但是很显然，这行不通。所以这就使得读者怀疑马可·波罗又一次夸大了事实。

（三）"中国的威尼斯"苏州

苏州是一个美丽的城市，鱼米之乡。在《寰宇记》中，马可·波罗称其为"地上的城市"。马可·波罗对苏州的工商业做了较多的记述。吴芳思对苏州城的论述是从以下几个方面展开：

155

1. 苏州的工商贸易很发达

马可·波罗说苏州是一个产丝中心，其居民均为优秀的手工艺人和商人。但令人意外的是，作为一名商人，马可·波罗对于苏州这个产丝中心点到为止，这就使吴芳思不得不问这个记述是不是过于简略了。另外，吴芳思认为苏州并不出产姜和大黄，因为苏州的地形地貌并不适合种植这两种植物，并引用裕尔的观点，认为经销大黄的市场应该是甘肃省的肃州。提到这里，针对这个肃州，想起吴芳思在其他章节中认为马可·波罗很可能是通过旅游手册和旁人口述来了解中国元朝的，会不会就是把"肃州"和"苏州"搞混了呢？毕竟它们的读音如此的相似。

2. 苏州才是真正的"东方威尼斯"

"上有天堂，下有苏杭"。出自宋朝范成大所撰的《吴郡志》，记载了苏州和杭州的美丽、繁荣和富庶。苏杭都是有名的城市，它们之间有相似之处，也有不同之处。

马可·波罗把杭州喻为"东方的威尼斯"，吴芳思并不接受这个比喻，她认为这个比喻更适合苏州。吴芳思结合苏州的情况，指出苏州拥有6000多座桥梁，拥有像威尼斯似的河沟，这些马可·波罗也提到了一点儿，但是却没有留下深刻的印象。杭州的桥梁没有苏州的多，但马可·波罗却记述有1.2万座，但根据裕尔的考证，杭州应该只有360座桥梁。这明显的差距，无不显示苏州才是真正的"东方威尼斯"。

3. 苏州园林的记载篇幅过短

苏州园林一直以来都是非常有名的，但是在马可·波罗的记述中，苏州园林并没有被他记录下来，而对杭州园林的记述篇幅却很长，吴芳思说显然马可·波罗更欣赏杭州这个城市。其实，吴芳思的言语中依然透露出一种疑惑，如同"威尼斯"这个称号花落谁家一样，吴芳思怀疑马可·波罗是不是把两座城市搞混了。吴芳思对苏州做了详细的描述，她认为苏州是官员退休后定居之所，苏州的园林闻名遐迩，并发展了一系列服务业，带动了手工业的发展。

（四）湖滨美城杭州

吴芳思用了较大的篇幅来描写杭州这个城市，涉及到杭州日常生活的方方面面。因杭州是唯一一个保存完好的城市，吴芳思指出《寰宇记》中论述有关它的许多内容都可以被其他汉文资料证实。对这个城市的论述，主要是从杭州市场、日常生活和建筑消防这三个方面进行的。

1. 杭州的市场

杭州作为一个繁华的城市，马可·波罗称其有十个大市场。当然，这十个大市场里商品货物非常多，而吴芳思只谈到顾客们最喜欢的鲜鱼。另外，市场里的水果除了葡萄外，马可·波罗谈到大梨可重达十磅，这引起了吴芳思的怀疑，她没有充足的证据证明是否存在如此之重的梨，只能再次认为波罗运用他的习惯，夸大了梨的重量。对于杭州市场的肉类，吴芳思指出马可·波罗对肉的记载带有伊斯兰教倾向，因为在记载的众多肉类中，没有关于猪肉的记载。

2. 杭州城的日常生活

吴芳思描述的杭州城的山林庙宇是围绕湖泊而建的，但是令人疑惑的是，波罗对庙宇的记述遗漏了当时最大的"保俶塔"，这就是马可·波罗记载中"挂一漏万"的特点。面对这由山林庙宇湖泊组成的优美环境，当时杭州人的日常生活之一乃是西湖游船。吴芳思对当时的西湖游船做了一番描述，其中有游客，有陪游女。这种诗情画意的享受，唯有在西湖中才能体味得淋漓尽致。除了游船外，杭州城的公共澡堂也非常出名，吴芳思提到可以在此消磨时间、喝茶和按摩等，此等休闲场所和今天的公共澡堂很相似。吴芳思对澡堂进行了很细致的描写，如交代了澡堂分冷水浴和热水浴、澡堂水的来源以及价钱等。

3. 杭州的建筑及消防

中国传统的建筑材料是木石，其中用得最多的材料是木头，杭州的建筑多为木质的，并且根据当时杭州的人口统计，吴芳思猜想杭州在当时很可能有多层楼房建筑。木质的住房随时可能面临失火的危险，吴芳思介绍了当时元朝救火的措施，一是当时设有消防队，二是营造砖石结构的仓房存放贵重物品。

（五）海港城市泉州

1. 马可·波罗记载从印度运回的货物与当时的事实不符

马可·波罗认为泉州是世界上最大的海港之一。作为如此重要的港口，马可·波罗对它的记述却很不充分，这使得吴芳思提出质疑。她指出，马可·波罗记述从印度运回的商品与事实不符，运回的不是宝石和珍珠，而是香料、贵重的木材和药材。

2. 泉州是中国几大伊斯兰教中心之一

作为一个重要的港口，是与国外打交道的窗口，必然会逗留或居住形形色色的外国人，其中必然包括一些传教徒，如穆斯林、基督徒、犹太教徒、摩尼教徒等。马可·波罗把泉州和中国其他城市一样记录为主要是佛教徒居住的城市，吴芳思不赞同这个观点，提出怀疑为什么他没有记述泉州的穆斯林。吴芳思叙述当时的泉州是中国几大伊斯兰教中心之一，对于马可·波罗居然没有记述有关伊斯兰教的内容感到很意外，因为当时泉州拥有唐代的两个穆斯林圣墓，建有清真寺、摩尼教堂，作为一个有伊斯兰倾向的基督教徒（在记述杭州的肉时，没有记载到猪肉），对一个以伊斯兰教为中心的城市——泉州却没有丝毫的笔墨记述，这使吴芳思不得不认为马可·波罗没有亲历其境，或缺乏兴趣。很显然，吴芳思更偏向他没有亲历其境的说法。

（六）烟花之城扬州

吴芳思指出有抄本说马可·波罗在扬州任职三年，而对扬州的记述却是惊人得少。古往今来，扬州就是一个烟花之地，引得多少风流才子向往之，引得诗人词人赋诗词以赞之。如此一个多情美丽的城市，到了元朝，在马可·波罗口中，除了马饰外没有别的值得一提。吴芳思对马可·波罗的观点不敢苟同，她叙述了扬州和苏州、杭州有许多相似之处，是一个工商业城市，是一个温柔乡，也是一个园林住宅区。早在宋朝就有欧阳修在此修建了一座漂亮的园林住宅，且欧阳修作为马可·波罗的前任知州，马可·波罗却没有把这座著名的园林记在他的脑海中。马可·波罗在对扬州的记述上挂一漏万，吴芳思一一地列出来，同时借助史料，论证了马可·波罗或许没有到过中国。

二、"第十章"中使用的史料分析

吴芳思为了论述她的观点，在文章中引用了很多史料。单单《寰宇记》就引用了很多版本，如哈蒙兹沃版、摩勒和伯希和版等。除此之外，还包括实物、书籍等史料。史料的真实性可以增强文章的可信度，让人信服。那么吴芳思运用的材料如何呢？

（一）可信的史料

吴芳思论述北京这个大城市时，指出北京城是呈长方形的，现已得到考古证实。"实际上，大都城并不是方方正正的，而是一个南北略长的长方形。从1964年开始，中国科学院考古学研究所、北京市文物管理处等单位组成了'元大都考古队'，对元大都城进行了勘查和发掘。据实测，大都城周围共约

第十一章 对"第十章 城郭探胜"的释读和评价

二万八千六百米。南北长 7000 米,东西宽 6650 米。"[3]而元大都土城墙是夯实的泥土,这则材料是真实的,在众多的建筑书中也记述了这种说法。

运用实物史料论证的方法在文章中被吴芳思多次用到,其中有山西芮城的永乐宫、北京的卢沟桥、泉州的清真寺等。这些实物史料是可考的,具有很高的价值,可信度非常高。

吴芳思用了山西省芮城永乐宫来论证元代存在高于四周的小径,而永乐宫现多被学者研究,有学者描述了永乐宫的特点,其一为"永乐宫每座殿宇都筑有高大的台基,一条笔直的甬道连贯成一气"。[4]85另外,永乐宫的"花园小路用鹅卵石铺就,曲折其间,还不时有拱形小坡,曲曲折折,上上下下,俯身细看才知道,小坡下有排水道,不至于园内积水过多,大有一石二鸟之妙。"[4]88这是元代建筑的特点,高于四周的小径有利于设计排水系统,我们知道,元代的排水道设计水平在当时特别高。而这也证实了马可·波罗记述的"高于四周地面的小径"的蒙古建筑风格是存在的,吴芳思引用此材料也是有用的,可信的。

吴芳思认为马可·波罗夸大了对卢沟桥的描述,而事实确如吴芳思所论。虽然有俗话说"卢沟桥的狮子数不清",但事实并非如此。卢沟桥"原建于十二世纪末,后毁于大水。现存的这座十一孔,全长约一千英尺的桥是十八世纪重修的"。[5]474"北京的卢沟桥是修建的一座 11 拱桥,桥主体长约 212 米""桥面设置栏杆与栏板,两边桥面上共 269 个栏杆的柱头上还雕刻有各种式样的狮子"。[2]158根据学者对卢沟桥的记述,马可·波罗记述的卢沟桥是值得怀疑的,吴芳思所用史料也是毋庸置疑的。

前面说过吴芳思对马可·波罗记述的泉州提出质疑。元代的泉州是中国几大伊斯兰教中心之一,而摩勒曾说:"马可在汗廷和回回朝夕相处,可能有点撒拉逊化了"。撒拉逊化的马可·波罗对泉州的伊斯兰教居然一句话都没有留下,这是挺奇怪的。吴芳思列举当时泉州的关税监察官是穆斯林,泉州建有清真寺、摩尼教堂以及两个穆斯林圣徒的陵墓来论证当时泉州伊斯兰教的发展。这些都是实物史料,毋庸置疑。而且到现在,我们还可以看得到,并且也有不少学者对这些实物进行过考察及描述。有的学者写到"随着海上交通的发达,伊斯兰教于唐初传入泉州,阿拉伯人聚居泉州城。宋末元初统治泉州的阿裔显宦蒲寿庚家族居住在涂门街一带,俗谚'回半城蒲半街'。阿拉伯穆斯林先后在小小的城区周围建造了七座清真寺。唐末，摩尼教呼禄法师到泉州传教，死后葬在清源山下。目前晋江华表山尚有一座俗称'草庵'的摩尼教寺"。这里提到了清真寺、摩尼教堂、圣墓，而且从宋朝末年开始，这里就有穆斯林担任官职，说明伊斯兰教在当时有了很大的发展。[6]吴芳思所举的建于1009年的清真寺，应该就是艾苏哈卜寺。"泉州涂门街清净寺，又名麒麟寺。阿拉伯名曰'麦斯吉德·艾苏哈卜寺'，意译'圣友寺'，亦称'礼拜寺'。该寺创建于伊斯兰历四百年（北宋神符二年，公元1009年），为侨居泉州的穆斯林所建，曾于回历710年（公元1310年）重修。它与广州怀圣寺、杭州凤凰寺、扬州仙鹤寺并称为我国沿海四大伊斯兰教古寺。"[7]1 关于圣徒陵墓的记载，还有学者指出"我国现存最古老和完好的伊斯兰教圣迹——灵山圣墓，位于国家自然风景保护区泉州清源山的灵山景区内。明代何乔远《闽书》记载："唐武德年间（618—626），穆罕默德遣四贤徒来华，一贤传教于广州；二贤传教于扬州；三贤沙士渴、四贤我仕，传教于泉州，其中三贤、四贤卒葬灵山，故名曰圣墓，山曰灵山。现存两墓并列，墓后倚山建马蹄形回廊，高约3厘米。"[8]这些无不和吴芳思所用材料吻合，所以我们要判定此史料不真实，几乎不可能，这都是第一手史料。

除了实物史料，还有书籍记载的史料。吴芳思在谈到扬州时，举了欧阳修是马可·波罗的前任知州，并且欧阳修在扬州建了一座漂亮的园林，而马可·波罗却没有记载。欧阳修确实在扬州修筑了一座园林，而且论及文人建筑时常会提到，不过很不幸的是，这座园林并没有被保存下来。

在生活习俗方面，吴芳思列举了元以后的朝代处决犯人是在闹市"菜市口"，而元朝却刚好相反，选择在幽静的农村郊区。按照中国的习俗，处决犯人是喜欢在热闹的地方的。

（二）有待斟酌的史料

吴芳思在叙述苏州桥梁时提出"和德里重复了（或者抄袭了）马可·波罗的那个庞大的数字"。吴芳思所说的这个数字是说杭州有1.2万座桥梁。由此可知吴芳思是不相信和德里的数据的，但是在后面的论述中，吴芳思又多次引用了和德里的记述，如和德里记载杭州有八至十层楼的高大住宅。由这个例子，我对吴芳思引用的史料表示怀疑。

吴芳思认为马可·波罗记述的北京城呈正方形，这是不正确的。但是，虽说马可·波罗在元朝生活了十七年，其担任的并不是当时负责建筑方面的官职，他本质是一个商人。马可·波罗记载元大都是呈正方形的，或许也没错，在没有掌握第一手资料的情况下，他只能目测北京城的形状。我们知道现在证实的元朝北京城"南北长7000米，东西宽6650米"，这个数据南北和东南相差350米，整个北京城如此之大，而这350米的差距，肉眼是很难辨别出来的，所以马可·波罗记述的北京城呈正方形，或许是可以被认可的。吴芳思为论证马可·波罗记载的错误来证实她的怀疑，所用史料有待斟酌。

参考文献

[1] 梁思成. 中国建筑史. 天津：百花文艺出版社 [M].1999.

[2] 王其钧. 中国建筑史. 北京：中国电力出版社 [M].2011.

[3] 王灿炽. 谈元大都的城墙和城门 [J]. 故宫博物院院刊 .1984.

[4] 陈恩惠. 永乐宫的建筑艺术与园林特色 [J]. 艺术百家 .2006.

[5] 梁思成（著），费慰梅（编），梁从诫（译）. 图像中国建筑史 [M]. 天津：百花文艺出版社 .2000:474.

[6] 柯建瑞. 泉州：世界宗教博物馆 [J]. 中国宗教 .1999.

[7] 黄忠杰. 泉州艾苏哈卜寺的建筑形式——兼谈古代泉州伊斯兰教寺的建筑风格与技巧 [J]. 艺术生活 .2008:1.

[8] 潘华. 泉州海丝文化遗迹中伊斯兰建筑特征初探 [J]. 华中建筑 .2008.

第二节 对"第十章 城郭探胜"的评价

吴芳思的《马可·波罗到过中国吗？》一书中，对马可·波罗留下的《马可·波罗游记》所记述的他在东方最富有的国家——中国的见闻，提出了很多疑惑。在书中的第十章"城郭探胜"中，对《马可·波罗游记》里所记载的关于对城镇建筑以及商业情况的描写进行了分析和提出了质疑。

一、吴芳思达到了选题的目的

本书的第十章是"城郭探胜"，先来了解城郭的意思。城郭，城指内城的墙，郭指外城的墙，也可指"城邑"或"城市"。从春秋一直到明清，除秦始皇的咸阳外，其他各朝的都城都有城郭之制。城郭之制即"筑城以卫君，造郭以守民"（《吴越春秋》），"内之为城，外之为郭"的城市建设制度。一般京城有三道城墙：宫城（大内、紫禁城）、皇城或内城、外城（郭）；府城有两道城墙：子城、罗城。城郭分为：三里之城，七里之郭。内城叫"城"，外城叫"郭"。吴芳思在这一章节中，针对《马可·波罗游记》中马可·波罗对北京城内的布局、建筑，以及对苏州、杭州、扬州、泉州的建筑风格及商业情况的记述做了详细的阐述并提出了质疑。吴芳思在《马可·波罗到过中国吗？》中利用其他学者所描写当时的书籍，对比分析得出马可·波罗在游记中对于城郭的描写出现了疏忽甚至荒谬的错误，使读者可以清楚地了解她的观点，吴芳思达到了她选题的目的。

（一）关于北京城

马可·波罗对忽必烈的新建都城北京的记述是极其充分的。他记述环绕该城的许多土城墙，"周围有二十四哩，其形正方，由是每方各有六哩。环以土墙，墙根厚十步，然愈高愈削，墙头仅厚三步，遍筑女墙，女墙色白，墙高十步。全城有十二门，各门之上有一大宫，颇壮丽。"[1]224"都设有城垛，墙面都用石灰水刷白"。[2]128 吴芳思论述，"现在的城北学院路一带仍然可以见到这种土城墙。它们的周界共有 24 英里长，城墙以内地域很大，比后来的明清帝都向北延伸得更远，但城墙以内的地域呈长方形，而不是马可·波罗所坚持说的正方形"。

第十一章 对"第十章 城郭探胜"的释读和评价

那些外城墙似乎并没有设城垛,马可·波罗说墙面都用石灰水刷白,这也令人大惑不解。中国城墙的中心部分都是夯实的泥土,有些地方则用灰色的砖头砌面,那些砖头现在仍可以在北京的一些保存完好的城门上见到。所谓"城垛"可能是夸张之词,为的是强调那些高耸入云而又夯得坚实的土城墙的宏伟壮观。但是将如此大面积的土城墙刷白不仅十分困难,而且无论在中国还是在别的国家,白色和城垛或城墙都毫无联系。

吴芳思从传统观念和人文理念入手进行论述,蒙古族和汉族的传统观念不同,导致对颜色的认识理念也不同。在今日北京,唯一着色的城墙是紫禁城的深红色城墙。虽然对蒙古人来说白色是吉利的颜色,但是蒙古人建造新都城北京时采用了汉人的设计方案,这是众所周知的,而白色对于汉人来说却是不吉利的颜色,并且运用大片的白色是如此忌讳的事情,作为皇族的蒙古人相信并不会这样做,因此当时用白色粉刷城墙是不大可能的。或许马可·波罗也是由于对城墙的壮观感到惊奇不已而那样写的吧。

马可·波罗在游记中对北京郊区的一座桥梁有着详细地描述,"桥下有二十四个用大理石砌成拱券的拱,由二十五个桥墩支撑。""在桥头处有一座高大厚重的石碑立在一只用大理石雕成的乌龟背上,在石碑上靠近基座处有一大面狮子浮雕,石碑顶端也有一块狮子浮雕。桥身两侧每隔一步半距离就有一根华美的望柱,每根望柱顶上都雕有狮子。整座桥的每根望柱之间都嵌有雕刻图案的大理石石板,望柱和石板通过榫子一节一节连接起来。整个桥身就是这样雕栏玉砌,每隔一步半距离就有一只立于望柱顶端的石狮子,从而构成一幅壮美的图景。"[3]284-285 在吴芳思的书中,对导游和游客口中的"马可·波罗桥"是给予否定态度的,吴芳思说这座桥只有十一个拱门,根据汉文史料记载,这座桥的拱门从未超过十三个,更谈不上是二十四个。吴芳思认为,若是《马可·波罗游记》中所描写的桥仍留存于世上,那么与至今为止最古老的桥在造型上有许多出入的地方。例如,最古老的桥建于1189—1192年,后来又分别于1444年和1698年经过整修。它共有一百二十根栏杆支柱,每个柱头上都雕刻着小狮子(不是在柱子的底部),中间的石板不带装饰。桥的两端各有一只石雕大象以其前额顶住桥边的低矮挡墙。

(二)关于苏州城

马可·波罗说苏州是一个产丝中心,以绫罗绸缎为主,这座城中至少有

解密：马可·波罗到过中国吗？

六千座石桥，盛产大量的生姜和大黄，苏州下辖十六座富庶的名城与重镇，商业和手工业都很发达。苏州是指"地城"，正如杭州名字是指"天城"一样，马可·波罗应该是想表达"上有天堂，下有苏杭"这个俗语。吴芳思在书中写到，裕尔对于马可·波罗所描写的苏杭两地桥梁的数量感到非常困惑，因为比在其他书上所记述的数量扩大了数十倍，这可以说是马可·波罗那种喜欢夸大其词的习惯又在作祟了。

苏州和杭州同属江南水网地带，但城市规模还不到杭州的三分之二，据史书记载，当时杭州的桥梁是305座，以此推断苏州的桥梁也只有60余座，最多也绝不可能超过杭州的桥梁数。可是《游记》却说杭州有桥一万二千座，竟然扩大了近五十倍。即使世界著名的海上城市——马可·波罗的故乡威尼斯，桥梁数字也是远远不到此数的。[4]4

同时，吴芳思在书中也有写到，苏州位于地势平坦、水量充沛的长江三角洲，而生姜主要产自三角洲以西地区。此外，苏州附近现在没有，当然以前也从来没有出产过大黄。冯承钧所译的书中写到："据植物学家说，江南不产大黄，亦无姜，苏州得为屯聚此物之所，然其出产地却在甘肃或四川也。"[1]385 在对肃州的描写中有大黄的记录，马可·波罗可能因为肃州和苏州的读音相似，所以有所误会吧。

（三）关于杭州城

在《马可·波罗游记》里，杭州被称为"行在""天城"。马可·波罗对号称天堂的杭州赞不绝口，称"这座城市的庄严和秀丽，看为世界其他城市之冠"。[5]175 对杭州有非常详尽的介绍，他在描述杭州的地理位置时说："这座城市介于一个清如明镜的湖泊和一条宽广无边的大河之间。城中街道宽阔，河渠纵横。水流通过许多大大小小的运河流经全城各坊，最终泻入大海，从而净化了空气。除了陆路交通外，这里的水路交通也很便利，可以通往城市各处。运河和街道都十分宽阔，为居民运送生活日用品的船只和车辆可以各自在运河中和街道上顺畅通行。"[3]374 据中国史书记载，十三世纪末的杭州地处大运河南端，地势西高东低，西边紧靠西湖，东南有钱塘江环绕，水路交通发达，陆上四面通街。故《梦梁录》形容它"襟江抱湖"。吴芳思在《马可·波罗到过中国吗？》书中提出："马可·波罗可能把苏州和杭州这两个城市搞混了，因为只有苏州才有许多像威尼斯的小水道那样纵横交错的河沟，尽管杭州附近那宽阔的水域在面积上（不是在景致方面）和里亚尔托区接近（意大利威尼斯前商业区）"。[6]148 另外在描写桥梁数量方面也能看出马可·波罗记述的混乱，称杭州桥梁的数量在一万二千座左右，这也反映出马可·波罗易于夸大的习惯。

关于杭州的商业状况。马可·波罗作为商人，十分重视手工业生产和商品贸易。根据他的描写，杭州的商业十分繁荣。"城里除了街道两旁密密麻麻的店铺外，还有十个大广场或集贸市场。这十个集贸市场的四周环绕着高宅闳宇，楼宇的底层是店铺，经营各种产品，出售各种货物，包括香料、药材、小饰物和珍珠等。单从胡椒这一种商品的销售情况，就可以推算出杭州居民对粮食、肉类、酒、副食等的需求量之大了。马可·波罗从大汗的一位税务官那里得知，每日的胡椒交易量就有43担，每担重243磅。""市场上一年四季都有种类繁多的新鲜蔬菜和瓜果。特别是梨，硕大无比，每个都有十磅重。""捕鱼数量如此多，也许会担心卖不出去。其实在几个小时之内，这些鱼就能销售一空，因为城里的人口实在太多。""在这个地方的手工业中，每种行业都有上千个作坊，每个作坊都有各自掌柜的长官，雇佣十到十五名或二十名工匠，在少数作坊中甚至有四十名工匠。"[3]375-379 除了这些，杭州城内还有酒肆、烟花柳巷、公共澡堂等。对于梨，吴芳思提出质疑，这个梨很像现在可以买到的天津鸭梨，但是重量恐怕又是被夸大了的。

（四）关于扬州城

冯承钧所译的游记中，说道："从泰州发足，向东南骑行一日，终抵扬州。城甚广大，所属二十七城，皆良城也。此扬州城颇强盛。马可·波罗阁下，曾奉大汗命，在此城治理亘三整年。居民是偶像教徒，使用纸币，恃工商为活。"[1]370 此外就没有对扬州再多的描述了。如果马可·波罗真的做过扬州的地方官，那么对于扬州的记述为什么如此少呢？"从泰州发足"，扬州位于泰州的西南部，此处属于记述错误。扬州在当时也是一个手工业中心，也有漂亮的园林住宅，这些种种都不值得马可·波罗记载下来吗？如此，十分赞同吴芳思的观点。扬州居于元朝中心，地位相当重要，而且作为纯汉人城市，马可·波罗不懂汉语而竟然治理此城三年，简直是不可能的。何况当时马可·波罗不过二十三岁，到中国才两年时间，绝不可能出任这样高职位的行政长官。扬州地方志明确记载了元代的大小官员，包括外国人的详尽名单，但没有关于马可·波罗的记录。况且，扬州民间也没有留下马可·波罗的遗迹和传说。当然也有学者指出，马可·波罗可能不是作为扬州的地方官，而是担任枢密副使或者是总督之类的官职，所以才没被记录下来。

二、"第十章"中存在的不足

关于马可·波罗有没有到过中国，学界仍存在争议，本章中吴芳思的论述也存在不足的地方，有些问题并没有阐述清楚。

（一）关于北京城郊区的桑干桥

吴芳思利用史料来证实《游记》里马可·波罗所描写的桑干桥与现代留存的古桥不相符。根据吴芳思的说法，可以认为《马可·波罗游记》里描述的桥根本不存在。但是，在冯承钧所译的游记当中，有这样写道："马可·波罗所见之桥，距建筑时已有百年，比较现有之桥为长。此桥毁于1668年，耶稣会士殷铎泽（Intorcetta）已有记录。"[1]296 由此可以看出，若是马可·波罗所描述的桥早已被毁，那么吴芳思的结论也是无从可证的。吴芳思选择这座桥作为论据，存在不足之处。

（二）关于杭州城的茶肆

在吴芳思的书中，也没有关于杭州茶叶及茶肆的描写。这是第二个不足之处。在《游记》中，马可·波罗花了很多笔墨描写杭州繁荣的商业状况，但是，提及的商品和店铺里面却并不包括茶叶及茶肆。中国的茶叶乃举世闻名之特产，宋元时期不仅国内饮茶之风很盛，茶叶还作为大宗土特产运销国外，成为对外贸易的主要商品之一，深受国际人士的青睐。南宋时杭州茶坊数量众多，充斥于街头巷尾，可谓是茶坊遍地。一年四季都有各色名茶供应，"四时卖奇茶异汤"。茶店装饰也美观庄重，"今之茶肆，列花架，安顿奇松异桧等物于其上，装饰店面"。而且为了招徕顾客，就"敲打响盏歌卖"，别有一番情趣。不仅白天有茶坊开门供茶给茶客，而且"夜市于大街有车担设浮铺，点茶汤以便游观之人"。元兵占领临安，设"杭州路"，当时这里又是"江浙等处行中书省"的省会，所以从南宋灭亡到至正元年（1341年）的六十年间，杭州大致保持了南宋时期的盛况。元初的杭州路又是"水浮陆行，纷轮杂集"的繁华港口，"旁连诸蕃，推髻卉裳"。在对外贸易中，大宗茶叶从明州、杭州等港口源源出口，运至海外诸国，这是人所皆知的事实。[4]6 可是自称时常游览杭州并对这里的每一件事情都进行了细致入微的观察的马可·波罗，对杭州"巷陌街坊"都遍设茶肆的情况竟连一字也没有记载。不过吴芳思对茶肆和茶叶也没有多加描写。

吴芳思在第十章选择以"城郭探胜"为题,对马可·波罗在游记中所描写的北京城内的城墙、结构布局还有桥梁构造做出分析,而且对于苏州、杭州和扬州的风土人情和商业情况也做了相应的描述,指出马可·波罗在游记中描写的不足,同时引用史料书籍用于证明自己的言论。在内容上可以说是达到了她选题的目的。

参考文献

[1]（意）马可·波罗著,冯承钧译.马可·波罗游记[M].上海:上海出版社,2001.8

[2]罗纳德·莱瑟姆译.马可·波罗游记[M].

[3]（意）马可·波罗口述（意）谦诺笔录,余前帆译注.马可·波罗游记（中英对照）[M].北京:中国书籍出版社

[4]方如金.福建版《马可·波罗游记》再质疑[J].浙江师范大学学报（哲学社会科学版）,1987,（4）

[5]曼纽尔·科姆罗夫,陈开俊等译.马可·波罗游记[M].福建:科学技术出版社,1981:175

[6]（英）吴芳思著,洪允息译.马可·波罗到过中国吗?[M].北京:新华出版社,1997.1:148

第十二章 对"第十一章 漏掉万里长城"的释读和评价

第一节 对"第十一章 漏掉万里长城"的释读

吴芳思《马可·波罗到过中国吗？》书中的第十一章"漏掉万里长城"，因《马可·波罗游记》中未提到长城等中国事物而否定马可·波罗到过中国。文章认为，修建于秦汉时期的长城，至魏晋以后已失去了标志疆界和防御外敌的作用。到了元朝，长城建筑已破败不堪。元代以前，长城在欧洲根本不为人知，更谈不上是中国的重要象征。有些学者认为马可·波罗书中未提长城是很正常的事情，因为长城被当作中国的一个重要象征，是从明代才开始的。吴芳思强调，要说明马可·波罗为什么会"漏写"一些关于中国的事物，首先必须考察这些事物在当时是否存在；如果存在，它又是什么样子的，是不是已成为当时中国的重要标志，是不是引起外来旅行者的特别注意。只有在进行这样的考察后，才能合理解决所谓"漏写"的问题。

一、对"第十一章"的释读

（一）从秦朝到明朝的长城建造史

在本章中，第一方面讲了长城的宽度以及长城最早是秦国始皇帝统治年间将原先许多短的长城连接而成的，是为了防御各国侵犯而建造的。而到了汉代，中华帝国将势力扩大至沙漠以西地区，并派边戍部队来长城驻守。到了宋代，因受到阿尔泰民族的威胁，又开始加固长城。

为了便于展开讨论，我们先回顾一下到元代为止的长城建筑史。公元前八世纪至公元前三世纪是我国的春秋战国时期。当时，几个较大的诸侯国为了防御匈奴的进攻，修筑了高大的城墙。由于这种城墙很长，而且互不连贯，所以被称为"长垣"或长城。公元前 21 年，秦始皇建立了中国历史上第一个中央集权的封建国家。《史记》上记载："秦已并天下，乃使蒙恬将三十万众北逐

第十二章 对"第十一章 漏掉万里长城"的释读和评价

戎狄，收河南。筑长城，因地形，用制险塞，起临洮，至辽东，延袤万余里"。确切地说，秦长城全长五千余里。秦始皇统一六国后，对原来的战国长城进行利用改造，修建了一道"起临洮，至辽东，延袤万余里"的宏伟防御线。汉朝为了抵御匈奴的入侵，对长城十分重视，特别是汉武帝时期，在秦长城的基础上又进行了大规模的修建。根据文献记载和考古研究，秦汉长城东起辽东郡（今辽宁省新县以北），西至临洮（今甘肃临洮），而烽燧则一直延续到罗布泊。整条长城可以分为东段、中段和西段三大部分，其中东西两段变化不大，中段的位置较为复杂，可以分为三条："一条自甘肃经宁夏、陕北至内蒙古黄河南岸。第二条位置稍北，在河套以北、阴山南麓。第三条位置在最北，西接居延，横在阴山山脉以北。"[1] 到了东汉，匈奴等北方民族势力不断强大，并入侵到秦汉长城以内居住，秦汉长城这道北方民族的防御线也就失去了它本来的意义。魏晋南北朝时期，中国处于分裂之中，北方民族纷纷迁入原秦汉长城以南地区，有的还建立起自己的政权。这时期的北魏、北齐、北周等国也曾修造过长城，但由于这些国家疆域有限，国祚短暂，所以它们所建的长城规模不大，线路不长，而且都位于秦汉长城以内地区。隋代虽然多次修建长城，但"多属对旧有长城之修整，增筑者少，工程规模较秦汉小得多"。唐朝国力强盛，版图西抵阿姆河流域，北至贝加尔湖，疆域大大超出秦汉时期，以前历代所筑的长城都已失去了标志疆界和防御外敌的作用。只是在北方的极个别地方，曾修过长城，如《通典》所记："妫川郡……北至张说新筑长城九十里，西北到新长城为界，三百八十里。"[2] 宋代仅仅承袭五代十国的规模，所辖疆域已在原来秦汉长城乃至北朝长城的以南地区，而秦汉长城则在辽、金境内，宋和辽、金的统治者当然都不可能去修缮这条长城。金朝兴起后，为了防止蒙古族的入侵，曾修筑过一条漫长的军事防御线，这条防御线通常被称作"金界壕"（也有人称之为"金长城"）。但金界壕主要分布在今内蒙古自治区境内，它的东端起点约在莫力达瓦旗的尼尔基镇北八公里处，沿兴安岭、阴山向西南至现在呼和浩特附近的庙沟。金界壕未能阻挡得住蒙古的扩张。蒙古不仅灭亡了金朝，而且还统一了中国，建立起一个地跨欧亚两大洲的庞大帝国。蒙古本来是长城以北的游牧民族，过去中原王朝建立长城就是为了防御北方游牧民族的侵扰。蒙古族统治中原后，原来的长城位于蒙古帝国的内腹之中，蒙古的统治者自然就"没有修筑万里长城的必要。相反地，万里长城对于元朝的统治，还造成一定的障

169

碍。所以终元之世，找不出任何关于修筑长城的记载"[3]。元朝只是对个别的重要关隘（如居庸关）加以修整而已。

（二）马可·波罗到中国的时候所见到长城、长城是否存在及马可·波罗来中国的路线

在本章中，提到马可·波罗是沿着沙漠商旅队的路线从欧洲东行至撒麻耳干和可失哈耳，再将路线改为东南方向，横亘恒河再经吐蕃到中国陕西省，并穿越山西到达京城[4]130，说到马可·波罗他是通过陆路旅行来到中国京城的，他从鞑靼之地出发，按道理是可以经过长城的某一点，这条路就像丝绸之路一样，必定会经过长城点。但有人将马可·波罗经过的路线是从欧洲东行再改东南方向在到达陕西后到山西就没机会触及长城路线，更让人疑问的是，这样走的路线就会是世界上最崎岖难行又最荒凉的，几年的时间都用上去了，这是不可能的事。在黄时鉴、龚缨晏的研究中说道，经过一个多世纪的研究，马可·波罗来华与离华的线路已基本上可以确定。敦煌文书中所说的"长城""塞城"都是秦汉长城的组成部分。东汉灭亡以后，虽然人们也曾利用过秦汉长城的某些片段加以修缮，但从整体上说这条长城已经荒废，成了残破的古迹。而且，在那时，长城并没有被看作是一个延绵万里的统一整体，也没有被看作是特别重要的古迹。如敦煌文书中有《敦煌古迹二十咏》，其中就没有提到长城，只有一首《阳关戍》记述了阳关这座"废关"："万里通西域，千秋上有名，平沙迷旧路，甃井（隐）[引]前[程]，马（素）[色]无人问，晨鸡吏不听，遥瞻废关下，昼夜复谁扃。" 唐朝灭亡后，后晋曾于938年向西域派出一个正式使团，其要员高居诲在记述他所路过的敦煌时，也提到了阳关等名胜，但同样没有说及长城。宋辽之后，阳关这座唐代的"废关""终于被流沙吞没"了。如果为元代的敦煌列出一份名胜表，阳关恐怕就榜上无名。下面，再让我们对连接上都到大都的道路做一番考察。元代从上都到大都的主要通道有四，往来于这些通道上的各类人员数量很多，为我们留下了不少记述，其中有些就提到了长城。早在元代两都制确立之前，张德辉在奉元世祖之召北上漠北的途中，见到在鱼儿泊"之西北，行四驿，有长城颓址，望之绵延不尽，亦前朝所筑之外堡也"。这里所说的"前朝"即金朝，他所看到的实际上是金界壕。略晚于张德辉北行的王恽也说："二十七日戊子，次新桓州，西南十里外，南北界壕尚宛然也。"在元代，此金界壕又作"界墙"，在马可·波罗时代，郝经大概

第十二章 对"第十一章 漏掉万里长城"的释读和评价

是提到长城最多的一位作家，在他的《陵川集》中，明确提到长城的诗作不下五篇。在元代的地理学文献中，也有关于长城的一些记述，如《元一统志》卷一在讲到上都路的古迹时说："按《山林地志集略》云：望云县有古长城，六国时在此。唐长城广袤接于枪杆山岭，在奉圣州之东六十里。"在讲到太原路的古迹时说："古长城（在管州）。在州东七十里下马城东北。又从东北朔州界，入岚谷县界六十里，过西九十里入岚州，经合河县，即秦之长城也"；"古长城（在岚州）。从岚谷县东北朔州界，经本州岚谷县界六十里，入岚州及合河县界，即秦之长城也。"[5]

在上述这种历史背景下，像马可·波罗这样一位不懂汉语的欧洲人进入中国后，当他行经长城遗址时，只有具备以下条件才有可能意识到他所见到的正是长城。一个条件是，在入华之前他已经知道中国有条长城；另一个条件是，在他的同行者中有精通中国历史文化的人告诉他这就是长城。然而，第一个条件显然是不存在的，在马可·波罗之前，欧洲没有任何一个人在任何一部著作中提到过长城。第二个条件也难以成立，因为没有任何资料表明马可·波罗曾有这样一位同行者。因此，可以认为，马可·波罗入华以后没有可能见到长城遗址，但是，他即使见到了它，也并不见得会知道这就是现在众所周知的长城。

（三）长城是否作为一个重要的象征被马可·波罗所认识，马可·波罗回国后为什么会漏写万里长城

在文章里提到，秦代到明代之间，长城几乎消失，所以马可·波罗几乎看不出长城是以黄土建造的，再加上多年失修，漏写也不是不可能的事了。

长城被看作中国的一个重要象征，是从明代开始的。明朝建立后，对北方的防御十分重视。整个明代，几乎没有中断过对长城的修建。明长城东起山海关，西至嘉峪关，是中国"现存历代长城遗迹中最完整、最坚固、最雄伟的实物"。黄时鉴、龚缨晏研究中有提到，在明朝正德年间，欧洲人开始到中国沿海活动。从此，中国与欧洲有了日益频繁的直接交往。通过亲自观察以及研究中文著述，欧洲人对中国的认识也在不断地加深。1549年，一批在中国沿海从事走私贸易的葡萄牙人被明军俘获，他们中的一些人在中国南方度过几年的囚徒生活。后来，有个叫伯来拉的人将自己在中国的经历写成著作，即《中国报道》。在这部著作中，伯来拉只是说鞑靼"与中国为邻，这两国之间有大山分开"。但是，另一个在中国做了六年囚徒的匿名传教士

却在《中国报道，一个在那里当过六年俘囚的可敬的人，在马六甲神学院向神父教师贝唆尔（Belchior）讲述》中这样说道:"在中国与鞑靼交界的边境上，有一座极其坚固的城墙，它的长度可以让人走上一个月，皇帝将大量的士兵安置在堡垒中。当城墙修筑到高山处时，他们就对高山进行劈削加工，从而使高山能作为城墙的组成部分而保留下来，因为鞑靼人非常勇敢，且精于战争。当我们在做囚徒时，他们曾冲破此城墙，进入中国内地达一个半月路程远的地方。但由于中国皇帝准备了大量的军队，这些军队有精巧的装备（中国人擅长此道），赶走了骑马作战的鞑靼人。由于鞑靼的马匹越来越疲乏饥饿，一个中国军官命令将大量的豆子撒在田野上，这样，那些饥饿至极的马匹再也不听主人的使唤而来吃豆子。于是，中国皇帝的军队就将他们打得大溃而归。现在，城墙上监守严密。"[5]

元朝之前，中国确实多次建造过长城。但是，当马可·波罗来到中国时，除了极个别的关隘被人们加以修缮利用外，长城的绝大部分都已成为荒芜的遗址。长城只是作为古迹，从而和一些古寺废庙一起出现在元人诗文和地理文献之中。我们注意到，元人在记述古长城时，有如下的特点：一、只是将长城当作荒废的古迹来看待，而且有时将历代长城混为一谈；二、侧重于描述当年筑城的悲苦，或感叹长城并不能阻挡外敌入侵和王朝兴废；三、有时借长城废弃、边陲清明的景象来歌颂元朝的大一统；四、往往是在当地人告知以后，他们才认识到所见的遗址是古长城，进而发思古之幽情。显而易见，在元人看来，长城并没有什么特别的意义，更没有将长城看作是中国的一个主要象征。

总而言之，在马可·波罗时代，长城在欧洲不为人知，即使在中国也不是人们普遍重视的主要景物，更谈不上是中国的重要象征。这样，马可·波罗没有提到长城，乃是合乎情理的、很正常的事情。

二、"第十一章"中使用的史料分析

吴芳思在文章中使用了很多材料，包括传说、引用别人书籍中的话、实物等，但对于这么多的史料，根据史料的真实度将文章所使用的史料分成可信的、值得怀疑的、不可信的三种。

1. 可信的史料

在本章中，提到了以马嘎尔尼的秘书为马可·波罗辩解他为何没有写到长

第十二章 对"第十一章 漏掉万里长城"的释读和评价

城的事情，期间提到马可·波罗来中国的路线问题，以及马可·波罗不是一回去就开始写游记，而是回国很久后，在没有现场笔记和原始资料的情况下，以口述的形式撰写的。这是可信的，因为黄时鉴、龚缨晏的研究中有提过，秦长城和明长城同时混同在欧洲的地图上，对于普通公众来说，要他们将实际上看到的明长城与历史上的秦汉长城区别开来，是一种苛刻的要求，即使是中国人也并不是人人都清楚这种区别的。所以，对于马可·波罗来说，就算他经过了长城的哪一点，他也是不知道，这也是情有可原的。

研究还指出，当时没有长城，在秦代和明代之间，长城严重失修，以致它差一点儿在地球上消失了，这个史料是值得相信的，在北京科技报关于长城的消失的报道中有提到过："从公元前 7 世纪到公元 17 世纪，中国人用 2000 多年的时间修筑了 10 万里长城。目前，其中 9 万里已基本消失，只剩最后一条万里长城——明长城。"[6] 可以看出，从秦代到明代时期，长城是在逐渐消失。这些在唐代和宋代的一些钦定史书得以证实，这些史书都是实录材料，实录材料为第二手材料，可以说它是可信的。

在本章中提到，约翰逊在 1778 年就对长城有所评述，可以说他用口述的形式来表达了他的自豪感，他对长城的印象来自狄德罗的《百科全书》。这说明长城这个伟大的建筑早就已名扬欧洲且真真切切地存在着，说明这个史料是真实的。

本章中说到"沃尔德伦说，蒙古人征服中国时没有受到长城的阻拦，"并指出那有个城楼，蒙古人还刻了个楹联在那儿，受到已大力加强防御工事的金人短暂的阻拦。这里面有沃尔德伦的口述，并且还有城墙上的楹联来证明此史料的真实性，可以说沃尔德伦的用词是经过仔细斟酌的，推敲了很久，这个史料是值得相信的。

2. 值得怀疑的史料

本章中有提到从秦代用黄土砌墙到明代用砖砌面，而在本章节中说在秦代到明代的过程中，长城差一点就消失了。但是长城很早之前就风靡欧洲，在本章中有提到，假如现在我们乘坐西安到敦煌的火车，我们依然从车厢上面可以看到用纯黄土筑成的城墙，尽管是在秦朝时代建的，现在却依然可以看见，这可以说长城耐风吹雨打，同意吴芳思的观点，即使是这么多个朝代没有对长城进行修缮，也有很多长城段保留下来，而一个从西方来东方旅行的外国有人竟

173

不能注意到长城，这是值得怀疑的。

3. 不可信的史料

在本章内容中，斯塔顿为了进一步辩解，还引用了"从威尼斯的多杰图书馆得到的"马可·波罗去中国的路线图，该图表明：马可·波罗沿着沙漠客商旅行队所走的路线，从欧洲东行至撒麻耳干和可失哈耳以后，就将路线改为东南方向……之后他是不经过长城路段的[4]128。可以说这个是不可信的，假如他是按这个路线走的话，他根本不可能环游中国那么多地方，尽管把他在路上逗留的几年时间都算进去了，这也大大地延长他的旅行时间，为何有短的路线不走，偏要走崎岖的路线？显然这是不可信的。

在本章中运用到"在 1122 年，辽族被另一个阿尔泰族——讲通古斯满语而不是讲蒙古语的女真族——推翻。"[4]129 此史料说使得宋廷得以避免南逃的原因是在长城上设置一支卫戍部队，而不是长城的防御。据《中国大百科全书·中国历史》中记载，辽朝是在 1125 年而不是 1122 年为女真所灭，又据《辞海》记载，南宋始于 1127 年，并于 1129 年定杭州为行都。所以说这个史料已经自相矛盾，是不可信的。

纵观全书，可以得出以下结论：吴芳思因《马可·波罗游记》中未提到长城等中国事物而否定马可·波罗到过中国的观点进行了辩驳。文章认为，修建于秦汉时期的长城，至魏晋以后已失去了标志疆界和防御外敌的作用。到了元朝，长城建筑已破败不堪。元代以前，长城在欧洲根本不为人知，更谈不上是中国的重要象征。因此，马可·波罗书中未提长城是很正常的事情。长城被当作中国的一个重要象征，是从明代才开始的。要说明马可·波罗为什么会"漏写"一些关于中国的事物，首先必须考察这些事物在当时是否存在；如果存在，它又是什么样子的，是不是已成为当时中国的重要标志，是引起外来旅行者的特别注意。只有在进行这样的考察后，才能合理解决所谓的"漏写"问题。

对于吴芳思在第十一章使用到的材料，就其真实度而言，既有可信的，也有不可信的，同时还有值得怀疑的。当然，具体情况如何，还待进一步研究。

参考文献

[1] 中国大百科全书（考古学），[M]. 北京：中国大百科全书出版社，1986，376.

第十二章 对"第十一章 漏掉万里长城"的释读和评价

[2]《通典》卷一七八《州郡·古冀州上》[M].

[3] 万里长城修建的沿革 [J], 历史教学, 1955:(12).

[4] 吴芳思著, 洪允息译. 马可·波罗到过中国吗？[M], 北京：新华出版社, 1997.

[5] 黄时鉴, 龚缨晏. 马可·波罗与万里长城——兼评《马可·波罗到过中国吗？》[J]. 中国社会科学报, 1998:(4).

[6] 余戈. 万里长城 1/3 消失 [N]. 北京科技报, 2004-04-07:A15.

第二节 对"第十一章 漏掉万里长城"的评价

　　吴芳思在《马可·波罗到过中国吗？》中的第十一章"漏掉万里长城"中提出，因为马可·波罗没有在《马可·波罗游记》中提及长城而认为他没有来过中国，从而进行评述。吴芳思进行这样的选题有一定的积极意义，敢于挑战权威，提出了某些读者心中的疑惑，引起了社会的重视。但吴芳思依然没有达到自己的选题目的，因为在文中没有明确地表明自己的立场，没有足够有说服力的史料支撑自己所论述的观点。除此，这章中还存在一些不足：缺乏逻辑性，论据和论点不相符等。

　　一、吴芳思没有达到选题的目的

　　（一）吴芳思的选题具有一定的积极意义。吴芳思能够提出马可·波罗在其著作《马可·波罗游记》中没有提及万里长城这一问题，具有一定的积极作用的，原因如下：

　　1. 促使历史研究人员对《马可·波罗游记》一书做更深入的研究。《马可·波罗游记》出版之后，引起社会广泛的关注，无论国内还是国外，对其进行研究的刊物比比皆是。"关于《游记》的版本、译文和研究论著层出不穷。在我国，映堂居士于1874年（清同治十三年）在《中西闻见录》第21号上发表《元代西人入中国述》短文，这是第一篇介绍马可·波罗的文章。此后120余年来，我国已有《游记》汉文译本六种，蒙文译本二种，介绍及研究性专册、论文百余种。"[1]虽然对它的研究著作有很多，但还有很多问题没有做出解释。《马可·波罗到过中国吗？》这本书把人们对它的一些疑惑提了出来，促使学者做更深入的研究，思考得更加严谨，努力对所提出的问题做出强有力的解释。这样，为人们更深入研究《马可·波罗游记》提供了动力。

　　2. 使人们心中的疑惑公开化。在阅读《马可·波罗游记》这本书的读者当中，肯定有人和《马可·波罗到过中国吗？》的作者吴芳思一样，存在着这样的疑惑。现今，长城已经成为我国的一个重要的建筑标志，是世界八大奇迹之一，而且流行着一句话："不到长城非好汉！"有多少外国友人慕名而来。但为什么马可·波罗在他的著作中没有提及这个伟大的建筑呢？这让不少读者产生了

第十二章 对"第十一章 漏掉万里长城"的释读和评价

困惑。虽然他们有困惑,但也很难有机会请教到在这方面有研究的专家;就算有机会请教,也很难得到较为肯定的答案。所以,这个困惑一直留在读者心中,并没有得到很好地答复。吴芳思写了这本《马可·波罗到过中国吗?》引起了社会的轰动,马可·波罗在其游记中没有提及长城这个问题也引起了学术界的关注,也有学者为此做了一定的研究,如杨志玖的《马可·波罗到过中国——对〈马可·波罗到过中国吗?〉的回答》,杭州大学历史系教授黄时鉴和杭州大学副教授龚缨晏共同发表了《马可·波罗与万里长城——兼评〈马可·波罗到过中国吗?〉》一文章等。我们姑且不论研究这个问题的文章有多大的说服力,能否还历史一个真相,人们开始重视并研究这个问题就是一个很好的开端,只要这样继续下去,在这个问题上的研究会越来越成熟,人们心中的迷雾会越来越少,真相会离我们越来越近。

3. 敢于向权威发出挑战,其怀疑精神十分可嘉。对于马可·波罗和《马可·波罗游记》的研究,大多数的学者本着严谨的态度,基本上同意或者承认马可·波罗到过中国,也相信《马可·波罗游记》的真实性。对于这批学者,我们暂且称之为"肯定论者",他们包括国内的绝大多数"马可·波罗学"研究专家和国外的多数"马可·波罗学"研究专家。[2]《马可·波罗到过中国吗?》的翻译者洪允息先生在书中"译者的话"当中也讲到"马可·波罗是十三世纪到过中国的大旅行家,这是中国绝大多数历史学家和马可·波罗学者的共识;一般人包括译者在内对此也深信不疑。"[3]2 肯定马可·波罗到过中国成了学术界的主流观点。因此吴芳思怀疑马可·波罗到过中国,具有敢于向权威挑战的精神。

(二)吴芳思没有达到自己的选题目的。吴芳思之所以选择"漏掉万里长城"为题,且用一个章节进行论述,因为她欲通过论述马可·波罗既然来了中国,却没有在书中提及我国这个伟大的建筑,从而提出对马可·波罗到过中国的质疑。虽然她在《马可·波罗到过中国吗?》中,整个第十章都是对这个问题进行论述,但是令人遗憾的是,她并没有达到这个选题的目的,没有足够的证据否定马可·波罗到过中国,其原因如下:

1. 没有明确表达自己的观点和立场。论文的写作目的就是为了阐述正确的看法、主张和观点,明辨是非,议论的生命就在于此。如果对生活中某件事情、某些现象或者某些问题没有自己的看法、主张和观点,就没有写论文的必要了,写了没有针对性的论文,就是无的放矢,无病呻吟,无事生非。虽然吴芳思本

解密：马可·波罗到过中国吗？

人的意愿是想通过《马可·波罗游记》中未提到长城等事物而否定马可·波罗到过中国，其他事物暂且不谈，就仅分析第十章中"漏掉万里长城"一处，吴芳思在对其阐述中，没有明确表达自己的观点，读者在阅读之后，会觉得模棱两可。

  2. 支撑自己论点的论据不足，没有较全面的思考，让人感觉以偏概全，缺少说服力。在文中论述到："长城在十八世纪或者更早的时候就名扬欧洲。约翰孙博士早在1778年就对长城有所评述。"[3]126 马可·波罗是在十三世纪来到中国，吴芳思找到的史料证明在十八世纪，欧洲人已经知道了长城，但是这已经是马可·波罗到过中国后五个世纪的事情了。无论在十八世纪，我国的长城如何出名，但也不能推断出在马可·波罗来中国的时候就著名。吴芳思虽说"或者更早的时候，长城就名扬欧洲"，但她并没有拿出史料来证明，只是推出自己的推断就作罢了，这是极其不严谨的，十分缺乏说服力。文中所引斯汤顿《记事》中提到马可·波罗到中国时长城尚未存在，他心目中的长城是明代修的长城，元朝时当然不会有。对于外国人来说，要他们将实际上看到的明长城与历史上的秦汉长城区别开来，是一种苛刻的要求，即使是中国人也并不是人人都清楚二者之间的区别的。吴芳思就不同了，她是专门研究这一问题的，她理当通过自己的研究将这种区别告诉读者。她在书中写到，秦汉以后迄于元代，中国的统治者们并没有大规模地去修建长城；但她还是坚持说，"我的感觉是，尽管没有重大的建造或修缮长城的活动，在13世纪定会残留着许多夯土城墙；而如果从西部进入中国，就不大可能会对这些城墙不加注意"。而且她正是凭着这种感觉来大谈马可·波罗关于长城的"漏写"问题。[4]180 这些只是她的推断，没有给出任何有说服力的史料，这是极其不客观的。

  吴芳思说，"从西安到敦煌的火车线上仍可以看到泥土筑的城墙遗址"，这是有可能的。但有两种情况：一是看到的是较高的碉楼，这是古代在城墙沿线修的用于防守的建筑，这些碉楼被英国考古学者斯坦因（Stein）在敦煌附近发现。二是看的人要有一定历史知识。斯坦因是以考古学者的身份来探察的，他不仅看到碉楼，而且在碉楼之间拨开流沙，发现用苇杆和泥土交缠在一起筑成的城墙。吴芳思既然研究马可·波罗，留意到了长城问题，当然会认真观察一般人忽略的长城遗址了。马可·波罗，一个商人的儿子，学识不高，对中国历史毫无所知，他能对断壁残垣或突起的碉楼感兴趣并告诉旁人吗？[5]118

3. 吴芳思在文中用大量的篇幅罗列支撑"马可·波罗的确到过中国"的论据,自己却做不出任何的反驳,导致读者更愿意相信马可·波罗到过中国。吴芳思在文中用了四个段落去讲述斯坦顿从"当时没有万里长城"和"这本来就是纠正的写作失误"两方面为马可·波罗为什么没有提及长城做了辩解,较为详细地罗列出学者斯坦顿的合情合理的辩解后,居然没有做出任何的反驳。吴芳思既然找不到史料对斯坦顿的观点进行反驳,就不应该用那么大的篇幅对其观点进行论述,因为这样会让读书更相信马可·波罗就算没有提及万里长城,也不能因此否定他来过中国。这样的论述与吴芳思的选题目的相背离。

二、"第十一章"中存在的不足

在第十一章中,吴芳思对"漏掉万里长城"这个问题进行论述,试图否定马可·波罗到过中国,文中的史料虽多,但让人感觉只是简单地罗列出来,缺乏逻辑性;很多史料都显得很多余,没有多大说服力,甚至与文中的论点毫无关系;对于一些重要的前提,直接忽略掉,存在着很大的不足。

(一) 全文缺乏逻辑性,思维不严谨

文章的开头说到,马可·波罗对各个地方及其建筑的记述有详有略,对杭州、扬州、泉州都有记述,但没有记载万里长城。按照吴芳思的说法,既然记载了杭州等地方就一定要记载长城才说得过去。然而,这样的推理逻辑是不合理的,因为如果马可·波罗真的到过中国扬州等这些地方,是他居住过的,或者是游行经过的,都可以融入其中,是生活的一种体验,因为充满着地域风情和人文气息。但长城呢?只是一个城墙而已,它不能和居住人所在的地区相比。虽然都是建筑,但是性质不甚相同,所以不能说记载了扬州等地方,就非得要记录长城才能显出其真实性。

杨志玖也为此做过辩解,"马可·波罗经常往来大都(今北京)和上都(今内蒙古正蓝旗),自应经过界壕,但他却视而不见,无动于衷。其原因应是,前三人知道金朝界壕,故能触景忆旧,而马可不然。此其一。这些界壕和边堡已堙塞或荒废,无可观者,不足触发马可的好奇心情。此其二。总之,无论从客观环境或主观素养,马可·波罗之不提长城,并不值得人们大惊小怪"。[5]118因此,就算是看到了也不一定要写。

吴芳思没有太多的考虑当时的长城是怎样的,而且很多时候把明后的长城,

解密：马可·波罗到过中国吗？

甚至与今天的长城同日而语。第二段第一句就讲到："一个人只要看一看今日中国的地图，或者乘坐飞机越过中国北方的上空，或者乘坐横穿西伯利亚的火车到达中国的北方，如果他的视力没有严重的障碍，他就不能不注意到长城并为之叹服。在中国西北地区的崇山峻岭之巅蜿蜒数千英里的长城，已被公认为世界几大奇观之一。"[3]126 第二段后面的内容主要是描写长城的现状，吴芳思用马可·波罗到中国之后700多年的长城现状，来推断马可·波罗应该看到长城而且为之叹服。第五段到第十段，在六个段落中吴芳思用约翰逊博士的相关观点引出和描述了明后的长城是如何壮观，但吴芳思忽略了明朝修过长城，认为马可·波罗看到的长城和明朝或今天的差不多，这是极其荒谬的推断。因为，虽然元朝之前中国确实多次建造过长城，但是，当马可·波罗来到中国时，除了极个别的关隘被人们加以修缮利用外，长城的绝大部分都已成为荒芜的遗址。长城只是作为古迹，从而和一些古寺废庙一起出现在元人诗文和地理文献之中。我们注意到，元人在记述古长城时，有如下的特点：一、只是将长城当作荒废的古迹来看待，而且有时将历代长城混为一谈；二、侧重于描述当年筑城的悲苦，或感叹长城并不能阻挡外敌入侵和王朝兴废；三、有时借长城废弃、边陲清明的景象来歌颂元朝的大一统；四、往往是在当地人告知以后，他们才认识到所见的遗址是古长城，进而发思古之幽情。显而易见，在元人看来，长城并没有什么特别的意义，更没有将长城看作是中国的一个主要象征。[4]174

提到长城，人们往往想到是秦始皇所修。其实秦大一统前，燕、赵、秦都曾在北部沿边构筑过；秦以后汉、隋、金等也曾经营。但是，因年代久远都已颓纪湮灭了。今天常为人们所见保存比较完整的长城，基本上是明代所修。马可·波罗入华时，敦煌地区的长城即秦汉长城的西端，早已荒废；近年的考古发掘表明，敦煌马圈湾的汉代烽燧在王莽时期即已全部荒废；到了唐代，连汉代名关玉门关的关址都已不能确定。在马可·波罗时代，长城在欧洲不为人知，即使在中国也不是人们普遍重视的主要景物，更谈不上是中国的重要象征。这样，马可·波罗没有提到长城，乃是合乎情理的、很正常的事情。长城被看作中国的一个重要象征，是从明代开始的。明朝建立后，对北方的防御十分重视，整个明代，几乎没有中断过对长城的修建。明长城东起山海关，西至嘉峪关，是中国现存历代长城遗迹中最完整、最坚固、最雄伟的实物。因此，吴芳思这

第十二章 对"第十一章 漏掉万里长城"的释读和评价

样的推断容易误导读者。她应该引出马可·波罗来中国时期的地图进行推理分析，这样，分析才会准确，才会有说服力。一些人（吴芳思除外）把马可·波罗未提及长城作为他没来中国的论据之一，多半是把明代所修、至今仍存的长城认为古已有之；或把明修长城作为标准，认为明代以前所筑长城也应有此规模。马可·波罗不应看不到，因而对他苛求、怀疑，以致否定其到过中国。[5]127

（二）很多论据与论点毫无相关。不仅让读者觉得文章大部分都是多余的东西，而且很容易让读者集中不了注意力，产生厌倦的情绪。

本章的第三段开头讲述了"长城最早是秦国始皇帝在公元前221年到公元前206年的统治年间将原先许多较短的长城连接而成，它体现了中国人喜欢封闭式生活的古老传统"。[5]127 但接着用大量的篇幅讲述了中国人喜欢封闭生活、秦始皇浪费大量人力物力修建陵墓和其他大型工程。吴芳思要讲述的主体应该是长城，而不是秦始皇，而她在这段中论述秦始皇的篇幅多于长城，用大量的篇幅讲述了一些与自己选题不相关的内容。

在第四段中，也犯了同样的错误，在开头论述了汉代长城的建筑原料可能是泥土，但是紧接着论述了数千年的建筑物材料主要用黄土。一开始的论述出现了长城和泥土，长城本应是论述的主体，而吴芳思在后面的论述中把泥土作为了主体，用大量的篇幅论述对自己观点没有任何意义的东西，文章中这样多余的篇幅比比皆是，在此就不一一列举了。

（三）吴芳思没有考虑到一个重要的前提，即马可·波罗临终前所说的话，"我所说出来的还不到我见到的一半"。

据说马可·波罗临死前，有人要他声明他在书中所说的都是些无稽之谈，但马可·波罗却回答，"我所说出来的还不到我所见到的一半"。长期以来，许多人都用马可·波罗的这句临终遗言来解释马可·波罗为什么没有提到那些所谓"漏写"的事物，也就是说，马可·波罗还没来得及将这一切说出来。也许，就有些中国事物而言，马可·波罗确实看到了但没有来得及告诉世人。但是，有些中国事物，马可·波罗或许根本就看不到，或者即使看到了也不会留下特殊的印象。我们以为，怀疑论者所列举的那些"漏写"的事物，大都属于这一类。[4]183 如果马可·波罗所说的话是真的，那么就没有任何必要再对其是否到过中国进行论述了。因此，要想通过马可·波罗在《马可·波罗游记》中没有提及长城来否定他到过中国，首先就要证明马可·波罗"我所说

181

出来的还不到我见到的一半"这句话是假的。有了这个前提，才可以对"漏掉万里长城"这个问题进行论述。正如这本书"译者的话"所说的，吴芳思是在她没有足够的材料证明马可·波罗到过中国的情况下提出她的看法的，她也感到自己的看法是不成熟的，还有待史料的证明。她的看法仅仅是一种假说，向她怀疑的传统观点提出挑战。[3]5

吴芳思在第十一章"漏掉万里长城"中，试图通过论述马可·波罗没有提及万里长城，从而否定他到过中国。但令人遗憾的是，文中的论证史料缺乏说服力，逻辑性也不强，没有达到她的选题目的。虽然如此，吴芳思提出这样的问题仍有一定的积极意义。问题的提出，可以促使国内外学者更全面、更深入地对马可·波罗进行研究，进行友好的学术交流，让更真实的历史呈现在世人面前。

参考文献

[1] 杨志玖. 百年来我国对《马可·波罗游记》的介绍与研究（上）[J]. 历史研究.2007, (1):19.

[2] （英）吴芳思. 马可·波罗到过中国吗？ [M]. 北京：新华出版社，1997.

[3] 黄时鉴，龚缨晏. 马可·波罗与万里长城——兼评《马可·波罗到过中国吗？》[J]. 中国社会科学，1998，(4).

[4] 杨志玖. 马可·波罗到过中国——对《马可·波罗到过中国吗？》的回答[J]. 历史研究，1997，(3).

第十三章 对"第十二章 自我标榜岂止一人，攻城谋士与他无缘"的释读和评价

第一节 对"第十二章 自我标榜岂止一人，攻城谋士与他无缘"的释读

吴芳思《马可·波罗到过中国吗？》一书的第十二章"自我标榜岂止一人，攻城谋士与他无缘"中，她主要论述了两个重要的问题，即马可·波罗并非忽必烈见到的第一批拉丁人以及马可·波罗并非攻城技师。

一、对"第十二章"的释读

本章中吴芳思主要论述了两个重要问题，即马可·波罗并非忽必烈见到的第一批拉丁人以及马可·波罗并非攻城技师。吴芳思在文章的一开头就写到"马可·波罗自我标榜说：他和他的父亲及叔父是忽必烈见到的头一批拉丁人"[1]135，吴芳思用了一个"自我标榜"，说明了她对于马可·波罗一行人是忽必烈见到的第一批拉丁人持否定态度。吴芳思认为"虽然波罗一行有可能是到达蒙古京城的第一批意大利人，但他们肯定不是蒙古人见到的第一批外国人，甚至不是蒙古人见到的第一批欧洲人。"[1]136

对于马可·波罗声称自己到过襄阳并且参加了围攻襄阳一战，他们为忽必烈献计，制造了投石机，从而得以赢得了攻城之战这一记述，吴芳思认为"马可·波罗的这一段自我标榜除了证明蒙古人任用过波斯的兵器制造者外，其余部分是不堪一驳的，因为襄阳是在马可·波罗一行到中国前一年就撤围了。"[1]142 并写到"马可·波罗说自己到过那里也不过是追名逐利而已。"[1]143

（一）马可·波罗并非忽必烈见到的第一批拉丁人

1. 早在1260—1261年，就有一批被称作"发朗人"或"拂朗人"的欧洲人抵达上都的夏宫。吴芳思引用了德国蒙元史学家福赫伯的观点"这是史书中

解密：马可·波罗到过中国吗？

又一个值得怀疑的说法"，并根据中国编年史中一段有关1260—1261年的记载，说明当时有一批被称作"发朗人"或"拂朗人"的欧洲人抵达上都的夏宫。吴芳思还详细记述了这些人来自的地方以及他们的外貌和生活习性。吴芳思之所以对这些称为"发朗人"或"拂朗人"的欧洲人进行了这么详细的描写，是为了证明当时确确实实是有这么一些人，他们早在马可·波罗一行人到夏宫之前就到过忽必烈的夏宫这一事实。因此，马可·波罗的这一记述是不符合事实的，完全是在进行"自我标榜"。

2. 蒙古人与异邦人进行着广泛的交往。吴芳思认为蒙古人与异邦人进行着广泛的交往的，包括政治、经济、军事、社会生活等方面。她认为这可能与蒙古人的游牧传统有关。首先，蒙古人的生活环境使他们不得不赶着畜群往返于夏季牧草地和冬季牧草地之间，他们有着熟练的骑马和畜牧的本领，但是他们不会种植作物，而且也没有供他们种植作物的环境。这就决定了他们不得不和其他过着定居生活的邻族进行贸易交往，以获得他们生产生活的必需品。而过着定居生活的邻族也需要他们的毛皮和畜肉，于是他们之间就不断地进行着广泛的贸易往来。

其次，"成吉思汗征服蒙古其他各部后就推行了将这些士兵编入蒙军的政策"。[2]元代的军事制度是在蒙古政权军事制度的基础上日趋完备的。元代军队根据士兵民族成分的不同，区分为蒙古军、探马赤军、汉军和新附军；按照军队的作用则分为地方镇戍军和中央侍卫亲军两大系统。军人专设军籍，实行军民分治的政策。蒙古军由蒙古人、色目人组成；探马赤军由各族人组成。汉军主要由北部中国投降的军队组成；新附军由南宋投降的军队组成，由蒙古、色目或汉人将领统帅，多用于对抗日本或爪哇的战争，不参战的则从事屯田和工役造作。

再次，蒙古统治者对各族上层进行笼络，任用大量的异邦人并利用其他民族的手艺和技术壮大自己。元朝统治者实行民族歧视和民族压迫政策，也不是一概而论的，而是区别对待的，一切都以巩固统治为目的。据《元史》记载，禁止汉人执弓箭兵器，甚至"诸神庙仪仗，止以土木纸彩代之，用真兵器者禁"，但为元朝政权效力的"汉人为军者不禁"，"诸打捕及捕盗巡马弓手、巡盐弓手、许执弓箭，余悉禁之"。他们对各族的上层阶级进行笼络，从而使他们为蒙古政权效力。其中最典型的就有契丹族人耶律楚材，耶律楚材每天不离成吉思汗

第十三章 对"第十二章 自我标榜岂止一人,攻城谋士与他无缘"的释读和评价

左右,成吉思汗曾指着耶律楚材对窝阔台说:"此人天赐我家,尔后军国庶政当悉委之。"

蒙古文字的创制也得益于其他民族。据《蒙挞备录》《黑鞑事略》等文献记载,蒙古族本无文字,曾以"刻木为信"。元初国中通行汉文、蒙古文和回族文三种文字,《黑鞑事略》载到:"鞑人本无字书,然今之所用则有三种:行于鞑人本国者,则只用小木长三、四寸刻之四角,行于回回者,则用回回字,镇海主之。回回字只有二十一个字母,其余只就偏旁凑成。行于汉人、契丹、女真诸亡国者,只用汉字,移剌楚材主之。"[3]蒙元时期先后使用过两种蒙古文字,一是蒙古畏兀儿文字,一是八思巴文字。畏兀儿文字是从回鹘人那儿学习加以改造的,而八思巴文字则是八思巴依据藏文字母改制而成的。

另外,蒙古人吸收了其他民族的手工艺技术。蒙古人虽然善于征战,军事力量强大,但在元朝建立前,生产技术落后,生产力极其低下。他们绝大多数从事畜牧业,只有少数农业区。"鞑人初始草昧,百工之事,无人而有。其国除孳畜外,更何所出。其人椎朴,安有所能?箭镞以骨,无以得失。后灭回回,始有物产,始有工匠,始有器械,盖回回百工技艺极精,攻城之具尤精。"这些都说明了蒙古人与异邦人进行着广泛的交往。

3. 马可·波罗强调他和他的父亲及叔父是"拉丁人",而当时忽必烈汗是不可能分清那些人的国籍的。吴芳思认为:"马可·波罗强调他和他的父亲及叔父是'拉丁人',这可能是为了把意大利人和所有其他拉丁人区别开来。但是由于哈喇和林有来自世界各地的人在那里杂居,那里还有'拂朗国'使团,而且当时还弄不清欧洲人的国别,忽必烈汗是不大可能分清那些人的国籍的。"成吉思汗和他的继承者们多次征服中亚、西亚等地伊斯兰教国家和地区,架起了中西文化交流的桥梁,大批阿拉伯人、波斯人和伊斯兰化的突厥人及有一技之长的工匠,科学家、天文学家、医学家等随蒙古军队进入中国。另外,由于陆海交通的开辟和发展,为使节、商人、学者和僧侣的贸易和长途旅游提供了便利。"元代的侨民大体可以分为九类:来往使者、外国官员、外国留学生、学位僧和求法僧、乐工与舞士、西域商贾、西域的工匠和军士。"[4]

"在元代,由西方东迁,旅居在中国的西方人数目是相当多的,远远超过此前的任何时代。他们中有哈剌鲁人、怯失迷儿人、突厥蛮人、伊朗人、阿剌

伯人、康里人、钦察人、阿速人（阿兰人）、阿美尼亚人、斡罗思人、犹太人，乃至东欧、西欧、北非人，等等。元朝一般把西方所有信仰伊斯兰教的民族都称之为'回回'。对犹太人称'术忽回回'，钦察人称'绿睛回回'。对他们总称则为'色目人'，义为各色各目人。"[5] 从这里可以看出当时元朝外国人数量之多及种族之丰富。因此，忽必烈汗难以弄清他们的国籍是合乎情理的事情。另外，这也可以看出，元朝主要是以宗教信仰来划分这些来华的西方人的。

（二）马可·波罗并非攻城技师

首先，吴芳思认为："许多不属于汉族的专家和顾问，包括那些帮助摧毁汉人在襄阳的抵抗的专家和顾问在内，都因管修史书（即编纂于1367—1370年的《元史》）和其他文献资料收有他们的传记而为后人所知，专家们一致认为这些作品根本没有提到马可·波罗氏一行。"而马可·波罗作为为襄阳攻城一战做出如此巨大贡献的人是不可能不被载入史册的。

另外，根据《元史》的记载，元军攻陷襄阳，是在1273年（至元十年），而马可·波罗抵达元上都，却在1275年。元军攻城，利用了回回炮，献炮者是阿老瓦丁、亦思马因，这一点是无可置疑的。

吴芳思还把马可·波罗与约翰·曼德维尔爵士联系起来。她写道："约翰·曼德维尔爵士是一个剽窃者，他大量抄袭和德里关于中国的记述，不管他抄袭什么文字，曼德维尔总是把自己置于最激动人心的场面之中。""这或许可以说明马可·波罗说自己'到过那里'也不过是追名逐利而已。"[1]143 吴芳思认为马可·波罗与约翰·曼德维尔爵士一样，都是在自我吹嘘、自我标榜，他们俩实际都是没来过中国的。

二、"第十二章"中使用的史料分析

（一）中国编年史中的有关记载

吴芳思引用了德国蒙元史学家福赫伯教授的观点，并且用了他书中的论据，即中国编年史中一段有关1260—1261年的记载，"据传，他们来自一个全天都有阳光的国度，这可能是诺夫哥罗德；那里的人们只有在看到田鼠出来时才知道傍晚时分到了。他们是白肤金发蓝眼睛，当地的苍蝇和蚊子等昆虫都在树林里孳生。这批人虽然有点神秘可疑，他们的到来还是一件大事，以至于官方事典也予以记录在案。"[1]135

第十三章 对"第十二章 自我标榜岂止一人，攻城谋士与他无缘"的释读和评价

（二）1254年到达哈喇和林的威廉·鲁不鲁乞对当地的记载

威廉·鲁不鲁乞对哈喇和林做了详细的描述：哈喇和林的代表性建筑的城墙和汗宫；居住在哈喇和林的许多异邦专家以及形形色色的人，特别是对一个'巴黎金匠'进行了极为详细的记述，包括他所制造的各种各样的精美的手工艺品。具有异域风情的京城及其建筑物；从异族文化演变过来的官职中的名称。另外，他还记述了蒙古人的筵宴和喜庆活动所必不可少的来自世界各国的各种各样的美酒。这些记述说明了当时哈喇和林"有一个大的惊人的来自许多国家的欧洲人的群体"。[1]135

（三）《元史》等史书以及拉希德对襄阳围攻战的记载

根据《元史》等史书的记载，"忽必烈任用的其他外国顾问包括加强水师的高丽船舶建造者以及从波斯请来制造投石机和大弩炮的亦思马因和阿老瓦丁。在围攻襄阳期间（1268—1273），这两种武器被用来摧毁该城的顽守。"拉希德在对襄阳受围攻以及撤围的过程的记述中也写道："波斯人到中国制造投石机以前，中国没有'拂朗人'（欧洲人）的投石机。"另外，根据《元史》的记载，元军攻陷襄阳，是在1273年（至元十年），而马可·波罗抵达元上都，却在1275年。

三、这些材料可信吗？为什么？

吴芳思一开始引用了中国编年史上一段有关1260—1261年的记载，这则材料是比较可信的，因为它是属于中国的官修史书，对于一些客观事件的记载还是比较可信的。但是它所指的"发朗人"或"拂朗人"确不是很清楚，他们究竟是来自哪个国家的不是很明了。这里吴芳思又引用了德国蒙元史学家福赫伯教授的观点，认为他们来自诺夫哥罗德，这是俄国的一个城市，对于这个观点仍有待商榷。不过这并不影响吴芳思的论点，至少证明了在马可·波罗一行人到达元大都以前就已经有欧洲人到过那儿了。但是，这也并不代表忽必烈一定见到了这些被称为"发朗人"或"拂朗人"的欧洲人，因为作为最高统治者的忽必烈汗不是一般人想见就可以见到的，在当时等级森严的社会里，这些"发朗人"或"拂朗人"没有见到忽必烈也是情理之中的事。

接着，吴芳思还引用了《元史》以及其他史书的记载说明蒙古人与其他欧洲人进行着广泛的交流和交往的，包括政治、经济、军事、社会生活等方面。这些材料也是值得信服的，因为大量中国史书上记载的相关信息与其基本上是

解密：马可·波罗到过中国吗？

一致的，所以这一观点是毋庸置疑的。但是这样并不能否认"他和他的父亲及叔父是忽必烈汗见到的头一批'拉丁人'"。"在此之前他从未见过任何意大利人，所以他对他们的到来感到十分高兴。"[1]135 罗依果认为："实际上马可说的是忽必烈很高兴看到尼柯罗和马菲奥兄弟俩，因为'他从未见过任何拉丁人'。这是波罗兄弟第一次去往忽必烈处的旅行（在1265或1266年），马可还没有和他们在一起。"更重要的是，存在一个语义学问题。如果吴芳思在一般意义上使用'Latin（拉丁）' 这个词，即指任何自认是罗马天主教徒（相对于'希腊'）的西方国家的欧洲人，因此与'Frank'（拂朗）这个词同义，

她所说他们'并非独一无二'的陈述是正确的，因为仅在几年前就有拂朗使者先于他们来到中国。我们不知道忽必烈是否在1246年贵由汗的斡耳朵里听到过约翰·卡尔平尼。如果两人在那时没有见面，几乎可以肯定波罗兄弟是这位蒙古皇帝遇到的第一批意大利人，因此，也就证明了马可的陈述。从《寰宇记》使用这个词的方式看，我倾向于在这段文字中的'拉丁'是被作为'拂朗'的同义语使用。"

对于马可·波罗参加襄阳攻城一战并献计制造大炮的问题，根据中国大量史书的有关记载，吴芳思予以反驳，而对于这一问题学术界基本上也是持否定的态度，这是无可非议的。但是，这也并不能否认马可·波罗到过襄阳。罗依果在《马可·波罗到过中国一文》中有这样一段话："慕阿德写道：尼柯罗、马菲奥和马可在解围后进入这个城市的故事是可能的；它不可能是真实的，并且它几乎不可能归因于记忆的出错。我们只能猜想鲁思梯谦诺或后来的编者感到将陌生、笨拙、无人知道的外国人名字替换成他们的英雄的为人熟悉的名字会使一个好故事更好；尤其值得特别注意的是在Z和L节抄本，或V全抄本（参看卷1,3172）中没有发现这个使人尴尬的陈述，Z、L、V本形成一个重要而互有关联的抄本类型。'我认为上述陈述仍是对这个使波罗学者苦恼几十年的问题的最好解释。"也有些学者认为：马可·波罗的记载有些夸大和失实之处，把蒙古攻取襄阳归功他们一家的献炮显然是错误的，这可能是身陷囹圄之中、百无聊赖之际的一种自我解嘲、自我安慰的心态的表现。但蒙古用炮攻破襄阳的事实确实存在，马可·波罗当然可能是在中国听到的，而且可能是在襄阳听到的，这就可以作为他们到过襄阳的证据。

188

第十三章 对"第十二章 自我标榜岂止一人,攻城谋士与他无缘"的释读和评价

综上所述,马可·波罗一行人是否是忽必烈见过的第一批"拉丁人"以及马可·波罗是否到过襄阳至今仍然没有一个明确的定论。由于"拉丁人"在语义上并不明确,所以不能简单地否定波罗一行人是忽必烈所见到的第一批"拉丁人"。而对于马可·波罗是否参加襄阳一战的问题,应该同意吴芳思的观点,即马可·波罗是并未直接参与过这一战役的。但是,这并不能就此判定马可·波罗没有到过襄阳,所以对于马可·波罗是否到过襄阳这一问题仍待进一步的研究。

参考文献

[1]（英）吴芳思著,洪允息译 [M].马可·波罗到过中国吗?.北京:新华出版社.1997.

[2] 福赫伯.蒙古帝国时期中国与西方的关系 [J].(英国)皇家亚洲学会香港分会会刊第六期.香港:香港出版社,1996.

[3] 徐霆.黑鞑事略 [M].通州:翰墨林编译印书局,清光绪 29 年 (1903)

[4] 黄时鉴.元代的对外政策与中外文化交流 [J].中外关系史论从(第三辑),1987-03-01.

[5] 周良宵.元代旅华的西方人——兼答马可·波罗到过中国吗? [J].历史研究,2001-6-15.

第二节 对"第十二章 自我标榜岂止一人，攻城谋士与他无缘"的评价

吴芳思《马可·波罗到过中国吗？》的第十二章"自我标榜岂止一人，攻城谋士与他无缘"中，她反驳波罗氏没到过中国的论据不足，她所举例子空泛而没有针对性，轻重把握不当，偏题严重。且书中有些语句不够严谨，导致出现把中国与元朝当成两个国家，认为中国是在九世纪才引进椅子以及元朝对汉文化态度上的错误等。

一、吴芳思没有达到选题的目的

在《马可·波罗到过中国吗？》一书中，吴芳思提出马可·波罗可能根本就没有越过黑海一线，也就是马可·波罗没有到过中国。因为当时在中国很常见的一些东西，如四大发明、饮茶、筷子、裹脚和长城等，马可·波罗都没有提到过。她认为可能是他抄袭了一位波斯商人撰写的中国旅行指南。因此吴芳思提出"我相信与其说这是一个人写的游记记述，我更倾向于认为这是一本中世纪风格的摘抄本，记载着当时那个时代欧洲人对于远东的看法"。然而吴芳思的观点显然没有把马可·波罗放在当时元朝的社会背景下考虑，应当弄清马可·波罗在中国的大环境，当时元朝除了有俘虏来的色目人外，还有很多自愿来的商人和旅行家，波罗氏就是代表。他们"无论是珍宝商人还是斡脱商人，他们的活动范围都限于色目官员的上层圈内，广大汉人厌恶他们，和他们不可能有任何交往""他们始终保持自己原有的语言、习俗、宗教信仰、婚姻、服食，乃至于自有专门的义阡葬域"[1]"虽适异域，传子孙，累世不敢异焉"[2]，所以他们不熟悉汉人的风俗习惯不是马可·波罗没来过中国的力证。"因一部书没有记载它可以记载而因某种原因失记的东西，便怀疑、否定其真实性，既不合情理，也很难服人"。[3]

吴芳思的书一出版，很快就引起了欧洲中古史学家与蒙古学家的批评。皮特·杰克逊在其文章《马可·波罗及其游记》[4]中，将吴芳思反对马可·波罗到过中国的理由归纳为三点：1. 马可·波罗在其游记中并未交代缠足、饮茶与长城等任何外国人游历中国时会感到印象深刻的事物，2. 马可·波罗的名字从

第十三章 对"第十二章 自我标榜岂止一人，攻城谋士与他无缘"的释读和评价

未在任何中文文献中被提起，3. 马可·波罗自言曾参加过围攻襄阳之役，而这明显是他个人的自吹自擂。

首先我们看看吴芳思是怎么反驳马可·波罗的自我标榜——他和他的父亲及叔父是忽必烈见到的头一批"拉丁人"。吴芳思用大量的篇幅证明当时的元朝有各种各样不同国籍的异邦人在生活和工作着，这是没错的。吴芳思列举了很多生活在哈喇和林的外国人来说明马可·波罗不是忽必烈见到的第一批欧洲人，但却不去证明忽必烈见的第一批欧洲人是谁，因为作为民间活动、商业交流的外国人可以被蒙古百姓见到，并不代表可以被忽必烈接见，总之吴芳思并没有举出有力证据证明波罗氏不是忽必烈见到的第一批拉丁人。吴芳思在反驳波罗氏"强调他的父亲和叔父是拉丁人，这可能是为了把意大利人和所有其他欧洲人区别开来"时，认为"当时都还弄不清楚欧洲人的国别，忽必烈是不大可能巧妙地分清那些人的国别的"。如何就说忽必烈不能分清外国人的国籍呢？吴芳思也没有给出直接证据，只是一种猜想而已。而且吴芳思的叙述前后也有一点儿矛盾，前面一段说"忽必烈还派遣使节去印度物色医生""波斯人还担任宫廷占学家""中亚、细亚的穆斯林被聘请来对贸易进行督察"，这难道能说忽必烈作为一个南征北战视野广阔的皇帝分不清外国人的国别吗？尤其波罗氏还先跟他说明了自己是哪里人，当然前提是马可·波罗真的跟忽必烈交谈过。但是根据有据可查的文献资料来看，欧洲人在元朝的情况，杰克逊认为在马可·波罗之前，1261年已经有富浪国（即法兰克人）访问忽必烈汗的记录。但是马可·波罗却是第一个访问远东的意大利人。而在他之后，才有孟高维诺于1307年抵达汗八里，并且成为汗八里的第一任大主教。因此，马可·波罗的中国之旅是早于前述两位历史文献所记载的意大利人。综上，吴芳思在论述马可·波罗一行是不是忽必烈见到的第一批拉丁人这点上，并没有达到自己选题的目的。

最受争议的，也是被质疑派用来说明马可·波罗没有来过中国的力证之一，是襄阳献炮一事。十二章中关于波罗氏是否参加过攻城撤围战的质疑，吴芳思的观点是可信的，通过查看其他学者的研究（比如意大利学者），马可·波罗一行确实不可能参加过攻城战，元朝军队于1273年攻陷襄阳，而马可·波罗抵达上都是在1275年；攻城制造的投石器，功臣是阿老瓦丁、亦思马因，这在《元史》卷203是有记载的，而没有记载波罗氏一行。因此马可·波罗自称

191

解密：马可·波罗到过中国吗？

是攻城战役的大功臣，实在不可信。但话说回来，吴芳思用攻城战来反驳波罗氏没有来过中国也是片面的，她可以说波罗氏从未参加过攻城战，是自吹自擂的，但不能确定说马可·波罗没去过中国其他地方。马可·波罗护送阔阔真前往伊儿汗国一事一直被视为是证实《马可·波罗游记》真实性的有力证据之一。阔阔真一事见于波斯文与中文史料，前者为拉施特的《史集》，后者则为《永乐大典》（最早由杨志玖所发现）。然而马可·波罗的名字不见于波斯文与中文史料中这点被怀疑派认为是马可·波罗没到过中国的证据。其实，只要看《马可·波罗游记》中精确记载了三个使臣的名字以及其中两人死于途中一事，就已经足以证明其叙述的真实性。杰克逊也同样将此事视为马可·波罗曾经到过中国的证据之一。至于马可·波罗之名未被记载之因，这只是说明马可·波罗并不像他声称的一般在使节团中有重要地位罢了。杰克逊认为这与中国将外国商人视为贡使的传统相关，但事实上商人在使节团中只是作为蒙古大汗之商业利益的官方代表，并不真正具有重要性，自然也就不会被记载入史册当中。所以，马可·波罗作为一个小商人不被记载不能说明他没来过中国。元朝时期，留华的外国人数不胜数，没在元代文献中留下痕迹的不独马可·波罗。黄时鉴、龚缨晏认为，"吴芳思提到的鄂多立克，他的游记的确比马可·波罗多记了缠足与鸬鹚捕鱼，看来，吴氏是首肯他到过中国了；可是他的大名在中国文献中也是找不到的。"[5]且明初后，元代的历朝实录多佚失无存。

二、"第十二章"中存在的不足

细细品读第十二章的每一句话，可以发现值得商榷的句子还是有的，这些语句也正是本章节论述中不足之处。

第一，吴芳思老是把元朝与中国分开，当成两个国家来说，本章中出现很多这样的语句，如"蒙古人的宴筵和喜庆活动都离不开豪饮各种各样的酒：中国的米酒，波斯和突厥斯坦的葡萄酒，以及本地的'库米斯'""忽必烈于1260年征服中国后继续任用适应中国政务的汉人为顾问""有中国手工艺人"等，中国是一个统一的多民族国家，元朝是中国古代历史上的一个重要时期，是由蒙古族人统治的，蒙古人的祖先和汉人的祖先是同宗同亲的，蒙古族到现在都是中华民族的一部分。元朝不属于中国汉族王朝，但属于中国，那么吴芳思在书中明显区分元朝和中国，就是错的，应当表述为"征服汉族"。

第十三章 对"第十二章 自我标榜岂止一人，攻城谋士与他无缘"的释读和评价

第二，说到建筑，吴芳思认为蒙古人只有采用汉人的设计图样才能"震慑汉人而不致遭到他们的嘲笑"。这实际上是胡汉分治而已，所以单纯认为"显然是因为只有采用气势最宏伟的汉人设计图样"才能震慑汉人太肤浅了。

元朝在意识形态上会把本民族和汉族以及其他少数民族区分对待。元朝统治者始终坚持"草原本位主义"，坚持以草原建设为中心，而广大的中原腹地只是草原的附属，只是政治和经济掠夺的对象。蒙古人是马背上的民族，对于人口占多数的汉族以及其他少数民族，蒙古人是不屑的，这从四等人制就一目了然。元建立之初，忽必烈下令把全国人民分为四个等级：蒙古人、色目人、汉人、南人[6]。第三等汉人，是指原来金朝统治下的各族人民，包括汉人、契丹等；第四等南人，专指原来南宋统治下的汉人和其他少数民族，地位最低，待遇也最低。虽然蒙古统治者采取了一系列的措施来打压其他民族，比如在官吏任用上，汉人或南人都不得任正职；在科举考试上，其他民族要比蒙古人和色目人多考一场，题目也更难，并规定南人不得登科前三名；在法律和经济上就更是严重的不平等了。凡此种种，无不透露出元朝统治者对汉文化的不屑，当然也正是这种不屑，导致了元朝的短命。

第三，本章为了解释"帐篷长官"而讲到"主席"称号的来源时说，"中国人在九世纪引进椅子以前都是'席地而坐'的"，这里关于中国什么时候引进椅子的表述是有误的。以前，中国人是跪坐，但是，唐代之后的五代时期，跪坐已经改变了。九世纪中国处于唐朝时期，凳子、椅子在唐代并不普遍，但其被引进应该在更早的时候。"敦煌285窟壁画就有两人分坐在椅子上的图像，257窟壁画中有坐方凳和交叉腿长凳的妇女，龙门莲花洞石雕中有坐圆凳的妇女"。这些图像生动地再现了南北朝时期椅、凳在仕宦贵族家庭中的使用情况。唐代以后，椅子的使用逐渐增多，从床的品类中分离出来。论及椅、凳的起源，必须从汉魏时的胡床谈起。"魏晋南北朝时期……除了以往的胡床，又增加了椅、凳、墩、双人胡床等。高型家具的增加以及由此带来的垂足坐的习俗，像一股飓风，对传统的席地坐习俗产生了巨大的冲击。"[7]由此可见，中国引进椅子至少也是在汉魏时期，普遍使用应该是在唐朝。

此外，吴芳思在第十二章的论述中还有另一个不足之处，就是叙述太过啰唆。本章所要论证的观点是"自我标榜岂止一人，攻城谋士与他无缘"，但是她在接下来的论述里有三分之二的篇幅离题很远，真正要说明的问题却用几句

解密：马可·波罗到过中国吗？

话带过。吴芳思列举那么多在元朝生活过的外国人，不厌其烦地描述他们的生活和功绩，大手笔描写哈剌和林的许多异邦专家，写"巴黎金匠"布谢，写生于北京的拉班·索玛，又写了一个说大话的吹嘘者约翰·曼德维尔爵士，可是这些对论证波罗氏没有到过中国不构成直接有力的反驳，而且扩展地写了那么多完全没必要，读后感觉作者离题太远，主题几乎被忽略。

另外吴芳思有些语言用的并不严谨，比如文中轻描淡写地带过一句话，"契丹族……在中国北方建立了为时不长的辽朝（907-1125）"。辽朝统治了219年，要是加上西辽，就是300年了，这比短命的元朝要多出很多年，也是中国少数民族政权统治时间最长的一个，第一个打破了中原民族"胡虏无百年之运"的说法，可见"为时不长"四个字作者用的不恰当，这也是本章的不足之处。

意大利威尼斯的著名商人、旅行家马可·波罗在其《马可·波罗游记》中记述了在中国等富饶的东方国家的见闻，对世界历史的发展起了重要作用，他本人也成了史上最伟大的探险家之一。《马可·波罗游记》直接或间接地开辟了中西方直接联系和接触的新时代，也给中世纪的欧洲带来了新世纪的曙光。马可·波罗把中国描述成极富裕的地方，激起了欧洲人对东方的热烈向往。书中的内容，使每一个读过这本书的人都无限神往，对以后新航路的开辟产生了巨大的影响。虽然他夸大事实，有些爱慕虚荣，贬低了这部书的部分魅力，但事实已经证实，《马可·波罗游记》给这个世界带来了巨大的影响，其积极的作用是不可抹杀的。马可·波罗是一个时代的象征。他来没来过中国，真的不重要。吴芳思的《马可·波罗到过中国吗？》作为怀疑派的代表作，她写了很多《马可·波罗游记》中漏载的事物，却对马可·波罗来过中国的确证视而不见，总是找其他的理由搪塞过去。但不管怎样，学术有争论才有进步。

参考文献

[1] 周良宵. 元代旅华的西方人——兼答马可·波罗到过中国吗？[J]. 历史研究, 2001, (2).

[2] 吴鉴. 泉州宗教时刻:重修清净寺碑记[M]. 北京: 社会科学出版社, 1995.

[3] 杨志玖. 马可·波罗到过中国——对马可·波罗到过中国吗？的回答[J].

第十三章 对"第十二章 自我标榜岂止一人，攻城谋士与他无缘"的释读和评价

历史研究，1997(3).

[4] 皮特·杰克逊.马可·波罗及其游记 [J]. 伦敦亚非学院学报，1998:82-83.

[5] 黄时鉴，龚缨晏.马可·波罗与万里长城——兼评马可·波罗到过中国吗？[J]. 中国社会科学，1998 (4).

[6] 朱绍侯，齐涛，王育济.中国古代史下册 [M]. 福建：福建人民出版社，2011:136.

[7] 周浩明，蒋正清.从椅子的演变看中国古代家具设计发展的影响因素 [J]. 江南大学学报：自然科学版,2002-12，1(4).

第十四章 对"第十三章 波罗氏一行何许人？"的释读和评价

第一节 对"第十三章 波罗氏一行何许人？"的释读

吴芳思《马可·波罗到过中国吗？》书中的第十三章"波罗氏一行何许人？"，吴芳思从《寰宇记》这本书出发，详细描写波罗氏兄弟的旅程和马可·波罗的出身问题来论证其观点。

波罗氏是何许人？马可·波罗又是何许人？他到过中国吗？马可·波罗环游中国对他的书有没有影响？吴芳思在第十三章的第一段中，明确地说："马可·波罗看到的只是瓷器和宫阙，他没有看到女人的脚、长城和人家递给他的一杯杯茶。"吴芳思的意思大概就是说，马可·波罗可能只是以一个传教士的身份来到中国，但是他可能没有以一个旅行者的身份真实地了解中国，他只是片面地了解中国。

一、对"第十三章"的释读

第一方面，吴芳思从马可·波罗的书引出本章的内容，提出疑问，进而论述马可·波罗的出身。在这一部分，吴芳思从以下几个方面论述自己的观点。

首先，吴芳思认为马可·波罗的书虽然充满了精彩的描写，但是不准确和不一致之处很多，即使把这些错误归咎于印象淡忘或者后来的抄写者等，但依然解决不了某些问题。他的书是如何写成的？他又是何许人？对《寰宇记》成书起什么作用？吴芳思认为马可·波罗和他的书都存在问题，而且这些问题是吴芳思认为马可·波罗没来过中国的一个论据，只有将这些问题逐一解答，才能证明马可·波罗的游记是不是真实的。

其次，从《寰宇记》中讨论马可·波罗的身世。《寰宇记》的序言中

第十四章 对"第十三章 波罗氏一行何许人?"的释读和评价

极少量的记述了马可·波罗的身世,只告诉读者马可·波罗在国外生活了二十六年,并且记述了他在热那亚狱中的岁月。因此吴芳思认为不能从《寰宇记》中知道马可·波罗的身世,只能从其他地方即二手资料来获得马可·波罗身世的信息。其中,吴芳思列举可以见到描述马可·波罗身世信息的来源点:雅各布·达·阿奎的《世界大观》、威尼斯档案馆所收藏的家人遗嘱和记录法律纠纷的文书、赖麦锡编的《航海与旅行》丛书,但是吴芳思不认为这些材料可以论证马可·波罗的身世的真实情况,所以吴芳思对马可·波罗身世和他的书都持有疑问。

最后,吴芳思猜测马可·波罗的出身。吴芳思认为马可·波罗的出身依然是一个谜,即使不列颠图书馆所藏的一部十四世纪中叶手抄本证实了马可·波罗和达尔马提亚的姻缘关系,但除此外无其他书面证据;即使承认马可·波罗是威尼斯人,但是吴芳思认为赖麦锡的结论和马可·波罗自己的说法相矛盾,因此也不成立。吴芳思肯定在威尼斯的圣格里米亚区有一家姓波罗,可是这一地位很高的家族,似乎与旅行者波罗氏之间的关系不可确定,亨利裕尔也推断这个家族与旅行家波罗氏没有关系。吴芳思认为赖麦锡把两人的家庭搅混在一起,使情况变得更加复杂。由此,吴芳思认为马可·波罗身上的谜点更多了,不解决这些问题,马可·波罗的身世和他的游记不能让人信服。

因此,吴芳思得出结论:除了他的父亲和他的叔父那一代之外我们一无所知,因为那个唯一被赖麦锡提到的波罗的祖父也无从考察。

第二方面,吴芳思主要详细介绍了波罗氏兄弟的旅行过程。从旅行中看当时的波罗氏兄弟到达地的风土人情、旅行中的各种交通工具等,向我们描述了波罗氏和他们旅行的艰难。

首先,介绍波罗氏三兄弟。波罗氏三兄弟分别是老马克、马菲奥和尼柯罗,他们曾经建立了一个"兄弟公司",并且在君士坦丁堡和克里米亚半岛黑海沿岸设有贸易站,因为当时那里是很重要的港口,波罗氏三兄弟在苏达克的贸易站使他们得以从事当时刚开始在威尼斯、北方和东方三者之间发展起来的贸易。这个贸易就使波罗氏两兄弟(马可的父亲尼柯罗,叔父马菲奥)开始了他们的贸易之旅。

其次,吴芳思具体介绍马可的父亲和叔父之旅,这是他们的第一次旅行。他们从威尼斯出发到君士坦丁堡,然后坐船到苏达克,吴芳思描述他们在

解密：马可·波罗到过中国吗？

威尼斯附近航行的时候，可能乘的是由一批奴隶轮流操作的桨帆并用大木船，或者是日益广泛使用的帆船，并且用旅行手册来指引方向。到达苏达克以后，自帕米尔高原以下，靠骆驼运输，不能用马来运输，但在蒙古一直到中国北方，甚至从波斯到印度，人们广泛地进行着马的交易，这几个地区对马的需求一直居高不下，使马市兴旺发达，有很高的需求量，这也说明这些地区的马的质量很好，马可·波罗多次提到北京汗廷有优质白马，证明当时是不断地从近东进口这些马的。而在沙岩地带，双峰驼是最适合运输的，但它们脾气很坏，而且装货困难，常常夜间消失，后来的旅行者都很难对付这种双峰驼。还有一种工具，那就是一种家畜——野羊，是以马可·波罗的名字命名的。这一部分是吴芳思对波罗氏兄弟旅行中运输工具的描写，吴芳思向我们描述了当时运输工具的不发达。

马可的父亲和叔父轻装上路，它们带的东西很少，进入环境艰苦的罗布泊沙漠后，他们不仅要面对干燥的气候，还要面对物质的缺乏、精神上的折磨、盗匪诱骗、迷路、沙尘暴、变化极大的气温、运输工具等方面的种种困难，虽然条件非常艰苦，但这些并不能阻止他们前进的脚步。从吴芳思的描述中，我们感受到了旅行者于沙漠中的艰辛。

最后，吴芳思介绍尼柯罗·波罗和马菲奥·波罗最后来到了蒙古京城哈喇和林的事情。他们是最早自愿来到哈喇和林的异邦人。吴芳思在此部分具体描述了他们来到蒙古京城的所见所闻。当时，波罗氏兄弟看到哈喇和林城由两部分组成，一部分是有城墙的城，另一部分是有帐篷的营地。这也反映了蒙古人对定居生活的矛盾心理。可以从描述中知道，蒙古人一半定居一半游牧的生活。波罗氏兄弟是普通商人，他们进入蒙古之后，蒙古君主可能意识到有必要建立联盟对付伊斯兰教而屈尊去接见他们，吴芳思了解到波罗氏兄弟和大汗谈了宗教问题，但这还需要考证。大汗希望波罗氏兄弟回到欧洲，从教皇那里得到回函和圣油，但由于种种原因，波罗氏兄弟并没有办到。

波罗氏离开蒙古时，大汗授予他们金牌作沿途保卫之用，但是对于金牌的数量众说纷纭，裕尔曾对金牌进行考证，反而把人弄糊涂了。吴芳思认为很难计算波罗氏一行得到的金牌数。金牌有什么作用呢？吴芳思在这里认为这些金牌是一种通行证，但是还有一个问题，迄今为止，出土的牌符都是银质的，并没有金质的，所以很难说明波罗氏的牌符是金的或者银的，然而可以确定的是波罗氏回

第十四章 对"第十三章 波罗氏一行何许人？"的释读和评价

到威尼斯后，至少其中有一枚牌符在马可和他的叔父之间引起了激烈的争论。

第三方面，主要是描写了马可的出生和波罗氏兄弟第二次旅行的事情。

马可出生于1254年，有人推测马可因他的父亲和叔父长期离家，特别因他的母亲去世而荒废了学业，所以后来人们研究他的教育问题是为了研究他的语言知识。波罗氏兄弟在1271年出发向远东第二次旅行时，就带着马可·波罗同行了。

他们第二次旅行到达了忽必烈汗的另一个大本营——他的"夏宫"上都，也就是柯勒律治所称的"桑纳杜"。柯勒律治以丰富的想象力描绘"桑纳杜"，但是吴芳思认为事实上与描述的完全不符。波罗氏一行发现上都和哈喇和林一样，很精致很漂亮，特别是蒙古包很豪华，蒙古人住的地方很漂亮，吃的也很美味。但是11月份的时候，大汗就要将全部扈从人员南迁至北京，上都就弃之不用了。

吴芳思从三个大的方面论述了本章的内容，运用了很多的资料来论证自己的观点。从吴芳思的观点中，我们可以得出以下结论：马可·波罗可能以一个传教士的身份来到中国，而且是他的父亲和叔父第二次旅行时带他来到中国的；他的家族是经商的，他的父亲和叔父为了经商而旅行。吴芳思认为因为马可·波罗只是跟随波罗氏兄弟来中国，他没有全面地了解中国。而马可·波罗为了掩盖他的谎言，试图抢到一枚金牌，以证明他环游了中国，所以才有马可·波罗和他的叔父的金牌之争。另外，吴芳思认为《寰宇记》中对许多地方和风俗习惯只是做了纯客观的描写，而马可·波罗是一个好奇心重且具有描写天赋的人，那么他为什么不以自己的视角、自己的感受详细地描写这些地方和风俗习惯呢？因此，吴芳思认为马可·波罗并没有真正地了解中国。

二、"第十三章"中使用的史料分析

吴芳思的质疑和结论，究竟是不是正确的呢？在本章中，吴芳思所运用的材料是否可信，观点是否成立呢？现在就一起来证明一下吴芳思运用的材料是否可信吧。

"《寰宇记》对许多地方及其风俗习惯作了纯客观的然而有时是十分详细的描写"[1]149吴芳思认为马可·波罗没有真正细致地了解过，所以才会这样写。吴芳思的这个观点是否正确呢？现在我们一起去看一下原文是如何写的。在《马

解密：马可·波罗到过中国吗？

可·波罗游记》中有这样一段记载："离开大同府，向西走七日，经过一个十分美丽的区域，这里有许多城市和要塞，商业和制造业十分发达。这里的商人遍布全国各地，获得了巨大的利润。"[2]23 这是描写大同府的一段话，其实我们仔细地分析一下，可以发现马可·波罗有加入他的见闻，"七日"这个数字说明马可在旅行的时候所走的天数，试想一下，如果一个没来过这个地方的人，他会在他的书里写下如此具体的数字吗？对于一个外国人来说，来到人生地不熟的地方，他只能把他看到的或者了解到的东西记下来，但是因为他本身的外国人身份，不可能事事都清楚，所以我们最后所能看到的是纯客观的然而有时是十分详细的描写，但这并不能否定马可了解中国，所以吴芳思的观点存在不准确的地方。

"序言只告诉读者马可·波罗在国外生活了 26 年，后来在 1298 年囚禁于热那亚狱中时对那些岁月作了记述。除了该书对马可·波罗从 1271 年到 1295 年的生活作了这么简单的概述外，我们所知道的有关马可·波罗及其家庭的一点点情况都是从其他方面即第二手来源获得的。"[1]150 吴芳思对《马可·波罗游记》的序言概括得准不准确呢？我们看一下《寰宇记》。我们从书中知道，的确只在序言中描写了马可及其他的家庭情况，其他地方都是记述游记。但是这并不影响马可身世的真实性，我们都知道马可·波罗是在狱中完成了他的作品，那么他肯定是把重点放在旅行中的所见所闻，至于他的身世，我们只能从其他方面获得资料，这个也很正常。

吴芳思在文中写到"当地还有一种家畜——野羊——是以马可·波罗的名字命名的，哈根贝克本想把 60 只野羊带回俄罗斯繁殖，可是这些羊在路上因患腹泻而全部死去"。[1]154 首先，从这句话我们要知道的主要是：这种野羊是不是以马可·波罗的名字命名呢？资料上有记载，"13 世纪，意大利著名旅行家马可·波罗在新疆帕米尔高原首次发现，并在《马可·波罗游记》中描述了它，所以称之为马可·波罗盘羊。"[3]33 从这则材料了解到，关于马可·波罗羊的官方说法，的确是马可·波罗以他自己的名字命名的。马可·波罗在旅行的过程中，真真实实地把他所见到的事物都用心记着。吴芳思对这个马可·波罗羊都能予以肯定，为什么会对马可·波罗是否到过中国持这么大的质疑呢？从这则材料中，我们可以得出几个结论，第一、马可·波罗在那个时候可能去旅行了，而且在旅行中，马可·波罗聪明地把他所见到的野

第十四章 对"第十三章 波罗氏一行何许人?"的释读和评价

羊用自己的名字命名,为后世提供了一个他旅行的证据。第二,马可·波罗到达了帕米尔高原,那么,帕米尔高原在哪里呢?它与中国的地理关系又是如何呢?我们来看一下:帕米尔高原,中国古代称不周山、葱岭,古丝绸之路在此经过。地处中亚东南部、中国的西端,横跨塔吉克斯坦、中国和阿富汗,拥有许多高峰,如中国境内的公格尔山和慕士塔格山。马可·波罗曾在《马可·波罗行纪》中对帕米尔高原记载如下:"……离开这个小王国,向东北方骑行三天,沿途都位于山中,登上去海拔很高,以至于人们认为这是世界上最高的地方。登上峰巅,会看见一个高原,其中有一条河。这里风景秀美,是世界上最难得的牧场,消瘦的马匹在此放牧十日就会变得肥壮。其中还有种类繁多的水鸟和野生绵羊。这种羊体形硕大,角上长有六掌,牧人把这种羊角割下来当作葱岭食盘,用来盛放食物;还有用它来做羊群晚上休息时的篱笆的,以保护羊群。这个高原叫帕米尔,在上面骑行,整整十二天都看不见草木人烟,放眼处尽是荒原,因此行人必须携带其所需的足够的食物。此地海拔很高,而且气温很低,行人看不见任何飞鸟。寒冷异常,点不起火来。行人感觉到的热力也不如其他地方感觉到的,烧烤或煮制食物也不容易熟。"从这则材料中,我们知道,帕米尔高原,古丝绸之路在此经过,它地处中亚东南部、中国的西端,横跨塔吉克斯坦、中国和阿富汗,那说明帕米尔高原与中国的关系密切,不仅人文关系密切,而且地理关系也密切。古丝绸之路从这里经过,我们就可以知道至少中国与帕米尔高原的道路是通畅的。再者,它地处中亚东南部、中国的西端,说明它与中国的距离很近。试想一下,马可·波罗既然能够看到如此小的事物,并且命名,是不是我们也可以怀疑马可·波罗就是以旅游者的身份来到中国的呢?

蒙古京城哈喇和林城是怎样的呢?吴芳思在十三章中描写"波罗氏兄弟看到哈喇和林城由两部分组成:一部分是有城墙的城,在城的中心有一个大宫阙;另一部分是有帐篷的营地。这反映了蒙古人对定居生活的矛盾心理。"[2]155 哈喇和林城及城内的宫殿是结合中原汉地和北方游牧民族的建筑风格,在古代回鹘民族或十一至十二世纪克列部的都城的基础上规划和扩建的。整体设计规划,既体现了汉族传统的城市布局观念,又体现了北方民族游牧生活的草原特点。哈喇和林城由外城和宫城两个部分组成。宫城,即窝阔台汗兴建的"万安宫",万安宫由觐见大厅、侧楼和大门殿组成,大门殿遗址位于宫城南墙的中部,这

解密：马可·波罗到过中国吗？

里是宫城的入口处；外城平面呈不规则长方形，外城内，一条南北向大街和一条东西向大街交会在城市的中央，并通向四门。两条大街的交会处形成十字街头，十字街头的东南角有一处遗址，即手工业作坊和商业店铺。此外，外城内外，还有许多建筑遗址。从这里我们知道，吴芳思的描写是正确的，历史也证明，元朝是中国历史上第一个由少数民族建立的大一统皇朝。元朝由蒙古族元世祖忽必烈于1271年所建，所以元朝也同时保留着蒙古民族的传统文化，所以我们不难理解他们矛盾的生活习惯。但这也说明了一个问题，马可·波罗的父亲和叔父的确来过蒙古。马可·波罗可能就是在父亲的叔父的影响下，对中国的风俗习惯感兴趣，便促成了马可·波罗的东方之行。

"大汗请求（或要求）教皇派遣神学家、提供圣油并给予回函，这些事很难办到，因为波罗氏兄弟在1269年回到欧洲时发现教皇克莱芒四世已于1268年去世，而教会对其继任者的任命又迟迟未决。他们为等待选出新教皇而在威尼斯逗留了两年，终于对此不再抱什么希望。他们既然拿不到教皇的复函，就从教皇驻阿伽的代表那里得到几封函件。"[2]156 吴芳思这段描写了马可·波罗的父亲和叔父在回到家乡之后，为了完成蒙古大汗的任务而做的努力。吴芳思承认马可·波罗的父亲和他的叔父的任务和等待，可是吴芳思漏了一点，在《马可·波罗游记》中这样记录："经历了团聚的喜悦之后，波罗一家在威尼斯度过了两年的时光。这期间，尼柯罗无时不在关注新的罗马教皇的选举。这是因为，在他和马菲奥的第一次东方之行中，远方的忽必烈交给他们一个使命，就是递交忽必烈致教皇的书信，并要求教皇选派一百名懂技术、有修养的教士到东方传教。不幸的是，当时的教皇克莱芒四世刚刚逝世，而他的继承者还没有选出。漫长而无期的等待，东方巨大的商业利润终于驱使尼柯罗兄弟无法坐等时机的丧失，这一次，他们决定带上小马可一起前往富庶的东方去拜见大汗忽必烈。"[1]2 在马可·波罗的译者注里，这样描写马可·波罗的第二次旅行的前提。吴芳思在第十三章虽然赞同并写了波罗氏兄弟的任务，但是吴芳思潜意识里怀疑马可·波罗只是跟随传教，并没有真正地了解中国。

"据柯勒律治说，那'雄伟壮观的带穹顶的建筑物'位于神圣的'阿尔夫河'（上都河）的岸边。柯勒律治以丰富的想象力描绘'阿尔夫河'，说河水直泄而下，穿越'许多常人无法量度的大山洞'。但是这些山洞和蒙古

第十四章 对"第十三章 波罗氏一行何许人?"的释读和评价

草原的地势完全不符;那些水量少得可怜的河道要穿过数千英里的草原才能到海。"[2]158 吴芳思认为柯勒律治的说法是不准确的,我们先来看一下柯勒律治是什么人。柯勒律治是浪漫主义诗人,而且他是在他的梦境中创作了这首《忽必烈汗》,他并没有到达蒙古,只是凭想象而做。"阿尔夫河"也叫上都河,位于滦河上游,流经正蓝旗南境,由小元山村流入多伦县境内九十多公里,向南入河北丰宁,北京昌平,属滦河水系,因流经元代的京城——上都而得名。上都河蜿蜒曲折地流经金莲川草地,而后汇入滦河。由此看,吴芳思的观点大体正确,但是这和马可·波罗有没有仔细深入了解中国关系并不大。

"甚至在波罗氏据称和忽必烈一起相处的日子里,每年11月大汗也要将全部扈从人员南迁至汗八里,即北京,因为每到秋末上都就弃而不用。"[1]159 我们知道《马可·波罗游记》里有这样一段话:"大汗在一年中通常有六个月,即从当年的八月到来年的二月,都住在位于契丹省东北部的汗八里(北京)大城中。"吴芳思的观点是符合元朝的情况的。元朝是一个由少数民族建立的王朝,他们还保留着他们本身的风俗和生活习惯,他们一年中有差不多一半时间在努力获取生活用品,另一半的时间在御寒,因此元朝是汉文化与游牧文化的集合。所以吴芳思的这个观点符合实际情况。但是吴芳思并没有举出马可·波罗当时是否是传教士或是对中国感兴趣的旅行者身份的证据,而且在游记中,马可也记录了这个观点。综上,并不能证明马可·波罗只是单纯的传教和没有继续去各个地方深入地了解中国。

通过以上的分析,吴芳思的主旨是证明马可·波罗只是跟随他的父亲和叔父传教,马可·波罗的最终目的可能只是传教,并没有想真正地深入了地解中国,所以对于中国,马可·波罗处于一知半解的状态。可以认同吴芳思所说的马可·波罗是跟随他的父亲和叔父来到的中国,但是对于马可·波罗是不是以传教士的身份或者以一个想深入了解中国的旅行者的身份来中国的这个观点,吴芳思尚未能研究透彻。

参考文献

[1]（英）吴芳思著，洪允息译.马可·波罗到过中国吗？[M].新华出版社.1997：149—159.

[2] 马可·波罗.马可·波罗游记[M]梁生智译注.中国文史出版社.1998：2-23.

[3] 王世锋，谢芳，王玉涛.马可·波罗盘羊研究现状与保护对策.[J]家畜生态学报，2012，33（4）.

第十四章 对"第十三章 波罗氏一行何许人?"的释读和评价

第二节 对"第十三章 波罗氏一行何许人?"的评价

吴芳思《马可·波罗到过中国吗?》的第十三章"波罗氏一行何许人?"中,她主要论述了马可·波罗的身世,得出结论:马可·波罗的出身是一个谜,无从考证。并从他们两次去往中国的长途跋涉入手,侧面论述马可·波罗有没有到过中国的问题,其中用大量篇幅描写了东行之路的艰难困苦和他们的所见所闻。该章节的论述没有达到吴芳思选题的目的,论述存在一些不足之处。

一、吴芳思没有达到选题的目的

"波罗氏一行何许人?"这个章节所占页数并不多,总共二十三个自然段,较之其他章节,记述比较零碎,主题不算分明,读来不易理解。根据本章内容,可以把吴芳思在本章节的论述大致分为三大部分,分别是:波罗氏身世的相关资料;波罗氏一行第一次去中国;波罗氏一行第二次去中国。每一部分都展开详细论述,下面让我们分别来解析。

(一)波罗氏身世的相关资料

本章第一段吴芳思就写到"他周游中国时眼睛时开时闭:他看到的是瓷器和宫阙,他没有看到的是女人的脚、长城和人家递给他的一杯杯茶"[1]149。这显然是无关波罗氏的身世的,但却在一开始就抓住了读者的眼球,巧妙地引起了读者的怀疑和思考。

第二段吴芳思继续提出疑点:马可·波罗的书很精彩,但不准确和不一致的地方比比皆是。对此她的解释是时光流逝、印象淡忘或合著者兴味索然等,但是,由于缺乏证据,很多问题至今仍难解决,引起我们对波罗氏一行人的各种怀疑和猜测。同时,吴芳思又抛出了三个问题:"这本书(指《马可·波罗游记》)是怎样写成的?马可·波罗是何许人?他为《寰宇记》成书起过什么作用?"[1]149 然而在后文吴芳思似乎也没有为这三个问题提供答案,这只是起到一个吸引读者的作用。

第三段至第五段,吴芳思写到马可·波罗的身世,但始终无法对"波罗氏一行何许人也?"这一问题进行回答。经过吴芳思的多方查探,发现在《寰宇记》的序言中有极少量的记述是说马可·波罗在国外生活了二十六年,后来在

205

解密：马可·波罗到过中国吗？

1298 年囚禁于热那亚狱中时对那些岁月做了记述。其他关于马可·波罗及其家庭的一点点情况都是从其他方面即第二手来源获得的。提到马可·波罗及其家庭的文字还见于雅各布·达·阿奎的《世界大观》、威尼斯档案馆收藏的少量文书和赖麦锡编的《航海与旅行》丛书（不完全可靠）——但是吴芳思仍然承认"在编造马可·波罗传记方面，赖麦锡是最有影响的人物"。[1]150 这样，吴芳思对波罗的出身依然没有定论。吴芳思又列举了一些相关的资料，例如前南斯拉夫的人声称马可·波罗是靠近达尔马提亚沿岸、其时正受威尼斯控制的科尔丘拉岛人。不列颠图书馆所藏的一部十四世纪中叶抄本证实了马可·波罗和达尔马提亚的因缘关系。另外，威尼斯的圣格里米亚区有一家姓波罗的，这一家似乎获得很高的市民地位，但是我们无法确认他们家与我们要说的马可·波罗是同一家。最后得出的结论是：马可·波罗的列祖列宗除了他的父亲和叔父那一代外我们一无所知。亦即是说，吴芳思用了七段话的篇幅论证了"马可·波罗的身世无法确定"，"波罗氏一行何许人？"始终是一个无法解答的问题。

(二) 波罗氏第一次去中国

本章第八至十九段用了大段的记述说明了波罗氏一行第一次去中国的原因、路途中的困难和所见所得。其中大部分论述是没有体现吴芳思选题的目的的，与本章题目"波罗氏一行何许人？"没有太明显的联系，与论述"马可·波罗到过中国吗？"这一主题也是不甚相联。虽然记述颇精彩，读起来不至令人兴味索然，但是让人找不到重点和意义所在了。

1. 原因

波罗氏三兄弟——老马可、马菲奥和尼柯罗曾经建立了一个"兄弟公司"，在君士坦丁堡和克里米亚半岛黑海沿岸的索尼达亚即苏达克设有贸易站。威尼斯是当时与君士坦丁堡进行贸易的主要港口。欧洲对远东香料和丝织品的需求日增，主要就是通过君士坦丁堡等货物集散地得到满足，因为商人们如果再往东行就会进入未知之地，那里正面临伊斯兰教的崛起和扩张以及蒙古帝国类似的扩张等双重威胁。在苏达克的贸易站使波罗氏兄弟仨得以从事当时刚开始在威尼斯、北方和东方三者之间发展起来的三向贸易。1260 年，作为商人的波罗氏一行开始了他们的第一次东行。

2. 路途中的困难

波罗氏一行乘船从威尼斯到君士坦丁堡，然后又坐船到苏达克，这些船也

第十四章 对"第十三章 波罗氏一行何许人?"的释读和评价

许仍然是由一批批奴隶轮流操作的桨帆并用大木船,也可能是帆船。在苏达克地区,波罗氏兄弟由陆路长途跋涉。有些短暂的行程他们可能骑马或骑驴,但自帕米尔高原以下他们可能依靠骆驼运输。中亚细亚沙漠地区水源略有不好的咸味而且十分稀少,水草不长,骆驼却非常适宜于行走在波斯以东的沙岩地带。但这种骆驼脾气很坏,而且常常吐出大量奇臭无比的唾液。把货物装在驼背上也很不容易,通常是用轭把两只骆驼套在一起,以防止相互打架或离群走失。货物放在驼背上必须保持绝对平衡,以免从驼背上掉下来或擦伤驼身。每天傍晚必须把货物从驼身上卸下来,到第二天早晨又要重新装载。奇怪的是,后来的旅行者,比如二十世纪初的奥里尔·斯坦因爵士和1993年的查尔斯·布莱克莫尔,都著文谈到他们很难对付脾气不好、性子很急的骆驼,可波罗氏一行则完全没有抱怨诉苦。吴芳思认为这或许是因为他们有很多仆人和赶骆驼人伺候,所以他们反而不习惯于其他比较简便的运输方式。

吴芳思也说到,马可的父亲和叔父简装上路,身上只带着在贸易中大受欢迎又便于携带的宝石。他们取丝绸之路的北道朝蒙古京城哈喇和林方向长途跋涉。他们带着一个月的干粮进入罗布沙漠,每天晚上还要从地里舀出略带咸味的水给骆驼喝;他们在沙漠中不但在物质方面遇到种种困难,而且在精神方面也处于特别的恐怖之中。旅行者编造传奇故事说夜间会听到鬼怪的叫声,这表明一伙伙武装盗匪要诱使旅行者在沙漠里四处奔逃致死。在沙漠中,旅行者没有航海罗盘,靠人兽的遗骨和骆驼的粪便认路;再加上四周地形千里同状,使他们不得不在每天睡前先做好记号以便次日上路有正确的方向,然后设法在恶劣的环境下进入梦乡。如果太阳被云层或风沙遮蔽,他们就会迷失方向。沙漠里气温变化极大,白天奇热,而夜间又可以把人冻僵。有时尘暴突然拔地而起,把天空变成漆黑一团,把整个太阳都遮盖了;骆驼队不得不停止前进,于是那些骆驼挤作一团,以防止无孔不入的沙尘进入眼睛、鼻孔和嘴巴。

吴芳思详细地论述了去往中国的东行之旅是怎样的长途跋涉、风云莫测,历经多少艰难困苦,这些论述,看似与主题没有多少关联,实际上当读者看到这里的时候,肯定会忍不住思考吴芳思写这段话的意义。照常理,一路上这么艰辛,波罗氏一行总应该有些抱怨或者对沿途困境的记述,试想一下,如果我被风沙困在沙漠里,没别的事可干啊,为什么不对这样的环境做个记录呢?但这些经历在《马可·波罗游记》里都没怎么提到,所以这就形成一个疑点了。

3. 见闻

波罗氏兄弟进入绿色的蒙古大草原，终于到达蒙古京城哈喇和林。在这里他们看到哈喇和林城由两部分组成：一部分是有城墙的城，在城的中心有一个大宫阙；另一部分是有帐篷的营地。吴芳思还提到，蒙古大汗和随着季节的变化寻找不同的牧草地的臣民一样，每年都在几个固定的时间巡幸不同的大本营和夏宫，这为下文的一个疑问埋下了伏笔，引起读者的猜测。

还有一个值得关注的点是，波罗氏一行向蒙古大汗告辞时大汗授予他们一枚金牌作沿途保卫之用。吴芳思并没有定论说明他们最后得到了多少枚这样的金牌，并且显然对这种牌符的材质表示怀疑，提出"迄今为止从俄罗斯出土的牌符都是银质的"[1]157这一事实。另一方面，吴芳思又十分重视波罗氏一行所得牌符的数量，"因为在他们回威尼斯后的生活中，至少其中有一枚牌符在马可和他的叔父之间引起了激烈的争论。"[1]157对于这一点，可以认为没有必要纠结数量，因为"至少其中有一枚"金牌，就可以证明马可·波罗是到过中国的，然而连这一枚所谓金牌究竟是金质还是银质的，我们都无法下定论。

（三）波罗氏一行第二次去中国

波罗氏一行第二次去中国时带上了十七岁的马可·波罗。这一次他们到达的是忽必烈的另一个大本营——"夏宫"上都。吴芳思用于这段论述的文字比"第一次"少得多，却提出了更多的疑惑。

吴芳思提到，柯勒律治描绘"阿尔夫河"，说河水直泻而下，穿越"许多常人无法度量的大山洞"[1]158。但凡有那么一点地理常识的人都知道，这些所谓的山洞和蒙古草原的地势是完全不符的。而且在蒙古草原，那些水量少得可怜的河道要穿过数千公里的草原才能到海，怎么也不该是"直泻而下"的状态吧。吴芳思认为这是柯勒律治丰富的想象力所致的。

波罗氏一行发现上都和哈喇和林一样，也有用白色大理石砌成的牢固无比的建筑物，这些建筑物装饰得富丽堂皇，适宜于统治者居住；但是那里还有许多装饰得令人叹为观止的帐篷，即精心制作的蒙古包，为的是让蒙古人念念不忘他们游牧生活的传统。忽必烈的夏帐和普通的蒙古包一样可以拆卸，它用许多雕着龙形图案的立柱支撑，并用200条精细的丝绸缆索拴牢。上都是政治中心（忽必烈就是在那里被宣布为大汗的），也是一个规模巨大的用于狩猎和鹰猎的游乐花园。在这个广阔的围场里有松树林（即柯勒律治所称的"与众山一样古老的森林")、泉水和溪流(即他所说的"弯弯曲曲的小河溪"),那里放养着行行色色的鹿群,供大汗有时带着豹子游猎用。邻近地区天鹅、鹤、山鹑成群,人们在严寒的冬天用小米把它们喂肥后就用猎鹰捕获。在本章节的最后,吴芳思提到,在波罗氏一行据称和忽必烈一起相处的日子里,每年11月大汗也要将全部扈从人员南迁至汗八里,即北京,因为每到秋末上都就弃之不用。这段论述很显然表达了吴芳思对"马可·波罗到过中国吗?"这一问题的态度是否定的。假如11月上都是弃之不用的,那么马可·波罗的叙述就很可能是假的了。

二、"第十三章"中存在的不足

1. 存在举证不当的问题

在本章节的论述中,有一些论证是不当的,其真实性显然是值得怀疑的,这些不当的论证实际上又不能对本章论述提供结论。如:"即使我们承认马可是威尼斯人,在13世纪的威尼斯及其属地有许多波罗氏家族。亨利·裕尔爵士说,按照赖麦锡的方法把这些家族弄清楚是十分困难的,因为赖麦锡的结论意味着当时人们之长寿远远出于我们意料之外。旅行家马可在遗嘱中只承认自己有三个女儿,而赖麦锡却说马可有一个神话般的儿子(这个儿子有一个孙子将其财产遗留给一个女人;这个女人的父亲生于1271年,而她自己却在1414年结婚,后来还生了小孩)"[1]151 显然赖麦锡的记录是假的,父亲生在1271年,女儿在两百年后结婚,还生了小孩?根据我们对人类生物学的认识,这样的长寿在古代已属异常,更不可能在那么大的年纪还能生育。那么,吴芳思举这个例子能说明什么呢?有什么意义呢?我们能从中提取的有效信息仅仅是十三世纪的威尼斯及其属地有许多波罗氏家族。但上面的一大段论证并不能说明我们所要探究的波罗氏是这其中的一员,而且这些论述显然是不符合实际的。因此,这段论述属于举证不当。

2. 存在不必要的论述

在本章节的论述中,有一些论述似与主题无关,让人看不懂其意义所在。如:"然而这并不影响摩勒在书中添一个很长的脚注,探讨这些杆形鸟究竟是有红色的腿的红嘴山鸦,是黑黄双色的涉水鸟,还是寒鸦。"[1]151 这段描述是完全不必要的,这可能是吴芳思写得一时兴起而增添的一个补充,可能就是图个乐,于本章论述没有任何意义。还有如:"印度和蒙古的君主对优种阿拉伯马的需求始终居高不下,这里马市兴旺发达。形成高需求的一个原因是在南方炎热的气候条件下,甚至在中国,都很难培育始终符合标准的马,那里水牛和阉牛是更加适用的役畜。马可·波罗多次提到北京有优质白马证明当时是不断地从中东进口这些马。"[1]153 这么一大段的记述,一开始也不敢妄断是不必要的,但是看了好几遍也没看出它对本章论述有什么作用。这一段记述所在的段落是说波罗氏一行在陆路上的长途跋涉,到帕米尔高原可能依靠骆驼运输而不用马了。这一段关于马市的记述,在本段落来说没有起到论证的作用,更勿论在全文有什么作用了。所以,这样的论述实实在在是不必要的。当然,类似这样的多余论述真不少,在这里就不一一举例了。

　　3. 吴芳思的想象与《马可·波罗游记》的记载混淆

　　在本章的论述中,第九至十五段记述了马可·波罗一行去往中国的长途跋涉及到中国后的所见。这里出现了一个很大的问题就是,吴芳思的想象与《马可·波罗游记》的记载混在一起了。如:"马可的父亲和叔父简装上路,身上只带着在贸易中大受欢迎又便于携带的宝石。他们取丝绸之路的北道朝蒙古京城哈喇和林方向长途跋涉。他们带着一个月的干粮进入罗布沙漠,每天晚上还要从地里舀出略带咸味的水给骆驼喝;他们在沙漠中不但在物质方面遇到种种困难,而且在精神方面也处于特别的恐怖之中。旅行者编造传奇故事说夜间会听到鬼怪的叫声,这表明一伙伙武装盗匪要诱使旅行者在沙漠里四处奔逃致死。在沙漠中,旅行者没有航海罗盘,'他们只有靠人兽的遗骨和骆驼的粪便认路';再加上四周地形千里同状,这使他们不得不在每天睡前先做好记号以便次日上路有正确的方向,然后设法在恶劣的环境下进入梦乡。如果太阳被云层或风沙遮蔽,他们就会迷失方向。"[1]154 看到这一段就糊涂了,这究竟是《马可·波罗游记》里面的记载还是吴芳思自己的推断呢?由于在记述波罗氏第一次去中国的长途跋涉的几个段落中,吴芳思论述的模式是:先写一段自己的猜测、推断,再提出论证。而这一段,似乎没有作论证,跟前面吴芳思论述的模式亦一样了,使人搞不清楚状况,就把吴芳思的想象与《马可·波罗游记》的记载混淆了。

　　4. 吴芳思的观点表现得不明显

　　看完整个章节的论述,无法确认吴芳思对"马可·波罗到过中国吗?"这

第十四章 对"第十三章 波罗氏一行何许人?"的释读和评价

一问题持什么样的观点。上文中也提到了,吴芳思提出了很多疑点,这些疑点在此就不再重复了。吴芳思所论述的值得怀疑的问题,充分地引起了读者的思考,怀疑《马可·波罗游记》记载内容的真实性,随后吴芳思提出了自己的猜测,但她的猜测又是偏向这些记载是真实的。也就是说,吴芳思可能认为马可·波罗是到过中国的。但是吴芳思既然认为马可·波罗到过中国,又为何不提出关于马可·波罗到过中国的一些证据来论证她的观点,而是列出这些存在疑点的资料来做论述呢?这就使得吴芳思的观点变得不清晰了。

通观全文,吴芳思并不只是从马可·波罗的身世出发去论述"马可·波罗到过中国吗?"这一主题的,所以可以认为吴芳思对这一章节的论述没有达到她选题为"波罗氏一行何许人?"的目的。而且在论述过程中出现四个方面的不足,分别是举证不当、存在不必要的论述、吴芳思的想象与《马可·波罗游记》的记载混淆和吴芳思的观点表现得不明显。因此,应该从不同的角度剖析这部著作,辩证看待吴芳思的著述。

参考文献

[1]（英）吴芳思著,洪允息译,马可·波罗到过中国吗? [M].北京:新华出版社,1997.

第十五章 对"第十四章 这是中国吗?"的释读和评价

第一节 对"第十四章 这是中国吗?"的释读

吴芳思《马可·波罗到过中国吗?》一书的第十四章"这是中国吗?"中,论述了关于忽必烈汗及其记事、马可在扬州做官、马可护送阔阔真公主到波斯及马可被俘时间和马可回国后的记事这几方面的内容。吴芳思倾向于认为"马可·波罗可能从来没有到比他家在黑海沿岸和君士坦丁堡的贸易站还要远得多的地方旅行"[1]198,然而她"可能"的语气中却表明了其心中似乎并没有准确的答案。同时,在该书的中文版跋中她也表明了写该书的目的"只是打算激起讨论,而决不是提供定论"[1]203。因此,仔细研究这一章的观点是很重要的。或许可以通过吴芳思在这一章节中论述的内容以及引用的材料读懂她真实的想法,借以促进马可·波罗学的百家争鸣。

一、对"第十四章"的释读

在第十四章中,可以把她论述的内容概况为忽必烈汗及其记事、马可在扬州做官、马可护送阔阔真公主下嫁波斯及马可被俘时间和马可回国后的记事这四个方面。

(一)忽必烈汗及其记事

在关于忽必烈及其记事这方面,吴芳思从马可·波罗对忽必烈汗的印象、忽必烈汗选妃记、忽必烈汗的宫宴、大汗的游猎活动及其贡品和蒙古人强大的军事实力五个小方面展开论述,表达了大汗的赫赫权势及马可·波罗眼中大汗的至高无上。

1. 马可对忽必烈汗的印象。

在《马可·波罗到过中国吗?》的第十四章"这是中国吗?"中,吴芳思在第二段就提出了"新的中国君主忽必烈汗给波罗氏一行留下极深刻的印象"。

第十五章 对"第十四章 这是中国吗？"的释读和评价

文中论述了在《寰宇记》中关于忽必烈汗"高矮适中""体态丰满""四肢均称"及"他的脸色白皙红润犹如玫瑰，眼珠乌黑俊美，挺直的鼻子长得十分端正（鼻子没有蠕动，谢天谢地！）"[6]122等外貌方面的描绘，但吴芳思并没有引用史料来证明马可·波罗的这段描述正确与否，也没有提出自己的看法。

2. 忽必烈汗选妃记

关于马可·波罗对忽必烈选妃活动的详细记述，吴芳思则不仅把《寰宇记》中关于忽必烈的"四位正式原配各有1万名侍从人员""忽必烈似乎喜欢选蒙古昆古拉特城的女人做妃子"及被选出的姑娘"确保都是处女，而且呼气不难闻，睡眠不打鼾"等选妃事件的细节搬到本章中，而且还提出了"虽然这段记述十分详细，我们必须持谨慎的态度，因为它只出现在赖麦锡出版的后期文本中"的个人看法。对于吴芳思这种谨慎的态度，是值得每一位马可·波罗学研究者学习的。因为《游记》的原始写本已无从找到，但从原写本抄写或印出、译出的版本却多不胜数。据1938年穆尔与伯希和的统计，其时共有143种，这还不包括根据这百多种的某几种译出的世界各种新译本在内。所以，我们不能仅靠某个版本中的说法而妄下定论。

但是，关于波罗描述的"忽必烈似乎喜欢选蒙古昆古拉特城的女人做妃子"这件事，吴芳思在本章节的注释②中引用了福赫伯教授的观点进行考究，"当然是说得对的，可是他有点儿把情况弄混了"，因为蒙古汗王总是娶翁吉剌部（即马可·波罗所说的昆古拉特城）的姑娘，这种联姻方式可以追溯到十二世纪，并一直实行到1368年；但妃妾的来源不限于该部[1]173。可以看出，吴芳思对马可·波罗描述的关于选妃的记事是存在怀疑的，但吴芳思并没有引用更有力的证据证明自己的观点。

3. 忽必烈汗的宫宴

在"这是中国吗？"这章中提到了"忽必烈汗所举行的盛宴似乎一半按照汉人的习俗，一半按照蒙人的习俗进行的"。但文中纯粹只是把《寰宇记》中关于大汗在宴会中为了显示自己的威严而"在一个御台上面南而坐，御台高于所有臣僚所坐的台子""大汗每饮一口酒都要鼓乐齐鸣""大汗由一些特选的侍仪奉侍，侍仪面戴绸巾口鼻罩，以免他们呼出的气息触及盛在金盘银碟里的饭菜"的描述抄录下来。同时，也把大汗宴会中的"娱乐活动除杂技表演外，似乎还采取对进门时绊了一跤的宾客进行惩罚的方式"的详细内容摘录下来。但关于马可·波罗对宫廷宴会描绘的真实与否,吴芳思依然没有提出她个人的看法,也没有引用相关的史料来证明,因此,我们也无法得知吴芳思是否认为"这是中国"。

4. 大汗的游猎活动及其贡品

关于忽必烈大汗的记事,本章节也提到了大汗的游猎活动及其每年收到的贡品。吴芳思对大汗游猎活动的描绘依然是千篇一律地把《寰宇记》中关于大汗"游猎活动要动用1万人携带大驯犬或猎狗参加""1万个放鹰人携带着5000只猎鹰以及游和苍鹰等在川泽一带狩猎"等雄伟场面摘录下来,并没有进行点评和引证。而关于表现大汗"赫赫权势"的大量贡品,吴芳思也只是简单地提到马可·波罗描绘的"到了农历新年,一支大象骆驼运输队向他送来了金子、银子、珍珠和一匹精细的白布,还有10万匹白马",并由此得出"在波罗氏一行的眼里,大汗是至高无上的君主,他所拥有的女人、猎鹰和珍珠都是以百万计的"看法。但同样没有使用史料证明马可·波罗这段描述的真伪。

5. 蒙古人强大的军事实力

本章节中关于"马可·波罗和他的同时代人一样,深感蒙古人军事实力的强大"的记述,分别提到了蒙古军对缅国的反击战及大汗与他的皇叔乃颜之间的战斗。关于对缅国的反击战,吴芳思只是引用了莫里斯·罗萨比在《忽必烈汗》(1988年美国伯克利版,215页)中的一句话:"当时蒙古军回回将领纳西尔·阿尔丁(文章的注释⑦说纳西尔·阿尔丁即《元史》中的纳速剌丁)深知敌众我寡,就命令弓箭手朝着2000只缅国战象开弓射箭,大象周身中箭,疯狂奔逃。"而关于马可·波罗对于这场战争的描述以及吴芳思本人是否认为这场战争与马可·波罗到过中国有联系,作者并没有提出自己的观点。

关于与乃颜的战争,吴芳思不仅提到"这场战斗十分激烈,箭如雨下,骑士和军马相互碰撞发出猛烈的响声,随后纷纷倒地",而且还指出"马可·波罗没有按照时间顺序记述这场战斗"。但很可惜,吴芳思对这件事依然没有做出点评和给出引证。

纵观本章关于忽必烈汗的记事,吴芳思只是简单地复述马可·波罗在《寰宇记》中对忽必烈的描述,并没有引经据典地对《寰宇记》所记内容的真实与否及对马可·波罗本人提出独到的见解。

第十五章 对"第十四章 这是中国吗?"的释读和评价

(二)马可在扬州做官

吴芳思在本章中用了大量的篇幅转述了"波罗氏一行看到的宫宴、君王赐见、围猎和成千上万名宫廷侍卫和仆役等场面"后,认为这些"不禁眼花缭乱,以致他们在华期间好像没有做什么生意",转而开始提到"马可·波罗除了去各地旅行为大汗办事外,据说他还说过自己做了扬州地方最高行政长官"一事。吴芳思以"没有得到中国史料的确证"为由,对这一事件表示了怀疑,同时也对伯希和提出的马可·波罗可能是一位盐政官的说法进行了分析论证。

1. 是否在扬州做过最高行政长官?

关于马可·波罗在扬州做官一事,这的确是某些版本的《寰宇记》中马可·波罗的说法。马可·波罗说"扬州城极大而重要,辖二十七城市,是十二行省治所之一",马可·波罗曾奉大汗命治理此城三年。但此说法却让人颇为怀疑。据了解,元代的扬州是江淮地区的政治、经济、文化、军事中心,在当时就全国而言具有举足轻重的地位。在扬州的地方志中,记载有元代大小官员的一些信息,包括外国人的详尽名单,但是马可·波罗在扬州任职之事"不仅无汉文史料及地方志可据,有一版本且作'居住此城三年'"[2]21。因此,关于马可·波罗是否在扬州做过官以及做的什么官,也是学者们争论的一个问题。而在本章中,吴芳思也只是表示了怀疑,转而便开始对伯希和提出的"波罗可能是一位盐政官"这个说法进行论述。

2. 是盐政官吗?

伯希和认为马可·波罗可能是一位盐政官。他的理由是:1. 官修的元代史书《元史》提到一位叫波罗(或孛罗)的人,其官职为扬州盐政长官;2.《寰宇记》中多次提到食盐的生产和课税。吴芳思在本章中专门提到了伯希和的这一看法,同时也进行了分析论证。吴芳思引用了雅克·热尔内在《中国被蒙古征服前的日常生活》(1970年美国斯坦福版,页80-81)中"在宋代(960—1279年),作为官府专卖产品的食盐成为新钞票币值的依据。商人可以拿便于携带的钞票在京城或产地换取茶和盐"这一段材料来证明食盐的重要性,但她却认为"尽管马可·波罗的书常常提到理应引起商旅和政法学者兴趣的食盐,在中国史籍中尚难以找到可以确证盐政机构和马可·波罗的关系的材料"。同时,"从《寰宇记》的序言看来,马可·波罗似乎没有多少时间可以从事盐政工作,因为他把大部分时间用来作长途旅行,为大汗办事去了"。

解密：马可·波罗到过中国吗？

虽然关于伯希和的这一推断是否正确，由于没有汉文记载可做检验，无从证实，但不失为一个很聪明又有启发性的合理假说，值得重视。而吴芳思能够从马可·波罗入手，进行分析，这本就是值得赞许的地方，当然，她针对马可·波罗是盐政官这一推测提出怀疑的观点也是不无道理的。

总的来说，关于马可·波罗曾做扬州最高行政长官一说，现在还是没有可以论证的资料。而吴芳思在文中除了对伯希和提出"马可·波罗可能是一位盐政官员"的观点进行分析外，并无立论。

(三) 护送阔阔真公主下嫁波斯及马可被俘时间

本章中关于波罗氏一行护送阔阔真公主到波斯一事，几乎是一带而过。但是作为马可一家回国的背景，对此事仔细研究是很有必要的。我们或许可以由此推算出他们回国的时间，进而推算出波罗在热内亚战争中被俘虏的时间。

1. 护送阔阔真公主下嫁波斯

本章节在提及波罗氏一行说服大汗同意取海道回国一事后，转而提到了《马可·波罗游纪》中记述的"据说他们是护送一位年轻的蒙族公主给'黎凡特王'阿鲁浑作为他的继室"[6]42一事。文中说，公主连同随从共六百人在海上航行了大约一年半时间，先后在爪哇、锡兰和印度靠岸，沿途共有五百八十二人死亡。他们到达阿鲁浑的宫廷时阿鲁浑已经去世。吴芳思认为，马可·波罗对随从人员死亡状况的简短记述可能导致赖麦锡把刚回到威尼斯的波罗氏一行描写成衣衫褴褛的人。但吴芳思在本章中对于波罗氏离开中国和到达波斯的时间并没有提及，只是提到"1295年，他们终于回到家里"。对于波罗氏一行是否护送阔阔真公主下嫁波斯一事更是没有论证。

2. 马可被俘的时间

本章中提到"马可·波罗好像是在回到威尼斯后不久就突然投入到这个城市的保卫战，结果在对热那亚人的一场海战中变成了阶下囚"一事。然后，后文又接着提到雅各布·达·阿奎在十三世纪"安布罗夏纳文库"中的《世界大观》写本中认为"马可·波罗是在热那亚人和威尼斯人于1926年在阿雅斯进行了一场海战之后作为俘虏被解往热那亚的"。但对于这个看来似乎很简单的陈述，吴芳思却认为充满矛盾。因为阿雅斯或莱雅斯之战发生在1295年，比波罗氏一行从亚洲回到威尼斯早一年。而赖麦锡文本中认为马可是"在1298年9月7—8日达尔马提亚沿岸的科尔丘拉岛战役中被俘"。对于这个日期，吴芳思依然

第十五章 对"第十四章 这是中国吗?"的释读和评价

不赞同。因为《寰宇记》的序言说该书写于1298年,而来自科尔丘拉的俘虏于1299年获释,马可似乎没有足够的时间写他的书。那么,马可究竟是何时回国,何时被俘的呢?

我国著名的马可·波罗学者杨志玖教授在《永乐大典》引录的讲元代交通邮传的《站赤》一书中,发现了一件可供考证与马可·波罗有关的材料。材料说:"(至元二十七年八月)十七日,尚书阿难达、都事别不花等奏:平章沙不丁上言:'今年三月奉旨,遣兀鲁得、阿必失呵、火者,取道马八儿,往阿鲁浑大王坐下。同行一百六十人,内九十人已支分例,余七十人,闻是诸官所赠遣及买得着,乞不给分例口粮。'奉旨:勿与之!"

这段文字讲的是地方官沙不丁向中央请示出使随行人员的口粮分配问题。里面所提到的三位使者的名字和马可·波罗书中的阿鲁浑的三位使臣名字完全一样。因此,杨志玖认为这段文字可以证明马可·波罗确实到过中国,并与马可书中所记其离华事件有极密切的关系。

在《元史》中有提及沙不丁由管海运出身,后升为江淮行省左丞,至元二十六年升为江淮行省平章政事。所以,这篇公文里的平章沙不丁即是《元史》里的江淮省平章沙不丁,此时他正管市舶之政。而杨志玖据《元史》卷62《地理志》得知,泉州路在江浙省(及江淮省,至元二十八年改江淮为江浙)辖内,故泉州的市舶是由沙不丁管辖。而《元史》卷210有传,谓:"海外诸番国,惟马八儿与俱蓝足以纲领诸国,而俱蓝又为马八儿后障。自泉州至其国约十万里。"由《元史》所言,知赴马八儿当时多在泉州开舶。从泉州到波斯,当然要经过马八儿。所以,杨志玖由此确定"这篇公文里所讲的三位使臣就是马可所说的那三位请马可伴他们航海的波斯使者,他们其时已在泉州,预备由海道赴波斯"[2]49。进而,杨志玖便推测到波斯三使臣自泉州出发的时间是1291年。这即马可·波罗离华之年。

现在再来推测一下,马可·波罗离华抵波斯及被俘的时间。杭州大学黄时鉴在《关于马可·波罗的三个年代问题》一文中,在承认波罗一家离华时间在1291年初的基础上,进一步推算了他们到达波斯的日期,并将其行程日期列举为:1291年1月,离中国泉州港;1291年4月,抵苏门答腊,在此停留五个月;1291年9月,离苏门答腊;1293年2—3月间,抵波斯忽里模子港;1293年4—5月间,在阿八哈耳见合赞汗(波斯史家拉施特的《史集》中,记有合赞汗与

217

蒙古公主阔阔真成婚的事）。此前，必先到帖必力思附近某地见乞合都。最后，波罗一家1295年回抵威尼斯不久，遇到与西岸城邦热那亚的一场海战，马可·波罗被俘，在热那亚狱中同狱友鲁思梯谦诺合作，口述其经历，由后者笔录。这就是黄时鉴对马可·波罗离华后的推测。黄时鉴根据玉尔《导言》中所述的与马可同时代的人所记资料，该资料记有在1296年威尼斯与热那亚的一场海战中马可·波罗被俘事件，认为这条史料是可信的。黄时鉴教授的推测合情合理，"这对于订正年代、澄清事实，都有裨益"[2]214。

杨志玖通过在《永乐大典·站赤》中发现的一篇公文证明了马可·波罗确实到过中国，并推断出马可·波罗离华的时间为1291年；黄时鉴在承认杨志玖考订的波罗一家离华时间在1291年的基础上，推算出波罗他们的行程；相反，吴芳思除了对阿奎和赖麦锡记述的关于马可被俘的时间表示怀疑外，并没有更多的见解和贡献，更别说是引用证据回答"这是中国吗？"这个问题了。

（四）马可回国后的记事

本章中关于马可回国后的记事，除了前面提到的马可在一场海战中被俘，还提及了马可在威尼斯所留下的痕迹、马可遗嘱中的鞑靼奴仆及财产清单等小事。

1. 马可在威尼斯的痕迹

本章中提到三位旅行者1295年归国后，"尼柯罗和马菲奥在威尼斯的圣乔瓦尼·格里索斯托莫区购置一栋房子"。但吴芳思认为，"从保存至今的文书里看不出马可·波罗是否参与购房之事，虽然那个房址现在仍叫'百万先生寓所'或'百万先生府第'（这是特别把房子和马可·波罗联系起来，因为他就是'百万先生'），但也叫'波罗氏寓所'"。而在1596年夏天的那场火灾后，除了原址附近还遗留了一座可能从来不属于"波罗氏寓所"的塔楼外，没有别的遗迹。

本章中还提到作为全世界家喻户晓的"马可和其他两位波罗先生，无论作为商人或作为旅行家，都从来没有因此得到威尼斯市的正式承认或从该市中获得正式的地位"，因此他们遗留至今的贸易活动文书也就寥寥无几了。不过一份由威尼斯档案馆收藏的注明1305年与博诺乔·梅斯特雷走私葡萄酒案有关的文件中，马可·波罗第一次在一份文件中以"百万先生"的身份出现。因为此文件称马可·波罗为"马库斯·保罗·米利恩"。米利恩即是"百万先生"

的意思。

只是，无论"百万先生寓所"是否属于马可，还是威尼斯档案中把马可称为"百万先生"的文件，吴芳思在本章中提及似乎并不能回答"这是中国吗？"这个问题。而且吴芳思也没有用史料证明这些事件是否真实。

2. 马可遗嘱中的鞑靼奴仆

此外，马可·波罗的遗嘱也在本章中有所提及。令人惊奇的是，马可的遗嘱既然没有提及其海外遗产（他叔父的遗嘱提到了）或旅行。在遗嘱中能找到他与东方有过交往的主要证据是他给予他的"鞑靼奴仆"彼得（"我的鞑靼男奴仆彼得鲁斯"）以自由和些许遗赠的财物。文中用了一大段的篇幅来分析马可的"鞑靼奴仆（即彼得鲁斯·苏莱曼）"是否能够证明马可到过中国呢？吴芳思认为"人们普遍想当然地认为他是马可·波罗从远东带回来的，可是把基督教徒的名字'彼得'和穆斯林的姓'苏莱曼'连用，还加上'鞑靼'这个名称，就把人搞糊涂了"。虽然"中古时代编年史家马修·帕里斯用'鞑靼'这个词来表示'蒙古'的意思"，但吴芳思引用戴维·摩根在《蒙古人》（1986年牛津版，页57）中关于"以中国为中心的蒙族"是"最彻底的佛教徒"分析认为，马可·波罗用"鞑靼"这个词可能很不谨慎，他可能是指耶路撒冷以东的任何人；而彼得鲁斯·苏莱曼的姓可能更加重要，它表明他属于伊斯兰世界。马可·波罗可能是随便在一个什么地方得到彼得鲁斯的，因为《寰宇记》中没有出现彼得鲁斯这个名字，书的内容也无法让人推断出有这个人。

3. 财产清单

吴芳思还提到"有一个文件是记录马可·波罗去世时的财产的详细清单"，清单里共列有包括一袋大黄、24只床垫、数不清的被单（其中有许多是用丝绸做的）、用丝线刺绣的亚麻织品、用金线刺绣的或者饰有巨兽图案的丝织品、三枚金戒指、服装、羊毛织物和烹饪用的锅等200多项财产。吴芳思认为"大黄被列为马可·波罗1324年去世时的一项财产，而他提到在旅行初期曾经过唐古特"，由此推测出"他可能是在那个时候得到大黄的，然后一路带着大黄旅行，因此那一袋中国大黄一定有几乎100年的历史了"。但吴芳思又觉得"大黄又是公认的药材，所以那一袋大黄同样有可能是马可·波罗从他晚期有过交易的一个进口商那里买到的"。同样，吴芳思也认为清单中的许多丝织品"颇具波斯或近东风格，比中国的绸缎要豪华得多"，而且清单里的物品"几乎不能证明马可·波罗和中国有直接的交往"。由吴芳思的观点可以看出,吴芳思似乎并不觉得马可的遗嘱是证明其到过中国的充分证据。

但财产清单中一件既可以解释为来自近东的"一块定制的金丝织品",也可以解释为"指令金牌"的物品,还是引起了吴芳思的注意。因为马可和他叔父似乎曾经因为一个金质通行证或这一类护照发生过争执,其叔父马菲奥甚至还把"大汗赐的一枚金牌借给马可"的事写在了自己的遗嘱里。吴芳思觉得"从马可这方面来说,可以有理由认为大汗先后至少有数枚金牌赐给他的父亲和叔父,而如果他真的像他所说的那样是和他们在一起的话,他可能有权拿到一枚"。但吴芳思话锋一转,又说"如果清单真的提到了一枚金牌,那么清单中用来表示金牌这个意思的词似乎与他叔父的遗嘱中的用词不同"。由此,吴芳思再次怀疑清单与马可到过中国的联系,但却没有引用证据证明自己的怀疑。

本章中提及的波罗一家回国的事,吴芳思对马可·波罗的身份明确表达了怀疑的态度。与前面只是单纯提出某个事件不同,她在本章的结尾提到,"没有证据表明天主教会承认波罗氏一行中的任何人,或承认他们宗教方面的使命,正如他们的故乡威尼斯城没有正式承认他们的旅行一样"。通过此话,吴芳思表达了其否认马可·波罗到过中国的观点。

二、"第十四章"中使用的史料分析

如上文所述,吴芳思在本章中使用的证据(材料)并不多。

吴芳思引用了证据(史料)来论证观点的,有以下这几点:

1. 吴芳思在论述元缅战争中引用了莫里斯·罗萨比在《忽必烈汗》中关于元缅战争的材料。

本章在提到元缅战争一事时,引用了莫里斯·罗萨比在《忽必烈汗》中的一句话:"当时蒙古军回回将领纳西尔·阿尔丁(文章的注释⑦说纳西尔·阿尔丁即《元史》中的纳速剌丁)深知敌众我寡,就命令弓箭手朝着2000只缅国战象开弓射箭,大象周身中箭,疯狂奔逃。"但是石坚军在《马可·波罗涉足缅甸说质疑》[3]59一文中认为"描述与中国史籍的记载大相径庭而显然错误",因为元军的统帅应该为大理路蒙古千户;缅军象应为800头;缅军与元军相遇后被元军弓箭大量射杀,缅军象骑掉头逃跑时冲乱了阵脚而全线溃败,因此元军在此战中无一阵亡。如果石坚军的说法是正确的,那么吴芳思引用的莫里

第十五章 对"第十四章 这是中国吗？"的释读和评价

斯·罗萨比在《忽必烈汗》中关于元缅战争的材料则无法证明马可·波罗的描述是正确的。很可惜，石坚军在文中并没有指出其结论的出处，只是提到"据贝内戴托、伯希和等学者对《游记》F 本、Z 本的研究，《游记》1298 年成书后被马可·波罗和他人又补充了较多内容，1277 年元缅首战便是被增补的内容之一"。而我也无法找到更多的史料来论证罗萨比或石坚军的说法是否正确。

2. 吴芳思在论述伯希和提出的马可可能是盐政官一事时，引用了雅克·热尔内在《中国被蒙古征服前的日常生活》中关于食盐与新钞票关系的记述。

关于食盐与新钞票的关系，吴芳思除了提到"从汉代（公元前 206—公元 220 年）起，食盐是由国家专卖的商品。在汉以后的千百年中，食盐又一直是《寰宇记》中所说的应课税的产品"，还引用了雅克·热尔内在《中国被蒙古征服前的日常生活》（1970 年美国斯坦福版，页 80—81）中"在宋代（960—1279 年），作为官府专卖产品的食盐成为新钞票币值的依据。商人可以拿便于携带的钞票在京城或产地换取茶和盐"这一段材料。那么，食盐与新钞票是否真的有密切的关系呢？

在元朝，销售盐榷定元盐"引法"制度。至元十九年，命令各盐司亲自调度，按照销售实情，规定引额，每年送达户部按额印引，转回各区盐司收管，用本司引信关防，各行盐地区，遵照户部指示确定引价，循序依次发卖；每引一号，前后两券，用印钤盖其中，析而别之，以后券给商人，为之'引钱'；以前券为底簿，谓之'引根'。凡商人到场，关之引盐，照号覆勘，验其合否，故有勘合之称。由此可知，元盐的"引法"制度能够让食盐等同于货币。而"食盐专卖制度特点之一，是国家根据户口数量预先制定食盐销售数额，自上而下，层层分派，各地方都有规定的销盐课额"。[4]39-43 这也表明了作为政府专卖产品的食盐与新钞票有着密切的关系。因此，吴芳思引用雅克·热尔内关于食盐与钞票关系的记述是可信的。

3. 吴芳思在论述马可的鞑靼奴仆时，引用了理查德·沃恩《马修·帕里斯的插图本编年史》和戴维·摩根《蒙古人》来论证鞑靼奴隶与蒙古的关系。

吴芳思在文中引用了理查德·沃恩《马修·帕里斯的插图本编年史》（1993 年斯特劳德版，页 9）中"编年史家马修·帕里斯用'鞑靼'这个词来表示'蒙古'的意思"这一说法。对于"鞑靼"是否就是"蒙古"，我国学者那顺乌力吉在《论"鞑靼"名称的演变》[5] 一文中有分析"蒙古"与"鞑靼"的关系。他说，南宋以来的汉文书籍中鞑靼名称演变为北方民族的统称,甚至成为专指带有贬义色彩的蒙古民族的称谓。那顺乌力吉在文中引用了《建炎以来系年要录》《旧唐书》、新旧《五代史》《太平寰宇记》《四夷总序·北狄》《辽史·部族表》和《蒙鞑备录》等多部著作证明"汉文史籍中鞑靼与蒙古通称"。由此看来,吴芳思引用马修·帕里斯关于"鞑靼"就是"蒙古"这一史料是可信的。

在论述马可的鞑靼奴仆时,吴芳思也引用了戴维·摩根在《蒙古人》(1986年牛津版,页57)中关于"以中国为中心的蒙族"是"最彻底的佛教徒"这则材料。王钟翰也认为"喇嘛教(佛教之支派)在蒙古人心中成了一盏不灭的'明灯',达到了登峰造极的地步"[6]878。而由西藏教主八思巴创造的八思巴文(即蒙古新字)于"至元六年(1269年),由忽必烈正式颁行全国,成为国家颁发的官方文字。整个元朝统治时期,凡是皇帝的诏书、政府的文告、法令、印章、钞币等一律使用八思巴文。八思巴文在当时还用来翻译汉文的经史等文献"[7]81-85。由此也可以看出,佛教对当时社会的影响之大。因此,吴芳思引用戴维·摩根关于"蒙族是最彻底的佛教徒"这一史料是可信的。

4. 在论述大黄被写进财产清单一事时,吴芳思引用了约翰·吉廷斯《中国人眼中的中国》来证明大黄对西方人的重要性。

关于大黄为什么会被写进财产清单,作者引用了约翰·吉廷斯《中国人眼中的中国》(1973年伦敦版,页43-50)中"1839年8月禁烟钦差大臣林则徐致函维多利亚女王要求停止进行鸦片贸易时,他威胁说将阻止中国大黄向联合王国出口,以为这可以迫使那个患便秘的国家屈服"这段话来证明"大黄对增强西方人的消化能力具有重要的作用"。而中国学者林日杖的《论清代大黄制夷观念发展强化的原因》[9]120-133《试述清代大黄制夷观念的发展演变》[9]97-106两篇文章中也分析了大黄成为制夷利器的原因及独特作用,这似乎也能论证吴芳思引用约翰·吉廷斯那段材料的正确性以及大黄被写进财产清单的原因。

根据吴芳思所引用的这些证据(材料)来看,大部分是可信的,能够增强文章的说服力。但可惜的是,这些被引用的证据(材料)并不能完全代表吴芳思的看法,也不能回答本章节中提出的"这是中国吗?"这一疑问。

在通读了第十四章,并对本章中论述的记事及使用的证据(材料)进行一一分析、考证后,我认为吴芳思是对"这是中国"持怀疑态度的。首先,吴芳思对本章中所提及的《寰宇记》中记载的内容，多次表达了困惑（如"马可·波罗的父亲和叔父究竟是陪同他执行长时间的查访使命，还是坐在北京无所事事，这一点没有讲清楚"）；其次，吴芳思多次反驳伯希和等学者的观点（如伯希和认为马可·波罗可能是一位盐政官的事），但都没有提出确切的立论；最后，吴芳思在本章的结尾处直接表达了对于马可·波罗身份的怀疑。

参考文献

[1]（英）吴芳思著，洪允息译.马可·波罗到过中国吗？[M].北京：新华出版社，1997.

[2] 杨志玖.马可·波罗到过中国[M].天津：南开大学出版社，1999.

[3] 石坚军.马可·波罗涉足缅甸说质疑[J].云南民族大学学报：哲学社会科学版，2007-05，24（3）：59.

[4] 王领妹."食盐"名义考[J].淄博师专学报，2013，（2）：39—43.

[5] 那顺乌力吉.论"鞑靼"名称的演变[J].内蒙古民族大学学报：社会科学版，2008-03，34（2）：8—12.

[6] 王钟翰.中国民族史[M].北京：中国社会科学出版社,1994:878.

[7] 罗纳德·莱瑟姆.马可·波罗行纪[M].哈蒙兹沃斯版，1958.

[8] 薛学仁.浅谈宗教在元蒙统一中的作用[J].宝鸡师范学报：哲学社会科学版，1993，（2）：81—85.

[9] 林日杖.论清代大黄制夷观念发展强化的原因[J].福建师范大学学报：哲学社会科学版，2006，（1）：120—133.

[10] 林日杖.试述清代大黄制夷观念的发展演变[J].福建师范大学学报：哲学社会科学版，2005，（5）：97—106.

第二节 对"第十四章 这是中国吗?"的评价

吴芳思《马可·波罗到过中国吗?》的第十四章"这是中国吗?"中,列举了《马可·波罗游记》中马可记述的错误之处,表明了其对马可·波罗到过中国的怀疑。达到了对"这是中国吗?"的怀疑的目的。但是吴芳思的怀疑也只能是怀疑,其所列论据并不能充分证明马可没有到过中国。

一、吴芳思达到选题的目的

这是中国吗?在本章中吴芳思并没有正面回答这个问题。但"这是中国吗?"这样一个疑问句,显然是吴芳思对马可·波罗所到的地方是不是中国存在怀疑的。吴芳思以史料不充分为由,对马可·波罗到过中国表示怀疑,达到其选题的目的。

首先,文中对马可·波罗详细记述选妃活动,吴芳思认为"虽然这段记述十分详细,我们必须持谨慎的态度,因为他只出现在赖麦锡出版的后期文本中"。[1]163 其次,对于马可·波罗曾在扬州做了三年的最高行政长官,吴芳思认为"这个说法没有得到中国史料的确证……尽管马可·波罗的书常常提到理应引起商旅和政法学者兴趣的食盐,中国史籍中尚难以找到可以确证盐政机构和马可·波罗的关系的材料"[1]165~166。显然吴芳思不仅认为马可·波罗没有做过扬州的最高行政长官,对于伯希和提出马可·波罗可能是扬州的盐政长官也是不认同的,无论是最高长官还是盐政长官,都没有找到中国的相关史料去支撑。随后,吴芳思从马可·波罗去世的财产情况的考证中认为马可·波罗没有到过中国。"有一个文件是记录马可·波罗去世时的财产的详细清单,清单里面也没有什么内容可以把马可·波罗和中国直接联系起来……清单所记载的物品并不奢侈,而是过得去,很实用;而且这些物品几乎不能证明马可·波罗和中国有直接的交往"。[1]169~171 最后,对于马可·波罗是否拥有大汗御赐的金牌,吴芳思也是持怀疑态度的,因为"如果清单真的提到了一枚金牌,那么清单中用来表示金牌这个意思的词似乎与他叔父的遗嘱中的用词不同"。[1]172 吴芳思在本章中列举的《马可·波罗游记》中的一些主要事件,皆找到相关的汉文史料去佐证。从这样一个出发点告诉了我们她的答案:

她对马可·波罗到过中国持怀疑的态度,认为马可·波罗没有到过中国,"这不是中国"。所以,在本章中,吴芳思的论述达到了其选题的目的。

二、"第十四章"中存在的不足之处:吴芳思的叙述只能是对马可·波罗之行的怀疑,却难以论证马可·波罗没有到过中国

其实,在此之前也有不少人对马可·波罗到过中国提出了质疑,像克鲁纳斯、海格尔、王育民等,但不管是吴芳思还是其他怀疑派的学者,他们对马可·波罗的怀疑也多是出于以下的理由:

1. 在中国浩如烟海的各种史籍中,没有发现与马可·波罗相关的任何记载,例如其人、其名。

2. 马可·波罗的游记中对某些事件的记述存在错误,难免会让人产生自我吹捧,弄虚作假之感。例如马可·波罗对1274年和1281年间元世祖忽必烈入侵日本的描述存在前后矛盾和不精确之处,[2] 马可·波罗是否在扬州做过官,是否是在元军攻占襄阳时在前线制作回回炮的人[3],等等。

3. 他在中国生活长达十七年,为什么一句也没有提到关于中国的许多最独特的事物,例如女人的小脚、茶、长城,还有汉字,而这些也是吴芳思在《马可·波罗到过中国吗?》一书中着重强调的。

4. 认为《马可·波罗游记》一书所记载的内容是依据波斯的某种《导游手册》以及个人的道听途说。

无可否认,《马可·波罗游记》中确实存在着许多与史不符或者找不到相应的史料来对照佐证的地方。怀疑派所阐述的观点存在其合理之处,但这仅仅是怀疑,因为怀疑派在中国找不到与马可·波罗相关的史料,在世界的其他地方也找不到与马可·波罗的相关史料,如果马可·波罗不在中国,那在那么长的一段时间里,马可·波罗去了哪里了呢?这也是吴芳思等人难以回答的问题。所以怀疑派破而不立,难以找到充足的证据去证明马可·波罗没有到过中国。

从心理学的角度出发,人们关注的往往是自己感兴趣的事情,或者想要了解的事情。对于旅行中的所见所闻,若不是特别重要,那么在人的脑海中就只能是雁过不留痕,很快就忘了,更别说会刻意将这些东西记录下来了。所以《马可·波罗游记》中有所遗漏,研究者认为许多应该被记录的东西马可·波罗却没有记录下来,或许是因为我们与那时的马可·波罗的关注点不一样吧。而且,马可·波罗本人的说辞："要一个人在事隔多年后'一步不差'地把过去复杂的旅程回忆起来，这差不多是一种苛求。"[3]102 从记忆规律的角度去看的确是说的过去的。最后，我们都了解，对于没有经历过的事情，我们是无法凭空想象出来的，即使是通过书籍等途径去了解，也无法描述得非常翔实。同时我们无法否认的一点是：尽管马可·波罗漏写了或者存在记录错误的地方，但更多的是对中国的正确记述[4]116，且许多地方记述得非常详细。所以，如果马可·波罗真的没有经历过的话，这一点又怎么解释呢？

当然，以上只是从心理学的角度去推理、解释。对于吴芳思等怀疑派的观点，许多史家在承认怀疑派提出的《马可·波罗游记》中存在的不足的同时，也在肯定《马可·波罗游记》的前提下对怀疑派的观点做出了回答与质疑。

在本章中，吴芳思通过自己的论述，明确地提出了其对"这是中国吗？"的怀疑，达到了其选题的目的。但是其所选用的论据、材料却存在一定的不足之处，无法充分论证马可·波罗没有到过中国。多年来，各国对于《马可·波罗游记》的研究，已经弄清了其中有些是传闻之误，有些是记述的年月不准，但是绝大部分内容则是真实的。《马可·波罗游记》向西方展现了中国的文明，开阔了欧洲人的眼界，一定程度上拖动了十五世纪以来欧洲航海事业的发展。不仅是中西文化交流史上的重要文献参考，而且对中国人了解相关历史做出了重要贡献。

参考文献

[1]（英）吴芳思著，洪允息译.马可·波罗到过中国吗？[M].北京：新华出版社.1997.

[2] 芳芳.马可·波罗未到过中国[J].科学大观园，2011，18:60.

[3] 张卫萍.也谈马可·波罗中国之行的真实性，[J].平原大学学报.2004.06

[4] 王育民.关于《马可·波罗游记》的真伪问题[J].史林，1988(4):36—41.

[5] 杨志玖.马可·波罗在中国.[M].天津：南开大学出版社.1999

[6] 于世雄.马可·波罗介绍与研究.[M].北京：书目文献出版社.1983.

第十六章 对"第十五章 不见经传，耐人寻味"的释读和评价

第一节 对"第十五章 不见经传，耐人寻味"的释读

通读吴芳思《马可·波罗到过中国吗？》的第十五章"耐人寻味，不见经传"，发现吴芳思从史书以及地方志的记录、中国的百家姓、《永乐大典》中关于马可·波罗的见闻记述等方面，来探讨马可·波罗有没有到过中国的问题。最后吴芳思认为马可·波罗可能仅仅是到达了今天的北京，而其在中国的旅途见闻只是道听途说而已。而对于吴芳思使用的材料，既有令人信服的，也有让人怀疑的，甚至有不可信的。

一、对"第十五章"的释读

这个章节的题目给人的第一感觉就是有趣，具有很强的吸引力让人去细细品读。虽然这一章所占页数并不多，总共十个自然段，包括注释在内字数也就三千多，可就在这短小的篇幅内吴芳思从多方面进行了分析，有自己独特的见解。在第十五章"不见经传，耐人寻味"中，吴芳思论及了令人苦恼的关于马可·波罗在中国的身份问题，主要从汉蒙史料没有提到马可·波罗一行、杨志玖是马可·波罗的辩护者、《马可·波罗游记》中存在许多缺陷等方面切入，通过分析研究否定马可·波罗到过中国。

（一）马可·波罗真的与大汗的关系密切

这是吴芳思在本章中论述的第一个问题。为了论述这个问题，吴芳思从汉蒙史料没有提到波罗氏一行、马可·波罗是否做过地方官吏、杨教授对马可·波罗的辩护等方面进行说明。

解密：马可·波罗到过中国吗？

1. 汉蒙史料没有提到马可·波罗一行

吴芳思一开始就提出了自己对马可·波罗的质疑，"然而他的一生有一个最令人迷惑不解的问题：既然他自称是有重要地位的人，又和汗廷有密切的关系，为什么汉文史料（或者蒙文史料）没有一处提到波罗氏一行？"[1]176 提出这一问题后，吴芳思从几个方面进行了分析，让读者跟着她的思路走。

论述中有"我第一次查阅的汉文资料是重要的文书，即有关那个朝代的官修史书；我在浩如烟海的资料文献中努力查找哪怕有一处提到一个意大利人或一个叫波罗的人。"[1]176 其次，在第四自然段中的"至于他充当忽必烈的巡视禀告员，这一点根本没有任何记录可查。既然他标榜自己与大汗关系十分密切，他理应和波斯攻城能手以及印度医生一起在官方实录中被提名道姓；由此可见他的地位可能并不像他所标榜的那样重要。如果他的地位像他所说的那么重要，而在官方实录中却查无此人，这依然令人迷惑不解。"吴芳思紧扣《马可·波罗游记》中马可说与大汗的关系好，然后从正面的角度分析，认为这样会在史料中有所记载，这样写方便读者理解，吴芳思的这个说法也有说服力。"因此，以不寻常的字为姓又由四个字组成的人名一般说来都表明这个人不是汉人，然而在那些书籍中没有出现波罗的姓氏，在扬州地方志中也没有提到他的任职。"

吴芳思还向读者分析了中国姓氏的特点，也进一步解释了"孛罗"的含义，如在"为24部断代史编写的索引里列着一些叫'孛罗'的人，按照旧式的（威妥玛—贾尔斯）汉语罗马拼音体系，这个姓与'波罗'相同。这是振奋人心的事，因为它和意大利人的姓氏很接近。""这个发现起初是振奋人心的，但是进行悉心研究的伯希和教授后来证明这节文字和拉希德著作中的有关文字都显然表明有关人物实际上是一个蒙古人，即拉希德著作中的'波拉德'或蒙古语中的'孛罗答恰'这些句子中是这样表达的。'孛罗''博罗'或'波罗'这个姓只不过是蒙古语中有关音的直译。"除此之外，吴芳思还提到福赫伯也在做寻找马可·波罗其人的努力，"福赫伯在《元史》中找不到马可·波罗其人，就在里面找欧洲人。他发现该书提到阿兰人、钦察人、斡罗思人和保加利亚人。但是书中这些人名都是在1330年和1332年以后出现的，比想象中的波罗氏一行的旅行都要晚"。最后在第十三自然段，"这样的资料乍看来似乎证实马可·波罗去过中国，可是虽然《永乐大典》中的那一段文字大体上和马可·波罗的记

第十六章 对"第十五章 不见经传,耐人寻味"的释读和评价

述相符,令人遗憾的是,那一段文字根本没有提到波罗氏一行或者任何意大利人。柯立甫的波斯文资料也没有提到任何意大利人"。

2. 马可·波罗做过地方官吏

杨志玖是马可·波罗的一位勇猛的然而绝非无鉴别力的辩护者,他认为马可·波罗是第一个到中国去的欧洲旅行者。他指出,"马可·波罗曾治理扬州"这个普遍流传的说法源于一个文本中的一处错误的解释。那句话原来的意思似乎是马可·波罗说他"居住"扬州三年,而这个词被误抄为"治理"。有了这个貌似比较有理的阐释,其他人就不需要费力查阅扬州地方最高行政长官或官员的名单了。可是这并不是马可·波罗标榜自己在中国大名鼎鼎的唯一说法,而且这个说法并不是他的过错,而是抄写员的一个作弄人的错误。[1]1 从此处论述,吴芳思引入杨志玖的观点,然后对其观点进行了论证。可以看出吴芳思对于杨志玖把关于马可·波罗在扬州任地方行政长官三年的记录,归纳为抄写员的一个作弄人的错误的说法,是不予认同的,认为其不具有说服力的,还是不可以证明马可·波罗到过中国。

马可·波罗还说他做过官方使节,并为结束围攻襄阳的血战助了一臂之力。尽管他这样自我标榜,然而事实证明他和他的父亲和叔父不可能在结束围攻襄阳的战斗中起什么作用,因为如果波罗氏一行是在1270年出发旅行,围攻战是在1273年,即在他们还没有可能到达那个地方的时候就结束了。[1]177 据此,马可·波罗明显是记录失实,所以被吴芳思怀疑继而否定其来过中国。

3.《马可·波罗游记》的缺陷

书中未曾提到,如茶叶、长城,妇女缠足等中国事物令人很不理解的,这些都是中国的特色,知名度极高,对他的漏写吴芳思十分不解。

关于马可·波罗在记录过程中漏写了很多具有中国特色的事物,被怀疑马可·波罗到过中国的怀疑论者作为一大论点,吴芳思也不例外。吴芳思恪守傅海波的成规并加以发展,写出了专章,指责马可·波罗的漏记。比如针对漏写印刷术,吴芳思认为马可·波罗提到纸币,但未提及印刷术。马可讲到在(杭州)时,提到人死后其亲属用纸制人、马、骆驼、奴婢的像和纸币等焚烧以殉,但未说明这些是印刷品;马可所经城市如福建为印书中心,杭州有书商聚集的橘园亭等,马可都未述及。还有汉字,吴芳思讲到传教士鲁布鲁克的《东游记》中,曾提到中国字(汉字)的写法,但马可书中却未提及汉字。漏写茶叶,马可书

229

中没有提到茶叶，这又是吴芳思书中怀疑的一点。她说，杭州街市中茶馆很多，他们一家应该光顾品尝，即使不去，也不应毫不提及，很难想象，一个在中国住了十七年的人竟对此大众饮料不予理会。

这么多的事物都被马可·波罗漏写了，吴芳思从而又把这作为否定马可·波罗到过中国的一大有力证据。但这样的论述是缺乏科学严谨性的，使读者自然而然地觉得马可·波罗没有到过中国。

二、不见经传的原因

（一）为什么不见经传

杨志玖等人对马可·波罗不见经传的原因进行了分析，吴芳思从反面进行推断，其实针对为什么不见经传，很多学者发表了自己的论述及见解。例如蔡美彪，他认为"依据以上的考察，我认为，马可·波罗在中国17年间，既不是作为旅行家或传教士，也不是作为元朝的色目官员留居中国，而是作为一名色目商人，在中国各地以至南海诸国从事商业贸易。他的《游记》只讲各地见闻，而很少讲到他本人的事迹，可能就是由于这个缘故。中国文献中不见有关他的记事，可能也是由于这个缘故。"[2]此外，杨志玖也做了解释："这些事例，在马可·波罗书中确实存在（除第四条外）。但是否就能以此断定，马可·波罗的记载是不可靠的或马可·波罗根本没有到过中国呢？显然不能。在马可·波罗前后到达蒙古的西方传教士、使臣、商人留有行纪的不下十人，但他们的名字和事迹却极少见于记载。此事见于《元史》及元末文人文集中，其马称为"天马"，但都不提马黎诺里之名。"

在历史文献的保存中，元代的中文文献保存下来的实在很有限。例如，在明初编成《元史》以后，元代的历朝实录佚失无存，更不用说各种档案资料了。这样，即使马可·波罗的名字曾经被记载下来，在文献大量佚失的情况下，他的名字也可能消失。正是在其他学者从中文文献中确实找不到马可·波罗名字的时候，杨志玖发现了一条史料，据此可以证明马可·波罗真的到过中国。但杨志玖从《站赤》中发现的这条珍贵的史料，现在也已只见于明初编纂的《永乐大典》的残本之中，如果当年英法联军将《永乐大典》毁灭得更加彻底，那么，今天谁还能发现它呢？[3]181

（二）马可·波罗游记为什么夸大失实或漏写

对于吴芳思提出的马可·波罗称其在扬州任地方行政长官三年值得怀疑，以及其冒充了献炮攻襄阳这些问题，杨志玖在其发表的论文中，做了回答。

马可·波罗的记载有些夸大失实和错误之处，我们不必替他辩护，而要分析其错误的原因。马可·波罗把蒙古攻取襄阳归功于他们一家的献炮显然是错误的，这可能是在他身陷囹圄之中、百无聊赖之际一种自我解嘲、自我安慰的心态的表现，但蒙古用炮攻破襄阳的事实确实存在，马可·波罗当然是在中国听到的，而且可能是在襄阳听到的，这就可以作为他们到过中国的证据。[4]73

针对《马可·波罗游记》中，对一些具有中国特色的事物的漏写，杨志玖说道："马可·波罗书中确有许多没有提到的中国事物，但是，这些事物在元代其他来华的西方人的记载中也同样未提到，为什么对他特别苛求；马可·波罗是商人的儿子，文化水平有限，他的兴趣主要在工商业和各地奇风异俗方面，对文化事业则不予关注。"[4]73

如果他与中国社会没有密切联系——显然他没有——他将发现调查这种行为很困难，这种行为被限制在一个对他来说很陌生的社会阶层中，并且远离公众的眼睛。顺便提一句，伊本·拔图泰也没有注意或记录缠足，而鄂多立克做到了。鸬鹚捕鱼，鄂多立克记录了而伊本·拔图泰没有记录，可能是由于疏忽，也被马可的叙述忽略了。我们必须记住，尽管《寰宇记》很丰富，但它不是百科全书，偶尔会有有趣的话题被遗漏，正像我们看到的一些引人注目的题目被其他旅行者的叙述所忽略一样。

综合以上论述，马可·波罗在记述过程中出现失实漏写的情况是可以被理解的，由于受到个人文化以及地域方面的影响，对事物的记述也会不同，不能做到面面俱到。我们不应该以漏载的事为把柄和突破口，大做文章加以指责并否定马可·波罗到过中国。

三、"第十五章"中使用的史料分析

吴芳思在使用史料时很少使用第一手史料，过多的是借用别人的观点或以某个问题为突破口进行分析，这样就显得无力，可信度不高。纵观第十五章，发现吴芳思在这章论述中存在一些主观性和不严谨的地方，下面从几个方面进行论述。

解密：马可·波罗到过中国吗？

（一）论述不够科学严谨，带有主观性

通读《马可·波罗到过中国吗？》，感觉吴芳思的立场不够鲜明，对第一手资料的考察比较少，都是间接地运用别人的观点或者对别人的观点进行论述。由于在辩驳克鲁纳斯那篇怀疑马可·波罗到过中国的文章时没有就缠足问题为马可辩护，她就断言说："他没有把这个问题提出来，无疑是因为当代中国人对旧时那一风俗的恐怖和厌恶，并认为西方人对缠足的兴趣是对中国人的侮辱。"这是误解。

（二）对史料的认识不充足

在文中，吴芳思表现出来的对有些史实和知识在认识上比较生疏，主要表现在：杨志玖是马可·波罗的一位勇猛的然而绝非无鉴别力的辩护者，他认为马可·波罗是第一个到中国去的欧洲旅行者。[1]177 但是译者洪允息查阅杨志玖教授有关马可·波罗的论文，未发现他有此观点。相反地，他在《关于马可·波罗在中国的几个问题》一文中说，"福赫伯用它（指王恽的《中堂事记》——译者注）来证明马可·波罗一家并不是第一个到达忽必烈朝廷的欧洲人，这是对的。"[1]184《元史》中提到一个"孛罗"（按照当前通用的汉语拼音方案也可以写作"孛罗"或"博罗"）的官职是枢密副使和云南行省最高行政长官，此人还在1284年担任设在扬州的盐政机构监管人。[1]179 译者洪允息附注《元史》卷205中提到"孛罗"时只说他是"枢密副使"，没有提到其他两个官衔。见中华书局点校本，页4563。[1]184（那些汉字本身不带任何意思，只具有语音的价值，尽管"孛""博"或"波"的意思是"迅速成长的植物""流星"或（根据《麦修氏汉英词典》）"把糯米迅速放在锅里"；而"罗"的意思是"网"或"广布"。）但是译者洪允息查阅了一些汉语词典及《麦修氏汉英词典》修订版，未发现"孛""博"或"波"及其同音字有作者所说的那三个意思。[1]180 译者洪允息又从《麦修氏汉英词典英汉索引》（单行本）中英语的"糯米"和"锅"等词倒查该词典中相应的汉字，未找到作者所讨论的"孛""博""波"三字。[1]185

（三）对部分内容的论述不合理

"然而我们不能不作出这样的推论：虽然公主远航确有其事，但马可·波罗总是重述尽人皆知的故事。"[1]182 蒙古姑娘出嫁是否尽人皆知？《元史》、元人文集及其他元代文献都无记载。很明显这是吴芳思个人的观点，带着很大的主观能动性。须知，这个姑娘并不是什么皇室之女，只是蒙古伯岳（牙）吾部一贵族之女，不值得大书特书。更重要的是，《永乐大典》这段公文是地方官向中央请示出使人员口粮分配问题，那三位使者是主要负责人，非提不可，阔阔真姑娘虽然显贵，但与配给口粮无关，无须提及。至于波罗一家，更不在话下。但若无《马可·波罗游记》的记载，我们将无从得知这三位使臣出使的缘由了。总之，从《游记》的记载中，我们才能对《永乐大典》那段公文和《史集》中的有关记载有个清楚的了解。过去也有不少人看过《站赤》中的这一段公文，可能由于未和《游记》的记载联系起来，因而未能充分利用这一重要资料。正是由于这一资料，才能从汉文记载中证实马可·波罗确实到过中国。吴芳思认为马可所说借自其他资料，但未指出是何种资料。实际上，正是由于《马可·波罗游记》中的这一段记载，才使《站赤》和《史集》看来毫不相干的两处资料结合起来，得到圆满完整的解释。[5]109

（四）表达分析不全面

在女子缠足问题上的见解不够合理。吴芳思说："在这些争论中，最奇怪的一点是，马可·波罗没有记述缠足，因为这几乎是后来的旅行者首先看得入迷的习俗。"好在吴芳思的这句话已在一定程度上对这个问题做了回答，"后来的"这一定语正是问题的关键。也就是说，对于缠足，西方"后来的旅行者首先看得入迷"，但马可·波罗是否就一定能见到这种习俗呢？吴芳思不仅不能证明马可·波罗时代缠足已成为普遍流行的习俗，相反，她已经意识到在波罗氏一行在中国的蒙元时期，缠足之风没有广泛流行，"外国旅行者有可能见不到那些不能走远路的缠足妇女""妇女居家不出户使马可·波罗看不到几个汉族上层妇女"。遗憾的是，对于这样一个至关重要的问题，吴芳思并没有深究下去，而是将它轻易地回避过去了。[5]1

第十五章"不见经传，耐人寻味"中，吴芳思先从"不见经传"这个突破口开始论述，然后运用各种方式进行辩护，吴芳思论及了令人苦恼的关于马可·波罗在中国的身份问题，即中外学者均未能在中国史籍中发现马可·波罗其人其名。第十五章的剩余部分讨论马可·波罗和《寰宇记》在中国的研究情况，以及杨志玖和其他中国学者的贡献，吴芳思认为，这些研究虽然给人以深刻的印象，但不能证实马可·波罗确实在中国逗留过，即用反证法，怀疑否定马可·波罗到过中国，以致不见经传，这一切都是耐人寻味的。但是吴芳思在本章论述的过程中也存在很多的不足,希望这些不足可以得到吴芳思的重视,然后不断增强论述的严谨性和科学性。

参考文献

[1] (英) 吴芳思著,洪允息译.马可·波罗到过中国吗? [M].北京:新华出版社,1997.

[2] 蔡美彪.试论马可·波罗在中国 [J].中国社会科学,1992,(2):185

[3] 黄时鉴,龚缨晏.马可·波罗与万里长城——兼评《马可·波罗到过中国吗?》[J].中国社会科学,1998,(4).

[4] 杨志玖.再论马可·波罗书的真伪问题 [J].历史研究,1994,(2).

[5] 杨志玖.马可·波罗到过中国——对《马可·波罗到过中国吗?》的回答 [J].历史研究,1997,(3).

第十六章 对"第十五章 不见经传，耐人寻味"的释读和评价

第二节 对"第十五章 不见经传，耐人寻味"的评价

吴芳思在《马可·波罗到过中国吗？》的第十五章"不见经传，耐人寻味"中进行了总结性的论述，并且达到了"不见经传，耐人寻味"的目的，但其论述也存在不足之处，仍需完善。

一、吴芳思达到了选题的目的

第十五章"不见经传，耐人寻味"中，吴芳思论及了令人苦恼的关于马可·波罗在中国的身份问题，这一问题紧接着与中文史料对他、他的父亲或叔父缺乏任何记载密切相连，即中外学者均未能在中国史籍中发现马可·波罗其人其名。第十五章的剩余部分讨论马可·波罗和《寰宇记》在中国的研究情况，以及杨志玖和其他中国学者的贡献，吴芳思认为，这些研究虽然给人以深刻的印象，但不能证实马可·波罗确实在中国逗留过，即用反证法，通过怀疑否定马可·波罗到过中国，以致不见经传，这一切都是耐人寻味的。所以，通过第十五章的论述，可以认为吴芳思达到了她选题的目的，主要表现在以下两个方面。

（一）正面提出论据，表明中外学者均未能在中国史籍中发现马可·波罗其人其名

吴芳思在第十五章第一自然段就直接提出了自己的论点，"然而他的一生有一个最令人迷惑不解的问题：既然他自称是有重要地位的人，又和汗廷有密切的关系，为什么汉文史料（或者蒙文史料）没有一处提到波罗氏一行？"[1]176 提出这一问题后，吴芳思针对中文史料对马可·波罗缺乏任何记载，从正面提出了几方面的论据进行论述。

首先，在第二自然段论述中有"我第一次查阅的汉文资料是重要的文书，即有关那个朝代的官修史书；我在浩如烟海的故纸堆中努力查找哪怕有一处提到一个意大利人或一个叫波罗的人。"[1]176 其次，在第四自然段中的"至于他充当忽必烈的巡视禀告员，这一点根本没有任何记录可查。既然他标榜自己与大汗关系十分密切，他理应和波斯攻城能手以及印度医生一起在官方实录中被提名道姓；由此可见他的地位可能并不像他所标榜的那样重要。如果他的地位像他所说的那么重要，而在官方实录中却查无此人，这依然令人迷惑不解。"[1]178

解密：马可·波罗到过中国吗？

接着，有第五和第六自然段的"搜集到这些地方志以及有关的书籍如《扬州图经》（18世纪末关于扬州的书籍，内有依不同朝代分列的名人录），看到里面有在元代（1279—1368年）被任命的官员的名单，并突然发现在为数十分有限因而不断重复出现的汉人姓氏中间夹杂有蒙古官员稀奇古怪的非汉人的姓名，这的确是非常有趣的事。"[1]178 "因此，以不寻常的字为姓又由四个字组成的人名一般说来都表明这个人不是汉人，然而在那些书籍中没有出现波罗的姓氏，在扬州地方志（保存至今的有1542、1601、1685、1819、1874和1947年等版本）中也没有提到他的任职。"[1]179

还有，第七和第八自然段的论述，"为24部断代史编写的索引里列着一些叫'孛罗'的人，按照旧式的（威妥玛—贾尔斯）汉语罗马拼音体系，这个姓与'波罗'相同。这是振奋人心的事，因为它和意大利人的姓氏很接近。""这个发现起初是振奋人心的，但是进行悉心研究的伯希和教授后来证明这节文字和拉希德著作中的有关文字都显然表明有关人物实际上是一个蒙古人，即拉希德著作中的'波拉德'或蒙古语中的'孛罗答恰'。'孛罗''博罗'或'波罗'这个姓只不过是蒙古语中有关音的直译。"[1]179-180 除此之外，吴芳思还提到福赫伯也在做寻找马可·波罗其人的努力，"福赫伯在《元史》中找不到马可·波罗其人，就在里面找欧洲人。他发现该书提到阿兰人、钦察人、斡罗思人和保加利亚人。但是书中这些人名都是在1330年和1332年以后出现的，比想象中的波罗氏一行的旅行都要晚"。[1]181 最后在第十三自然段，"这样的资料乍看起来似乎证实马可·波罗去过中国，可是虽然《永乐大典》那一段文字大体上和马可·波罗的记述相符，令人遗憾的是，那一段文字根本没有提到波罗氏一行或者任何意大利人。柯立甫的波斯文资料也没有提到任何意大利人"。[1]182

通过这几方面的论述，吴芳思成功地从正面指出了在车载斗量的汉文史料中，她以及中外学者均未能发现马可·波罗其人其名。

（二）用反证法，通过怀疑否定马可·波罗到过中国，以致不见经传

1.《马可·波罗游记》一书中有些记载失实或错误，如在扬州任地方行政长官三年、冒充献炮攻襄阳等。

杨志玖是马可·波罗的一位勇猛的然而绝非无鉴别力的辩护者，他认为马可·波罗是第一个到中国去的欧洲旅行者。他指出，"马可·波罗曾治理扬州"这个普遍流传的说法源于一个文本中的一处错误的解释。那句话原来的意思似

第十六章 对"第十五章 不见经传，耐人寻味"的释读和评价

乎是马可·波罗说他"居住"扬州三年，而这个词被误抄为"治理"。有了这个貌似比较有理的阐释，其他人就不需要费力查阅扬州地方最高行政长官或官员的名单了。可是这并不是马可·波罗标榜自己在中国大名鼎鼎的唯一说法，而且这个说法并不是他的过错，而是抄写员的一个作弄人的错误。[1]177 从此处论述，可以看得出吴芳思对于杨志玖把关于马可·波罗在扬州任地方行政长官三年的记录，归纳为抄写员的一个作弄人的错误的说法，是不予认同的，认为其不具有说服力，还是不可以证明马可·波罗到过中国。

马可·波罗还说他做过官方使节，并为结束围攻襄阳的血战助了一臂之力。尽管他这样自我标榜，然而事实证明他和他的父亲和叔父不可能在结束围攻襄阳的战斗中起什么作用，因为如果波罗氏一行是在1270年出发旅行，围攻战是在1273年，即在他们还没有可能到达那个地方的时候就结束了。[1]177 据此，马可·波罗明显是记录失实，所以被吴芳思怀疑继而否定其来过中国。

2. 有些具有中国特色的事物在《马可·波罗游记》中未曾提到，如茶叶、长城，妇女缠足等。

关于马可·波罗在记录过程中漏写了很多具有中国特色的事物，被怀疑马可·波罗到过中国的怀疑论者作为一大论点，吴芳思也不例外。吴芳思恪守傅海波教授的成规并加以发展，写出了专章，指责马可·波罗的漏记。比如针对漏写印刷术，吴芳思认为马可·波罗提到纸币，但未提及印刷术。马可讲到行在（杭州）风俗时，提到人死后其亲属用纸制人、马、骆驼、奴婢的像和纸币等焚烧以殉，但未说明这些是印刷品；马可所经城市如福建为印书中心，杭州有书商聚集的橘园亭等，马可都未述及。还有汉字，吴芳思讲到传教士鲁布鲁克的《东游记》中，曾提到中国字（汉字）的写法，但马可书中却未提及汉字。漏写茶叶，马可书中没提到茶叶，这又是吴芳思书中怀疑的一点。她说，杭州街市中茶馆很多，他们一家应该光顾品尝，即使不去，也不应毫不提及；很难想象，一个在中国住了十七年的人竟对此大众饮料不予理会。关于缠足，晚于马可·波罗来华的意大利方济各派教士鄂多立克曾提到蛮子省（南中国）的妇女以缠足为美，而马可书中却无此记载，吴芳思认为不可理解。

这么多的事物都被马可·波罗漏写了，吴芳思从而又把这作为否定马可·波罗到过中国的一大有力证据。这样的论述，使读者自然而然地觉得马可·波罗

没有到过中国。蒙元时代汗牛充栋的文献也无法找出关于马可一行的的记录,耐人寻味。

二、"第十五章"中存在的不足

关于第十五章的论述,很多的内容主要是一些类似观点的学者的论点的综合,书中并没有吴芳思本人很多独创的新见解,而且书中许多观点过去已被中国学者批驳过了,可是吴芳思仍然不予理会。纵观第十五章,发现了吴芳思在论述中存在的一些不足。

(一)蒙元史学不属于她的研究领域,所以她对有些史实比较生疏

在文中,吴芳思对有些史实和知识比较生疏,主要表现在:杨志玖是马可·波罗的一位勇猛的然而绝非无鉴别力的辩护者,他认为马可·波罗是第一个到中国去的欧洲旅行者。[1]177 但是译者洪允息查阅杨志玖有关马可·波罗的论文,未发现他有此观点。相反地,他在《关于马可·波罗在中国的几个问题》一文中说,"福赫伯用它(指王恽的《中堂事记》——译者注)来证明马可·波罗一家并不是第一个到达忽必烈朝廷的欧洲人,这是对的。"[1]184 《元史》中提到一个"波罗"(按照当前通用的汉语拼音方案也可以写作"孛罗"或"博罗")的官职是枢密副使和云南行省最高行政长官,此人还在1284年担任设在扬州的盐政机构监管人。[1]179 译者洪允息附注《元史》卷205中提到"孛罗"时只说他是"枢密副使",没有提到其他两个官衔。见中华书局点校本,页4563。[1]184 (那些汉字本身不带任何意思,只具有语音的价值,尽管"孛""博"或"波"的意思是"迅速成长的植物""流星"或(根据《麦修氏汉英词典》)"把糯米迅速放在锅里";而"罗"的意思是"网"或"广布"。)但是译者查阅了一些汉语词典及《麦修氏汉英词典》修订版,未发现"孛""博"或"波"及其同音字有作者所说的那三个意思。[1]180 译者洪允息又从《麦修氏汉英词典英汉索引》(单行本)中英语的"糯米"和"锅"等词倒查该词典中相应的汉字,未找到作者所讨论的"孛""博""波"三字。[1]185

(二)论述不够严谨,容易断言错解别人的说法,这对别人不公平

由于在辩驳克鲁纳斯那篇怀疑马可·波罗到过中国的文章时没有就缠足问题为马可辩护,吴芳思指出这是误解。很简单,马可·波罗的文章中既然未提此事,何必多费笔墨呢?[2]117

第十六章 对"第十五章 不见经传,耐人寻味"的释读和评价

(三)内容上,对知识点的使用值得商榷

"然而我们不能不做出这样的推论:虽然公主远航确有其事,但马可·波罗总是重述尽人皆知的故事。"[1]182 蒙古姑娘出嫁是否尽人皆知?《元史》、元人文集及其他元代文献都无记载。须知,这个姑娘并不是什么皇室之女,只是蒙古伯岳(牙)吾部一贵族之女,不值得大书特书。更重要的是,《永乐大典》这段公文是地方官向中央请示出使人员口粮分配问题,那三位使者是主要负责人,非提不可,阔阔真姑娘虽然显贵,但与配给口粮无关,无须提及。至于波罗一家,更不在话下。但若无《马可·波罗游记》的记载,我们将无从得知这三位使臣出使的缘由了。总之,从《游记》的记载中,我们才能对《永乐大典》那段公文和《史集》中的有关记载有个清楚的了解。过去也有不少人看过《站赤》中的这一段公文,可能由于未和《游记》的记载联系起来,因而未能充分利用这一重要资料。正是由于这一资料,才能从汉文记载中证实马可·波罗确实到过中国。吴芳思认为马可所说借自其他资料,但未指出是何种资料。实际上,正是由于《马可·波罗游记》中的这一段记载,才使《站赤》和《史集》看来毫不相干的两处资料结合起来,得到圆满完整的解释。[2]109

(四)对一些重要问题出现遗漏以及会回避一些重要问题

"扬州地方志(保存至今的有 1542、1601、1685、1819、1874 和 1947 年等版本)。"[1]179 但是中国方志的权威朱士嘉列出的是 1601、1664、1675、1685、1733、1806、1810 和 1874 年的版本。两组年份有相当大的差异,这需要给予解释。在过去的几十年中,数种清代扬州方志被重印,包括 1733、1806 和 1810 年版,这些都被吴芳思遗漏了。

最后,再谈一下怀疑论者颇感兴趣的另一个"漏写"的事物,即女子缠足。吴芳思说:"在这些争论中,最奇怪的一点是,马可·波罗没有记述缠足,因为这几乎是后来的旅行者首先看得入迷的习俗。"好在吴芳思的这句话已在一定程度上对这个问题做了回答,"后来的"这一定语正是问题的关键。也就是说,对于缠足,西方"后来的旅行者首先看得入迷",但马可·波罗是否就一定能见到这种习俗呢?吴芳思不仅不能证明马可·波罗时代缠足已成为普遍流行的习俗,相反,她已经意识到在波罗氏一行在中国的蒙元时期,缠足之风没有广泛流行,外国旅行者有可能见不到那些不能走远路的缠足妇女""妇女居家不出户使马可·波罗看不到几个汉族上层妇女"。遗憾的是,对于这样一个至关

解密：马可·波罗到过中国吗？

重要的问题，吴芳思并没有深究下去，而是将它轻易地回避过去了。

　　第十五章"不见经传，耐人寻味"中，吴芳思论及了令人苦恼的关于马可·波罗在中国的身份问题，这一问题紧接着与中文史料对他、他的父亲或叔父缺乏任何记载密切相连，即中外学者均未能在中国史籍中发现马可·波罗其人其名。第十五章的剩余部分讨论马可·波罗和《寰宇记》在中国的研究情况，以及杨志玖和其他中国学者的贡献，吴芳思认为，这些研究虽然给人以深刻的印象，但不能证实马可·波罗确实在中国逗留过，即用反证法，通过怀疑否定马可·波罗到过中国，以致不见经传，这一切都是耐人寻味的。所以，通过第十五章的论述，吴芳思达到了她选题的目的，但吴芳思在这章论述的过程中也存在很多的不足，希望这些不足可以得到吴芳思的重视，然后不断增强论述的严谨性和科学性。马可·波罗是中外友好关系史上的重要人物，对他的研究也成为中外学者友好往来和学术交流的沟通渠道。从各自的角度出发，对问题提出各种看法，互相启发，互相补充，必将促进马可·波罗问题研究的更大进展。

参考文献

[1]（英）吴芳思著，洪允息译.马可·波罗到过中国吗？[M].北京：新华出版社，1997.

[2] 杨志玖.马可·波罗到过中国——对《马可·波罗到过中国吗？》的回答[J].历史研究，1997，(3)．

第十七章 对"结束语"的释读和评价

第一节 对"结束语"的释读

吴芳思《马可·波罗到过中国吗？》一书，对《寰宇记》的内容提出很多疑问并通过多番论证最终得出"我倾向于认为马可·波罗可能从来没有到过比他家在黑海沿岸和君士坦丁堡的贸易站还要远得多的地方旅行"的结论。该书对《寰宇记》和马可·波罗是否到过中国等问题的真实性再次提出了质疑并引起了学术界新一轮的论战。

一、对"结束语"的释读

（一）《寰宇记》不是一本旅行日记，也不是一部平直顺叙的游记

吴芳思认为《寰宇记》不是一部旅行志或简单的游记。它没有一条前后连贯的旅游路线，其旅行路线忽东忽西、迂回曲折，令步其后尘的旅行者难以跟踪。在《结束语》中，她举出了《寰宇记》误导了一些沿着马可·波罗足迹旅行的旅行家"约翰·朱利叶斯·诺威奇承认他被迫在波斯某处停止继续前进；马葛尔尼勋爵的使团不得不在长城附近对方位进行猜测；克拉伦斯·达尔林普尔·布鲁斯到波斯湾后完全分不清方向"。

吴芳思指出："有些人可能有一种预感，认为十三世纪晚期和十四世纪早期人们对地理书籍的需求日益增长，受此驱动，遂编写此类书籍。她举出"雅各布·达·阿奎、樊尚·德·博韦以及甚至约翰·曼德维尔爵士都编写世界历史和地理书籍，从事类似活动的有编写阿拉伯文《世界史》的拉希德·阿尔—丁。"她认为：约翰·曼德维尔的书虽然曾大受欢迎并译为多种欧洲语言，但终被揭露为赝品，乃剽窃十五种以上资料而成者，"《寰宇记》的一些早期抄本被收进游记或地理文库之中，而这些文库往往也收进约翰·曼德维尔爵士的《游记》"。对比之下，马可·波罗的《寰宇记》经鲁思梯谦诺之修饰扩充与此后译者的增添，

解密：马可·波罗到过中国吗？

虽为二手资料，却享誉后世至今不衰。

吴芳思肯定《寰宇记》是合作的产物。它之所以没有一条前后连贯的旅行路线可能是由于鲁思梯谦诺擅自决定了书稿的写法，怂恿马可·波罗扩充游记的内容，把毫不相干的一些地理描写和古代战事也写了进去。鲁思梯谦诺"也许"是想利用人们对记载域外奇异事物书籍的普遍需要，"可能"在听了马可·波罗讲的奇异故事后，提请与他合作，遂成此书。她说，其时尚无印刷术和版权问题，写一部稿件很难发财，但鲁思梯谦诺此前曾借英国王储之助得以完成其文学创作，此次仍想借此书取得英王的恩惠也颇有"可能"。

（二）吴芳思对《寰宇记》的资料来源发表了自己的看法

吴芳思承认马可·波罗和鲁思梯谦诺用来写书的原始资料很难弄到。她分析马可·波罗可能从家中得到书面材料，他家中应该有到东方经商的资料，而且，"也许"有波斯文的《商人指南》一类的书；"可能"还有波斯文的历史著作，其中有关于古代战争以及他们从未经过的斡罗斯和日本的描述。她认为马可·波罗有可能依靠一本波斯导游手册作为他的主要原始材料。

在内容上和《寰宇记》最接近的是拉希德·阿尔—丁的《世界史》和十四世纪上半叶伊本·拔图塔的旅行记。拉希德的中国史有多处与马可·波罗的记述相似。据伯希和考证，二者的地名拼写常常相符甚至在有谜团或错误的地方，比如关于鸭池的确切地点，拉希德和马可·波罗也有相似的看法。他们关于王著遇害的记述同样矛盾百出，而且矛盾之处相似。

拉希德没有到过中国，他不是根据个人经历，而是依靠同时代的各种书面的和口头的原始资料来记述中国。至于他根据什么记述中国不得而知，但是有资料证明他使用的资料晚于宋代。波斯人贝尔纳凯蒂认为拉希德写史得到两个中国人的帮助。福赫伯根据这条线索追寻，希望找到拉希德史著的中国资料从而找到马可·波罗可能采用过的波斯资料。由于年代不符，福赫伯找到的《佛祖历代通载》并不是拉希德使用的原始资料，但是他认为一定有一部至今尚未被发现的中国佛教编年史，是贝尔纳凯蒂所说的那两位为拉希德提供原始资料而编写编年史的僧人都利用过的资料。伊本·拔图塔和马可·波罗关于中国的记述各有不同的侧重点，马可·波罗没有选择至今仍受中国人欢迎的猪肉加以描述，也没有对长江三角洲地区的耕作情况有所议论，但是其两者间有惊人的相似之处。福赫伯提出一个看法，即马可·波罗或许有可能依靠了一本关于中国的波斯文或阿拉伯文导游手册进行记述，该手册中充满了他和伊本·拔图塔所记述的细节。令人遗憾的是，十三世纪是"波斯通俗文学的愚昧黑暗时代"，迄今尚未发现这样的导游手册。

依靠他人的作品来扩充《寰宇记》的内容也许可以说明为什么该书存在一些明显的缺漏，因为波斯和阿拉伯旅行者对远东的了解有较长的历史，而且他们来自不同的文明世界，他们感到惊奇的是另外一些事物。在杨志玖这样的中国史学家看来，一部拥有其全部详细内容的书缺漏一些重要的细节不是大问题。我们或许应该承认马可·波罗和代笔者在如何编撰方面享有略去某些内容的独有权利。

（三）论述马可·波罗有没有参加过旅行

如果马可·波罗不在中国，没有材料可以证明在1271—1295年间他究竟在哪里？吴芳思提出自己的见解：在"序言"中所记马可·波罗的父亲和叔父的第一次东行并邂逅相识了重要人物，是唯一具体的实证。他们家中的"金牌"（作为颁布给使臣的通行证）可能作为与蒙古君主（虽然不一定是忽必烈汗本人）有过高层接触的实物见证。他的家族曾因金牌发生过一次争论（在《寰宇记》完成后的1310年），"或许"是由于马可·波罗并未到过中国而他却声称去过（因而需要一块金牌）；"或许"他父亲和叔父到东方做了一次冒险旅行，得到了几个金牌，而马可·波罗在狱中却窃取其名，写于书中，作为自己的荣耀。她还指出马可·波罗的叔父马菲奥在1310年的遗嘱中暗示过马可·波罗曾觊觎这些金牌中的一枚。言外之意，马可·波罗既未得金牌，当然未到过中国；反之，既未到中国，当然不会有金牌。

吴芳思认为应当把原书看作两个互不相关的实体。序言的内容，特别是那些记述尼柯罗和马菲奥第一次旅行的部分，表明有过一次可信的冒险旅行，而原书的其余部分则是一个用迥然不同的方法把传奇故事和史料描述串在一起的混合体。马可·波罗的父亲和叔叔可能到了哈喇和林或附近的一个蒙古包营地，然后依靠一位蒙古首领所赐金牌的保护安全回国。但是马可·波罗参与旅行以及整个第二次旅行都是不大可能的。

在吴芳思看来，马可·波罗没有去过哈喇和林，更不用说北京了。吴芳思质疑如果他在北京生活了多年，作为北京的第一个意大利访问者，甚至是第一个欧洲访问者，他光是对那个城市做详尽的充满异国风情的记述就足以引人注

243

解密：马可·波罗到过中国吗？

目了。

吴芳思认为如果马可·波罗没有旅行到中国、印度和东南亚列岛，那么家里人讲的故事以及他们对远东和周边地区情况的通晓可以为他提供很多材料。作为一个在克里米亚和君士坦丁堡设有贸易站的家庭，他们家里也许会收集有包括周边地区的波斯文导游手册、地图和历史书籍在内的材料。马可·波罗和鲁思梯谦诺所用的原始资料一定是拉希德·阿尔丁所能够得到的那种资料：或许是有关地理和蒙古历史的文字资料，以及关于东方奇观、东方三博士的家乡、传奇人物等许多口头传说。有关巴格达的枣子等农产品和穿珍珠等手工艺的情况有许多可能是据家里人所知而写的。这些资料和鲁思梯谦诺华丽的辞藻结合起来并仰仗他的写作能力剪裁布局，使这部纵然不是目击记性质的书至今仍具有很高的价值。

吴芳思最终得出"我倾向于认为马可·波罗可能从来没有到过比他家在黑海沿岸和君士坦丁堡的贸易站还要远得多的地方旅行"的结论。她认为马可·波罗没有到过中国，而《寰宇记》可以被看作是在十四世纪开始流行的那一类世界地理书籍的一个范本。

二、"结束语"中使用的史料分析

在本章的第一自然段，吴芳思为了证明《寰宇记》不是一本旅行日记，也不是一部平直顺叙的游记，指出它没有一条前后连贯的旅游路线，还列出了被《寰宇记》误导的旅行家的史实。"约翰·朱利叶斯·诺威奇承认他被迫在波斯某处停止继续前进；马葛尔尼勋爵的使团不得不在长城附近对方位进行猜测；克拉伦斯·达尔林普尔·布鲁斯到波斯湾后完全分不清方向"，这些材料是可信的，因为确有其事，有相关的原始资料证明。

在本章的第二自然段，吴芳思为了说明十三世纪晚期和十四世纪早期人们对地理书籍的需求日益增长，她举出"雅各布·达·阿奎、樊尚·德·博韦以及甚至约翰·曼德维尔爵士都编写世界历史和地理书籍，从事类似活动的有编写阿拉伯文《世界史》的拉希德·阿尔—丁。"这些材料也是可信的，他们都有相关书籍传世。

在本章的第四自然段，吴芳思引用了约瑟夫·霍尔主教的话，"老曼德维尔的惑众谎言"和理查德·布鲁姆写的完全以曼德维尔为原型的讽刺剧《针锋

第十七章 对"结束语"的释读和评价

相对》来证明后来人们对约翰·曼德维尔作品的真实性表示怀疑，这些材料也是可信的，有相关记载。

在本章的第七自然段，吴芳思引用了雅各布·达·阿奎对马可·波罗回威尼斯时的描写"只有一身衣衫（尽管有宝石缝在衬料里）"，由此推断马可·波罗不可能有很多个人文书。然而阿奎也说马可·波罗在监狱里请人索要个人文书，那么这些文书里很可能有与家里人的东方商旅有关的材料，或许也有供商人阅读的波斯导游手册。在这些文书里还可能有一些波斯的历史书籍，其中有关于古代战争以及他们从未经过的斡罗斯和日本的描述，使他们能够把马可·波罗或其家人没有亲身经历过的古代故事写进自己的书里。雅各布·达·阿奎这则材料是不太可信的，因为这只是阿奎的一家之言，没有其他更多的史料能确切地说明马可·波罗回威尼斯时"只有一身衣衫"，孤证不立。而吴芳思也清楚阿奎的这个说法是可疑的，不确定的，所以吴芳思使用了"如果""可能""或许"等字眼儿。

在本章的第八自然段，吴芳思引用了亨利·裕尔的《中国和通往中国之路》里的一句话，由异邦人写的一些最早的中国目击记，"除了一个小小的例外，都是用阿拉伯文写的"。这则材料是可信的，因为阿拉伯人因为在地理位置上和中国很接近，在历史上阿拉伯人和中国有着悠久而密切的交往，传世的由异邦人写的一些最早的中国目击记，确实大都是用阿拉伯文写的。

在本章的第十二自然段，吴芳思举出在拉希德·阿尔—丁的《世界史》中拉希德认为由非汉人掌权的金朝是合法的政权的材料，从而得出拉希德使用的资料应该晚于宋代。这则材料是可信的，在拉希德·阿尔—丁的历史著作中确有体现。同时吴芳思还引用了福赫伯《从汉学角度谈拉希德·阿尔—丁的中国史》一书中的一句话"宋代的作者绝不可能把金朝皇帝算作中国合法的君主"。这则材料也是可信的，因为古代的中国人非常强调华夷之辨，尊汉人血统为正朔，非常排斥少数民族政权，所以宋代的人对金朝是很蔑视的，他们认为中国合法的君主只有宋朝的赵氏皇族。

在本章的第十四自然段，吴芳思引用了福赫伯《从汉学角度谈拉希德·阿尔—丁的中国史》一书中的观点，认为一定有一部至今尚未被发现的中国佛教编年史是贝尔纳凯蒂所说的那两位为拉希德提供原始资料而编写编年史的僧人都利用过的资料。福赫伯的这个观点是值得商榷的，这仅代表他的个人猜测，

解密：马可·波罗到过中国吗？

或许根本就不存在这样一部书。

在本章的第十六自然段，说到福赫伯提出一个看法，即马可·波罗或许有可能依靠了一本关于中国的波斯文或阿拉伯文导游手册进行论述，该手册中充满了他和伊本·拔图塔所记述的细节，吴芳思引用了厄休拉·西姆斯·威廉斯的话"13世纪是波斯通俗文学的愚昧黑暗时代，所以迄今尚未发现这样的导游手册"。这则材料是一则口头材料，带有很强的主观色彩，所以是值得商榷的。

在本章的第二十三自然段，吴芳思论述所谓的"金牌之争"的时候提到了马可·波罗的叔父马菲奥的遗嘱，吴芳思认为马菲奥在遗嘱中表明马可·波罗在其中一枚金牌上做了手脚。首先我们要肯定马菲奥的遗嘱这一实物史料的真实性。关于马菲奥1310年2月6日的遗嘱，慕阿德复制并讨论过，没有证据表明遗嘱中有关于金牌的"家庭争执"，或者马可有任何"欺骗之处"。马可借钱给他的叔父，后者在文件中详述这笔借款已经被全部付清；这一千镑是从在特拉布宗（Trebizond）的四千hyperpera损失中找回的；马菲奥详述他有权在那次损失中，从将来找回的钱里拥有三分之一的份额。遗嘱中没有提到"这些金牌中的一枚"引起麻烦。原文仅简单地说："我希望我的遗嘱执行人知道，关于前面提到的我的侄子马可·波罗那500镑，正如我前面说的，这是他借给我，并被我作为贷款给了我前面提到的尼柯罗·波罗（我的侄子），关于这间房子里属于我的一半珠宝，关于得自鞑靼大汗的三枚金牌，我满足了他的要求。"我们无法知道处理珠宝和三枚金牌的背景，但是在遗嘱中没有词语表明它有任何"可疑"之处。吴芳思明显误解了原文，正如她误解了牌子的数目一样（三枚而不是一枚）。

纵观全文，可以得出以下结论：吴芳思认为《寰宇记》不是旅行日记，它更像一部地理书籍，它是马可·波罗和鲁思梯谦诺合作的产物。她觉得波斯导游手册是马可·波罗他们写书的主要原始资料，这些资料和鲁思梯谦诺华丽的辞藻结合起来并仰仗他的写作能力剪裁布局，使这部纵然不是目击记性质的书至今仍具有很高的价值。她又指出马可·波罗的叔父在1310年的遗嘱中暗示过马可·波罗曾觊觎这些金牌中的一枚。她认为，不管他们家族中有多少枚金牌以及马可·波罗是否从大汗手中得到过一枚，写在遗嘱中的这一争论似乎更有特殊意义。言外之意，马可·波罗既未得金牌，当然未到过中国；反之，既未到中国，当然不会有金牌。吴芳思在结束语中的论述是对马可·波罗是否到过中国这一史学谜团持怀疑与否定态度的。但是在没有确切有力的证据以前，任何一家之言都只是猜测，具体情况还有待进一步的研究。

参考文献

[1]（英）吴芳思著,洪允息译,马可·波罗到过中国吗？,北京：新华出版社，1997.

[2] 杨志玖.马可·波罗到过中国 [J].历史研究,1997.

[3] 谭晓琳,弓建中.新一轮的质疑与回答——《马可·波罗到过中国吗？》所引发的论战及思考.蒙古学信息，1999，(3).

第二节 对"结束语"的评价

吴芳思《马可·波罗到过中国吗？》一书的出版，是西方马可·波罗学研究领域中怀疑论的集中表现。在结束语的论述中吴芳思没有达到马可·波罗没有到过中国的选题目的，原因是对原始资料来源以及旅行路线问题论述不严谨。其论述中还存在不足之处：一是观点不明确，二是史料不充分，三是对肯定论者的观点不重视。

一、吴芳思没有达到选题的目的

吴芳思在其书《马可·波罗到过中国吗？》的结束语中通过论述，得出马可·波罗没有到过中国，最远可能到过黑海沿岸和君士坦丁堡的贸易站的结论。其实，吴芳思的论述没有达到其选题的目的。下面为大家分析吴芳思的选题目的为什么没有达到。

（一）旅行路线难以考订，认为《马可·波罗游记》是地理书籍

在结束语开头，吴芳思即断定《马可·波罗游记》不是旅行日记，也不是平直顺叙的游记。首先，她以一些有经验的旅行家根据游记中所提及的路线进行旅行最终失败的经历作证。其次，她认为《马可·波罗游记》不是见闻录，只是一部"描绘"了威尼斯以远地区的"世界"的地理书籍，创作的目的可能是马可·波罗预感到不久的将来社会上对地理书籍的需求会增加。最后，吴芳思列举了同时期的曼德维尔小说体的《游记》由于抄袭被揭露为赝品的例子，而《马可·波罗游记》经鲁思梯谦诺整理以及后人的翻译补充，虽同为二手资料但两者的命运却有着天壤之别。把曼德维尔的书与《马可·波罗游记》相比较，吴芳思的意图不言而喻了。

马可·波罗记述的行程路线难以考订是吴芳思否定马可·波罗到过中国的一个重要论据，下面就行程路线问题进行说明。吴芳思在其著作的第五章"《寰宇记》不是旅行日记"里有详细的说明，表明了她的看法。《马可·波罗游记》中记述的路线大体上是从西方到东方，然后又回到西方，而且马可以大块地区为单位进行记述，不是写一天天的旅行日记。所以，吴芳思认为"与其说它是旅行的记录，远不如说它是普通地理书来的恰当"。[1]38

第十七章 对"结束语"的释读和评价

马可·波罗在中国十七年，足迹遍布中国各地，这个是目前大多数马可·波罗学研究者公认的事实，然后也有部分学者如吴芳思对此持否定的意见。从《马可·波罗游记》中，我们知道他们回到意大利的时间是1295年，回家乡三年后（1298）战争中被俘，其著作也是那时候完成的。接着是关于马可·波罗离华时间的考订，杨志玖与美国柯立夫分别在其论著《关于马可·波罗离华的一段汉文记载》和《关于马可·波罗离华的汉文资料及其到达波斯的波斯文资料》推定出马可·波罗离开中国的时间是1291年初，因此从他离开中国到被俘，而后在狱中回忆在中国的见闻时已相距了七年，难免有所错误及不当之处。但马可提出的许多地名，按其相对方位排列，基本上可以连成一条或几条路线，有些地名是可以考订出来且被大家肯定的。譬如杨志玖在其文章《百年来我国对〈马可·波罗游记〉的介绍与研究》中归纳出马可·波罗在华的路线，1. 奉使云南（1280—1281）；2. 扬州任职，杭州检校岁课（1282—1287）；3. 奉使印度（1287—1289）；4. 回国（1290—1291）。而有些地名至今难以考订，可能是由下列原因造成的：1. 马可不懂汉语，一些汉语地名拼写不准确；2. 各种版本记载的歧义，有些以讹传讹；3. 马可的讲述是模糊不清的。[2]123 综上所述，就可以反驳吴芳思通过马可·波罗行程路线难以考订就认为《马可·波罗游记》只是一部地理书非见闻录的论证了。

（二）使用的原始材料论证不严谨

吴芳思对《马可·波罗游记》中使用的原始材料，提出了自己的看法：1. 马可·波罗在狱中可能得到他人提供的东方商旅材料，或许有波斯导游手册，又或者有波斯的历史书籍，使他们能够把没经历过的古代战事和关于日本的记述写进书里。2. 拉希德的《历史全集》的中国史部分有多处与马可·波罗的记述相似，地名的拼写大多是波斯译名。而拉希德没有到过中国，是依靠同时代的各种书面和口头的原始资料来记述中国的，言外之意是吴芳思认为《马可·波罗游记》是使用参考材料创作出来的而不是一部见闻录。3. 拔图塔与马可·波罗关于中国的记述各有不同的侧重点，推断出他们可能使用一本关于中国的波斯文或阿拉伯文导游手册，该手册充满了他和拔图塔所记述的细节。4. 最后，吴芳思认为波罗可能依靠阿拉伯或波斯史料进行记述，从他书中所用词汇以及对中国南方特大家禽等物做奇特的描写与拉希德、拔图塔的记述相似可以推断出来。

249

解密：马可·波罗到过中国吗？

1. 马可·波罗懂不懂汉语呢？

马可·波罗懂不懂汉语呢？如果知道此答案或许可以解析马可·波罗的游记中为什么大量地使用波斯译名。拜内戴托的《马可·波罗游记》中提到，波罗到达元朝后不久，"已经知道四种语言，同他们的字母，他们的写法"。但他没说明这四种语言是什么。法国学者颇节认为马可·波罗学会的四种语言是汉文、维吾尔文、八思巴蒙古文和阿拉伯字母书写的波斯文。不过，英国的玉尔和法国的戈耳迭对于波罗懂汉语一说持否定态度。从以下三个方面进行说明：（1）波罗把苏州解释为"地"，把杭州（Kinsay"行在"或"京师"译音）解释为"天"，说明他不懂汉语苏、杭的意义，是对谚语"天上天堂，地下苏杭"的误解；（2）汉字的书法很特殊，马可·波罗一点儿也没提到；（3）马可·波罗提到的很多地名，如 Cathay（契丹，即北中国），Tangut（唐兀惕，即西夏），Caramoran（哈剌木连，即黄河）等。这些地名都有对应的汉语名称，但马可·波罗却没使用，可见他是不懂汉语的。

国内学者杨志玖先生认为波罗不懂汉语，是和当时的社会情势有关的[2]107。在元朝，色目人地位比汉人高，汉语与汉文在当时的官场并不是必要的，且蒙古人通汉语的寥寥无几，那么作为一个来华的西方人不懂汉语也在常理之中。接着，杨志玖说来华的外国人中通用的语言是波斯语，马可学会的四种语言可能是蒙古语、波斯语、阿拉伯语和突厥语。另一位学者周良霄的观点也可以加以解释为什么波罗不懂汉语。马可·波罗在中国时大环境的特点就是当时旅华的西方人基本上是按宗教、民族各成聚落，且互相矛盾，彼此隔绝[3]98。所以马可·波罗在中国逗留的时间虽然有十七年，可他的人事活动范围却只能很小，对汉文化是完全隔绝的。

综上所述，可以肯定马可·波罗是不懂汉语的，人事活动范围与汉人的生活圈子几乎是隔绝的，加之波斯语作为外国人在华的通用语言，就不难解释游记中为什么大量使用波斯词汇了。

2. 真有波斯文《导游手册》吗？

吴芳思的著作是认同否定论者的观点的，她认为游记中对中国的记述是从一本波斯文的《导游手册》中抄来的，在前文中我们已经知道游记中使用波斯词汇是和马可·波罗本人不懂汉语以及当时的社会情势有关的，那么是否真有如吴芳思描述的一本波斯文《导游手册》呢？在书中吴芳思引用了福赫伯的观点,"波罗有可能依靠一本波斯导游手册作为他的主要原始资料"[4]54。接着,通过与拉希德、拨图塔的著作进行对比,加深了吴芳思对波斯导游手册存在的认同。可是,福赫伯后来补充说,由于没有获得任何无可置疑的原始资料,马可·波罗必须暂且被认为是没有依靠导游手册的。可惜吴芳思对福赫伯的这个观点不加重视,仍然认为极可能存在这么一本导游手册却一直找不到相符的资料。

对于《导游手册》应该持科学严谨的求证态度,遗憾的是从怀疑论、否定论者提出这个概念至今尚无发现有这么一本书。即使有这样的一本导游手册,也应当对照下哪些地方是抄袭的,才可以下结论。

相反,游记中对中国某些地方的记述如果不是亲身经历过,是绝对不可能通过一本导游手册写出来的。如游记中对汗八里(北京)华丽的宫殿的描写,从宫殿的布局,每一栋建筑物的作用,城墙的厚度与颜色等都进行了细致的描写,若只依靠一本导游手册必定写不出如此详细的内容。再者,游记中记载了大量的有关中国的政治、经济、社会、各地的风俗习惯等内容,大部分都可在中国文献中得到证实,随着研究的深入,还会有更多的内容得以证实。如游记中讲到肃州(酒泉)有一种毒草,马吃后即脱蹄。经近人研究,这是硒中毒的现象,并认为马可·波罗是第一个记载这种病症的人。

我认为,吴芳思对肯定论者的观点不重视却固执地认为导游手册的存在,致使其论述达不到选题的目的。

(三)对"金牌之争"论述不严谨

吴芳思在论述波马可·罗没有到过中国时,遇到了一个难题:如果马可·波罗不在中国,没有材料可以证明他是在别的什么地方[1]195。紧接着,作者以金牌通行证作为一个突破口,试图找到证明马可·波罗没有到过中国的证据。在游记中曾记述马可·波罗得到过一位蒙古君主而不是忽必烈汗本人赐予的金牌通行证,随后马可·波罗与叔父之间发生了金牌之争,吴芳思猜测可能是马可·波罗没有到过中国却标榜自己到过,又或者是其父与叔经过一次艰难的旅行带回来的金牌,荣誉被狱中的马可·波罗写进故事而夺走了。最后,吴芳思给出一个证据就是1310年马菲奥(马可·波罗的叔叔)的遗嘱表明波罗在其中一枚金牌上做了手脚。可惜,关于遗嘱的出处吴芳思并无注明,令人难以相信此则材料的真实性。

251

由此可以看出，吴芳思对于金牌之争的论述并不严谨，所以很难达到吴芳思想要的选题目的。要弄清楚金牌之争的问题，可以先看看元代时西方人在华的社会地位。元代的民族等级有四个：一是元朝的"国族"蒙古人；二是色目人，包括西北各族、西域以及欧洲人；三是汉人，概指原金朝境内的各族人；四是南人，概指南宋境内的各族人。另外在仕进、科举等方面，蒙古人和色目人受到优待；在法律地位上，蒙古人和色目人也受到保护[5]52。可以看到马可·波罗一行三人属于色目人，在元代具有较高的政治地位。由此，对马可·波罗或其叔父获得金牌通行证一说的疑虑就减少了。

接着，我们一起来考订下金牌的问题。元代的牌符共有四种材质：铁质、铜质、银质和金质的。近一百多年来在国内外所发现的元代牌符，其中除罗振玉书中提到的"元国书牌"来历不清、下落不明外，扬州的铜质圆牌和兰州的铁质圆牌分别收藏在扬州博物馆和兰州博物馆内，西藏扎什伦布寺收藏了一块铁质金字圆牌，内蒙古文物工作队收藏了一块银质长牌，新近在内蒙古索伦镇发现的金牌收藏在内蒙古大学蒙古学研究院蒙古文化研究所之外，其余的均在国外[6]6。那么马可·波罗或其叔父加上其特殊的政治等级获得金牌的可能性又增加了，结合游记记述的内容，他们获得的金牌应属于乘驿谴使之信符。元代版图广阔，驿站制度发达，牌符就成了驿站间的通行证。

综上所述，马可·波罗或其叔父由于是色目人种在元朝有较高的政治地位，加之对元朝牌符制度的考证，他们获得金牌的可能性是不用怀疑的。可是吴芳思对于金牌之争中所持的怀疑观点并没有展开论述，如她怀疑波罗叔父获得的金牌不是忽必烈汗赐予的，对此吴芳思并没有通过对金牌样式特点的考证来论述到底是不是忽必烈赐予的，一个原因可能是金牌已经遗失了，但作为一名学者没有经过严谨的考证而随意得出结论是不可取的。再者，对于马可·波罗在金牌上做手脚的史料并无注明出处，对于一则如此重要的史料，吴芳思只是含糊的一说，可信度确实令人怀疑。

（四）对于游记前后的写作风格存在差异认识不全

吴芳思发现《游记》的序言与后面章节的写作风格完全不同，序言的记述是一种正规的旅行记录，表明其父与其叔父有过一次可信的冒险旅行；但游记的其余部分是把传奇故事和史料描述混合在一起的写作手法，由此推断出马可·波罗参与旅行以及三人一同的第二次旅行的可能性不大，也就是说马可·波罗极可能没有到过中国。

毋庸置疑，读过游记的人会发现游记前后的写作风格确实不同，但为什么会出现这样的情况呢？吴芳思对此的认识并不全面，没有进行深入的探究就认定马可·波罗没有去过中国就过于草率了。

作为一本游记的序言部分，一般而言应该是对整本游记所记述的内容进行一个概括的说明。在序言中，马可·波罗讲述了其父与叔父第一次旅行及其三人进行的第二次旅行的起因与过程，对于一些重要的时间都有注明，让读者对于整本书记述的内容有一个大致的了解，符合一般游记的写作手法。而序言后的其余部分采取传奇故事与史料描述结合的写作风格，由两方面的原因所致。一是时间的问题，前文中已提及马可·波罗离开中国到被俘于狱中期间相隔有近七年的时间，不可能对中国及远东地区的见闻一一回忆出来，需要通过一些当地的传奇故事帮助回忆，所以就有了这个写作手法。二是个人兴趣的问题，包括忽必烈与马可·波罗个人的兴趣，最主要的是大汗的兴趣。其实在序言中马可·波罗说道："大汗喜欢听臣下讲述各地的风俗民情和远方异国的奇闻轶事，因此，他每到一处便用心收集这类事情的正确材料，对于所见所闻的一切趣事都记录下来，以便满足自己主人的好奇心。"[7]13

所以游记的前后写作风格不同并不能证明马可·波罗没有到过中国，相反史地描述与传奇故事相结合的写作手法一定程度上可以说明马可·波罗到过中国。

二、"结束语"中存在的不足

吴芳思在结束语的论述中，存在着以下三个方面的不足：一是观点不明确，二是史料不充分，三是对肯定论者的观点不重视。

（一）观点不明确

在结束语一章中，吴芳思使用最多的是"可能""也许""极可能"这类揣测猜度的词语，表现出吴芳思的自信不足，大多是揣测而无史料可以加以证明的结论。尤其是关于波斯文导游手册是否存在一事的论述，尽管吴芳思列举了多个例子加以说明，最后得出的结论也只是波罗"可能"依靠阿拉伯或波斯史料来作为游记的原始资料。因此在吴芳思自己都不确定的情况下，拿不出实质的证据怎能让读者相信她说的观点呢？

（二）对肯定论者的观点不重视

国内学者杨志玖早在二十世纪四十年代在《永乐大典》中，发现了一段与马可·波罗一家离开中国有关的可供考证的资料。这则史料的发现成为肯定论者最有力的证据，马可·波罗学的研究者都或多或少对其有一定的了解，而吴芳思对此只字不提，实在令人费解。

除此则史料外，肯定论者认为游记中所记载的某些内容若非亲身经历是不可能知道得那么详细的。如游记中对江苏镇江基督教礼拜堂的记载，已在当时元朝人俞希鲁编写的《至顺镇江志》中找到了证明。马可·波罗在游记中提到马薛里吉思曾治理镇江城三年，修建了两座基督教堂，并注明了修建的时间是公元1278年。这与《至顺镇江志》的记载相符。

在书中，吴芳思对于肯定论者的研究几乎没有提及，只是一味地在找材料说明自己的选题——马可·波罗没有到过中国。这样是否有点儿闭门造车呢？

综上所述，由于吴芳思对原始资料来源以及旅行路线的问题论述得不严谨，不能说明马可·波罗没有到过中国，且论述中存在不足之处：一是观点不明确，二是史料不充分，三是对肯定论者的观点不重视。

对于马可·波罗有没有到过中国这个问题的最后解决，还需依靠论辩双方进一步提供更新、更具说服力的史料及论据。不管结果如何，《马可·波罗游记》，不仅在西方世界产生了重大的影响，也是中国和西方，特别是中国人民和意大利人民友好关系的历史见证，其历史价值是值得肯定的。

参考文献

[1]（英）吴芳思著，洪允息译. 马可·波罗到过中国吗？[M]. 北京：新华出版社，1997.

[2] 杨志玖. 元史三论 [M]. 北京：人民出版社，1985

[3] 周良霄. 元代旅华的西方人——兼答马可·波罗到过中国吗？[J]. 历史研究，2001，(3): 98.

[4] 福赫伯. 蒙古帝国时期中国与西方的关系 [J]. （英国）皇家亚洲学会香港分会会刊，1996，(6) : 54.

[5] 史卫民. 元代社会生活史 [M]. 中国社会科学出版社，1996: 52.

[6] 李晓菲.新发现元代金牌及元代牌符文献研究 [J].西南民族学院学报·哲学社会科学版，2002，（12）：67.

[7] 马可·波罗.马可·波罗游记 [M].梁生智译.中国文史出版社，1998:13.

[8] 杨志玖.马可·波罗到过中国——对《马可·波罗到过中国吗？》的回答 [J].历史研究，1997（3）：111.

后 记

1995年，Frances Wood（汉名吴芳思）博士的《马可·波罗到过中国吗？》（英文版1995年，中文版1997年）一书的出版，犹如一颗炸弹，在中国的学术界炸开了锅。以杨志玖为代表的一批专家立即进行了有效的反击。这本书的出版，可以说是在一个非常关键的时刻给中国的马可·波罗研究带来了里程碑式的意义。而我之所以要对该书进行注释和评价，主要是出于三个方面的目的：一是为Frances Wood博士鸣不平。因为国内学术界几乎一致认为她是怀疑论的集大成者，而在书中Frances Wood博士根本没有否认马可·波罗到过中国的事实。二是对国内学术界的众口一词感到困惑。对于马可·波罗是否到过中国这个悬而未决的国际性的学术问题，在没有确凿证据的前提下，就有必要对此进行深入的研究，才能得出结论。三是中国学术界有敢于反思、敢于认错的传统。二十年后的今天，我们可以再次认真地进行反思，这就是好的开始。

其实该书稿早在几年前就基本完成了，然而由于各种原因耽搁了。这次能够出版，得益于历史系中国史重点学科的帮助，再次表示感谢。

N